언제나 반가운 사람
이용빈

용빈아!
반갑다

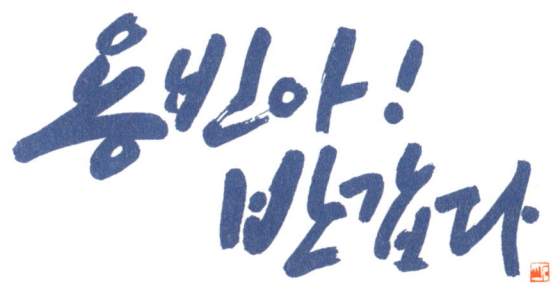

이용빈 지음

시 와 사 람

책을 펴내며.

출마를 앞둔 정치인들 대부분이 책을 펴내고 출판 행사를 한다. 한결같이 그러다 보니 선거에 나서는 후보들의 통과의례가 되다시피 했다.

유권자들의 보는 눈도 곱지 않은 게 사실이다. 정치인들의 책 출판이 이렇듯 식상해진 마당에 출판기념회를 다녀가는 분들이 책이 든 봉투 하나씩을 가져가지만 얼마나 많은 사람이 책을 제대로 읽어내는지 의문스럽기도 하다.

이 때문에 출판을 앞두고 많이 망설였다. 나 또한 그 낡은 대열에 줄을 서는 것 같은 어색한 느낌이 들었기 때문이다.

그래도 굳이 책을 펴내게 된 것은 두 가지 이유 때문이다.

첫 번째는 '사람을 알려면 그 사람이 걸어온 길을 살펴봐야 한다'는 격언의 힘을 믿기 때문이다. 정치인도 예외일 수 없다. 정치인을 제대로 알려면 그의 말과 수사보다는 어떻게 세상을 살아왔는지를 꼼꼼히 살펴봐야 한다. 세상의 문제들을 대하는 태도와 그에 따른 행동이 곧 정치의 본

질이기 때문이다. 그렇다면 내가 걸어온 길을 발가벗겨 보여주는 것은 정치하겠다고 나선 나의 의무이기도 할 것이다.

두 번째는 '이용빈이 만난 사람들'이라는 기획을 책의 한 부분으로 삼겠다는 생각이 떠올랐기 때문이다. 행정, 복지, 사회운동, 청년 정치인, 웹툰 작가, 청년 농업인, 5·18 민주화 운동 관련자 등 다양한 분야에서 땀 흘리는 이들을 만나 진솔한 대화를 나누며 많은 공부를 했다. 현장에 답이 있다는 말을 실감했다. 이 경험은 정치가 무엇을 해야 하는지를 내게 강렬하게 각인시켜주었다. 두고두고 내 정치 인생의 자양분이 될 것이다.

책이 세상에 나오면 이미 그 책은 저자의 것이 아니라는 말이 있다.
온전히 읽는 이들의 것이다.

내 곁을 떠난 '반갑다! 용빈아'가 두루 읽혀 삶의 지혜를 나누는 소통과 공감의 장으로서 공동체에 유용하게 공유될 수 있기를 간절히 바랄 뿐이다.

내게 진정한 공부를 시켜준 21명의 대담자들에게 이 자리를 빌려 거듭 감사드린다.

추천사。

강용주
재단법인 진실의 힘 이사.
광주트라우마센터 초대센터장

출판 기념회를 앞두고 이 용빈 위원장이 책을 보냈다.

정치인들의 책을 받아볼 때마다 늘 '겉과 속이 다르다'는 느낌을 받을 때가 많았기에, 걱정스런 마음으로 책을 펼쳐 보았다. 천만 다행스럽게 책속의 이용빈과 나와 막걸리 한 주전자를 앞에두고 마주 앉은 이용빈은 다르지 않았다.

언제부턴가 정치가 우민을 속이는 수사학으로 변질됐다.
정치 주변에 기생하는 자칭 전문가들은 이 수사학의 정치를 정치 공학이라는 이름으로 포장한다. 그래서 포장이 없는 정치는 정치인을 바라보는 신뢰의 제 1덕목이 됐다.

책에서 만나는 이용빈은 나로선 솔직히 지루했다. 왜냐하면 나를 만날 때마다 늘 하던 애기들이 고스란히 담겨있었기 때문이다. 그는 여느 정치인처럼, 자신을 주인공으로 세상을 굽어보거나 헤아리는 소설을 쓰지 않았다.

책을 읽으며 나는 '이용빈 표 정치'를 두가지로 요약할 수 있었다. 그 중 하나는 시민이 정치의 주인이 되는 시민주권 정치에 대한 뜨거운 갈망, 그리고 지역주민의 삶의 현장이 사회발전의 역동성이 되도록 견인하는 창발 정치, 이를테면 로컬 크리에이터로서의 정치를 꿈꾸고 있다는 점이다.

이 책은 그래서 이용빈 정치 콘텐츠를 시민 고객 앞에 펼쳐보이는 장이며, 또 콘텐츠의 유용성을 간절하게 설명하고 싶은 진정성이 담겨있다.

결론은, 나 같으면 그의 콘텐츠를 고가에 사고 싶다.

책의 내용을 잠깐 인용하자면, 외할머니 손을 잡고 경이로운 남광주 역에 내려 광주살이를 시작한 이용빈이 5·18의 도시 '광주다운 정치인'으로 우뚝 설 수 있으면 좋겠다.

추천사

김삼호
광주광역시 광산구청장

'알면 참으로 사랑하게 되고, 사랑하면 참으로 보게 되며, 볼 줄 알면 모으게 되니 그것은 그저 쌓아두는 것과 다르다.' 조선 정조 시대를 풍미한 문장가 유한준 선생의 문구 중 하나입니다. 200년 후 이 글은, 당대의 베스트셀러 〈나의 문화유산답사기〉에서 '사랑하면 알게 되고, 알게 되면 보이나니, 그때 보이는 것은 예전 같지 않다'는 문장으로 재탄생합니다.

이용빈 위원장님을 생각하면, 저는 이 문구가 떠오릅니다. 이웃과 세상을 알고, 사랑하는 노력을 끊임없이 해왔기 때문입니다. 그 노력은 단순한 앎으로 그치지 않았습니다. 새롭게 눈 뜬 앎에 맞는 행동에 나섰습니다. 생명을 살리는 길을 걷고자 육군사관학교를 그만 두고 의과대학에 입학한 일이 증명합니다.

한 생명을 살피는 일은 종종 사회의 현상에 눈을 뜨게 만들기도 합니다. 개인의 노력에 사회의 조력이 더해질 때 건강한 생명, 행복한 삶을 이룰 수 있어서입니다. 그래서 부조리에 분노하고, 개혁의 목소리를 내고 실천하는 의사가 생기는 것은 세상의 이치 중 하나입니다. 노먼 베순, 체 게바라가 그러했듯 말입니다.

이용빈 위원장님은 사람을 살리고, 정의를 회복시켜 사회를 소생시키는 길을 걸어왔습니다. 광주외국인노동자건강센터에서 기댈 곳 없는 외국인 노동자들을, 광산구 경로당 주치의로 나서 어르신들의 몸과 마음을 살폈습니다. 시민의 한 사람으로서 옳은 일에는 박수를, 그렇지 않은 일에는 거리로 나서 투쟁했습니다.

　　같은 시대를 사는 사람으로서 소신 있는 활동가이자 공동체 주치의로 헌신하는 이용빈이라는 사람이 있음을 다행으로 생각합니다. 명예가 보장된 대학병원을 마다하고, 돈 잘 버는 인기 진료과 대신, 이웃과 고락을 나누는 가정의학과를 선택한 그입니다. 그가 없었다면 우리는 '다른 이용빈'을 찾기 위해 얼마나 큰 설움을 맛 봐야 했을까요.

　　이용빈 위원장님이 책을 써냈습니다. 제목이 '용빈아! 반갑다' 입니다. 타인과 세상을 알아가기를 갈구하고 노력했던 그가 '이번에는 나를 알아봐 달라' 는 바람이 살짝 녹아있는 제목 같습니다.

　　무언가를 알아가는 노력을 서로가 기울인다면, 우리 사회의 품은 그만큼 넓고 따뜻해집니다. 『용빈아! 반갑다』가 좋은 사람 이용빈을 보여주는 것에서 나아가, 저자와 독자의 교감의 폭을 넓혀 우리 사회의 품을 성장시키는 촉매가 되기를 소망합니다.

　　1987년 12월, 단돈 2만 원과 꽃바구니 2개, 양초 100개로 아름다운 신부와 결혼식을 올린 이야기를 이용빈 위원장님 페이스북에서 봤습니다. 그때부터 이용빈이 무척 궁금했습니다. 겸손하고 소박한 출발을 올린 사연이 이 책에 있는지부터 봐야겠습니다. 이용빈 위원장님의 『용빈아! 반갑다』출간을 진심으로 축하드립니다.

2019년 11월

추천사。

김승필
영화 '택시운전사' 김사복님 아들

　생애 첫 출판기념식을 가지시는 이용빈위원장님 진심으로 축하드립니다.

　참으로 혼탁한 시절을 보내는 요즈음 청량제와 같은 행사가 있다는 소식에 오랜만에 미소가 지어졌습니다.

　어떠한 책을 내놓으시는지 궁금하지만 세상 좀 멋지게 바꾸는 해법을 주는 내용이면 참 좋겠다는 생각을 해봅니다.

　인권을 바탕으로 민주주의를 열망하셨던 제 부친의 모습과 같이 곳곳에 인권 침해의 현장을 뛰어 다니시며 느꼈던 현장의 모습, 때로는 단호한 모습으로 불의에 항거하며 느꼈던 세상 이야기가 담겨 있을 것 같습니다.

완벽한 죽음으로 다시 태어난다는 위원장님의 말씀이 잊어지지 않습니다.

스멀스멀 잠식해 왔던 일제의 경제 침략, 기득권들의 불의, 왜곡과 망언을 서슴지 않는 우리의 현실이 참으로 슬프지만 이제 무엇이 빛이고 무엇이 어둠인지를 알게 되었고 그 어둠을 죽음으로 맞설 때 비로소 우리는 다시 태어날 수 있다는 비장함으로 들렸습니다.

늘 맑은 미소로 주변을 밝게 이끄시는 모습 뒤에 강직함이 함께 있는 이용빈 위원장님,

아무쪼록 오늘의 출판식이 비장함으로 출범하는 항선과 같이 멋진 행사가 되길 바랍니다.

생애 첫 출판 기념식 다시 한 번 진심으로 축하드립니다.

김사복씨 큰 아들

추천사

박광온
더불어민주당 최고위원,
더불어민주당 경기도 수원시(정) 국회의원

이용빈 위원장의 저서 『용빈아! 반갑다』 출판을 진심으로 축하드립니다.

우선 제목이 편하고 좋습니다.
자신을 내 세우기 보다는 세상 모든 이들이 반가워하는 사람이 되겠다는 저자의 따뜻한 마음이 담겨있어 더욱 친근하게 다가옵니다.

책은 이용빈 위원장의 삶을 깊숙이 보여주는 맑은 거울입니다.
『용빈아! 반갑다』 표제가 잘 어울립니다.

그는 젊은 시절 사회정의와 민주주의를 위해 몸과 마음을 바쳤고, 가정의학과 전문의가 된 뒤에는 '마을 주치의'로서 지역공동체와 희로애락을 함께 해왔습니다.

이용빈은 '광산의 슈바이처'로 불립니다. 의사 이용빈은 외국인 노동자, 이주민 여성, 독거 노인, 비정규직 노동자처럼 우리 사회의 힘 없고 가난한 사람들의 친구가 됐습니다. 쉽지 않은 길이죠.

이용빈 위원장은 의사로서 할 수 있는 일을 넘어 섰습니다.
사회적 연대와 지역공동체 네트워크를 통해 보다 나은 사회로 가는 시민 정치의 소중한 가치를 우리에게 보여주고 있습니다.

〈제2부 이용빈이 만난 사람들〉 편은 특별히 제 가슴에 와 닿았습니다.

이용빈 위원장은 사회 각 분야, 다양한 삶의 현장에서 일하시는 분들을 만나며 그분들의 고민과 꿈에 대해 진솔한 대화를 나눕니다. 그 대화를 통해 새로운 희망을 찾습니다. 이러한 모습 속에서 시민이 주인인 정치 철학을 정치의 으뜸으로 삼는 저자의 선한 의지가 느껴집니다.

다시 한번 이용빈 위원장의 역저 출판을 축하드리며, 많은 이들이 이 책을 읽고 '희망의 공동체'를 일궈가는 힘을 발견할 수 있기를 기원합니다.

감사합니다.

추천사

박원순
서울특별시장

공동체, 혁신 그리고 시민주권정치!

이용빈 위원장의 『용빈아! 반갑다』 출판을 진심으로 축하드립니다.

우선 제목부터가 예사롭지 않죠?
세상 모두가 반가워하는 사람이 되겠다는 따뜻한 마음이 느껴집니다.

사실, 이용빈 위원장의 삶을 보면,
『용빈아! 반갑다』는 표제가 괜한 수식어가 아님을 잘 알 수 있습니다.

그는 의대에 입학했으나,
사회정의 실현과 민주주의를 위해 헌신합니다.
뒤늦게 의사에 길에 들어섰으나,

마을공동체에 스며들어 '마을 주치의'로서 희로애락을 함께 해왔습니다.
외국인 노동자, 이주민 여성, 독거노인, 비정규직 노동자 등 사회적 약자들의 건강을 지키기 위해 숱한 의료봉사활동을 펼쳐왔는데,
'광산의 슈바이처'가 바로 여기 있습니다.

〈제2부 이용빈이 만난 사람들〉 부분에서는,
'이용빈은 진짜구나'라고 생각이 들더군요.
사회 각 부문, 다양한 삶의 일터에서 살아가는 사람들을 만나고,
그들의 고뇌와 꿈에 대해 진솔한 대화를 나누고,
새로운 출구를 함께 모색해가는 모습에서,
'시민주권정치'의 철학과 치열한 의지가 느껴졌습니다.

이처럼 이용빈 위원장은 의사로서의 영역을 넘어,
사회적 연대와 혁신의 길을 걸어갑니다.
시민 정치의 빛나는 여정을 우리에게 펼쳐 보여주고자 합니다.

많은 이들이 이 책을 읽고,
'희망의 공동체'를 일궈가는 밑거름이 될 수 있기를 기원합니다.

추천사

박주민
더불어민주당 최고위원,
더불어민주당 서울은평구(갑) 국회의원

안녕하십니까? 더불어민주당 박주민 최고위원입니다.

이용빈 더불어민주당 광주 광산구(갑) 지역위원장이자 국가균형발전위원회 자문위원님의 『용빈아! 반갑다』 출판을 진심으로 축하합니다. 출판에 도움을 주신 모든 관계자분에게 격려와 노고의 말씀을 드리고, 저자의 다양한 활동을 간접적으로 느낄 수 있는 책을 만들어 주셔서 감사의 말씀을 드립니다.

책을 보며 저자가 광주에서 눈으로 겪고 몸으로 느낀 5·18민주화운동과 대학에서의 사회운동이 그를 보다 생활정치, 시민주권정치에 관심을 가지게 만든 것이 아닌가 생각이 들었습니다. 그중에서 졸업 후 화려한 보직을 마다하고 마을 주치의로써 주민공동체에 깃들며 소통한 내용은 저로써도 감명 깊은 부분이 많았습니다.

저 또한 학생 때부터 시민사회와 연대하여 많은 사회운동을 해보기도 하고, 현재에도 많은 국민분들과 소통하면서 부족한 점을 채우기 위해 노력하고 있습니다. 이번 책에서 저자가 말하는 지역발전과 사회공동체 발전을 위한 '유용하고 따뜻한 연대'를 만들어가는 과정과 담겨있는 철학들은 저를 다시 되돌아보게 하는 대목입니다.

민주화의 성지인 광주에서 훌륭한 책이 발간되고 출판기념회를 가지게 되어 기쁠 따름입니다. 이 책을 읽은 사람들이 소통과 대화에 대한 진정한 의미를 깨달아 사회에 도움이 되길 바랍니다. 아무쪼록 출판기념회를 진심으로 축하하며 많은 분들의 참가로 빛나는 출판기념회가 되길 기원합니다.

감사합니다.

추천사。

송 영 길
더불어민주당 인천 계양구(을) 국회의원,
더불어민주당 동북아평화협력특별위원장

우리 민주당의 보물이자 광주의 미래를 이끌어갈 더불어민주당 광산구(갑)지역위원회 이용빈 위원장께서 책을 출간한다는 소식이 무척이나 반갑습니다.

'의사 이용빈'의 인생은 우리에게 큰 감동을 줍니다. 순탄하고 편안한 길을 마다하고 평생 동안 이주노동자와 독거노인, 저소득층 등 우리 사회에서 소외된 이웃들을 껴안고 살아온 이용빈의 삶은 그 자체가 메시지가 되어 현실에 안주하면서 자기만을 위해 살아온 우리를 일깨웁니다.

이제는 여러분께서 이 책을 통해 '의사 이용빈'에서 한 단계 진화 발전한 '정치인 이용빈'을 만나게 되기 바랍니다.

이용빈은 저만 알기 아까운 사람입니다. 6월항쟁과 5·18을 몸으로 겪으며 우리나라 민주주의 역사와 함께해 온 사람, 광주에 혁신 바람을 일으킬 큰 일꾼, 그리고 대한민국의 미래를 준비하는 단단한 지도자 이용빈의 진면목을 더 많은 사람들이 알게 되면 좋겠습니다.

저는 이용빈 위원장을 만날 때마다 지성과 덕성, 역량과 비전을 모두 갖춘 훌륭한 차세대 지도자라는 점을 느낍니다. 무엇보다도 광주를 정말 사랑하는 사람이라는 것을 이용빈 위원장은 본인의 일생으로 보여 주었습니다. 저는 이용빈 위원장이야말로 여러 가지로 어려움도 크고 해결해야 할 현안도 많은 우리 광주 지역에서 큰 역할을 감당해 낼 적임자라고 생각합니다.

이용빈은 착한 의사입니다. 푸근하고 정 깊고 눈물도 많은, 참 좋은 사람입니다. 이용빈은 능력있는 정치인입니다. 항상 광주의 살길과 대한민국의 미래를 고민하고 그에 걸맞은 역량을 키워가고 있는 우리 민주당의 자산입니다.

참으로 고맙습니다. 우리 민주당에 이용빈이 있어서.
정말로 다행입니다. 그 이용빈이 광주를 지키고 있어서.

책 제목처럼 알면 알수록, 만나면 만날수록 반가운 이용빈 위원장이 준비하는 밝은 내일에 저도 함께 하겠습니다.

감사합니다.

| 차 례 |

책을 펴내며 004
추천사 _강용주(재단법인 진실의 힘 이사, 광주트라우마센터 초대센터장) 006
　　　_김삼호(광주광역시 광산구청장) 008
　　　_김승필(영화 '택시운전사' 김사복님 아들) 010
　　　_박광온(더불어민주당 최고위원, 더불어민주당 경기도 수원시(정) 국회의원) 012
　　　_박원순(서울특별시장) 014
　　　_박주민(더불어민주당 최고위원, 더불어민주당 서울은평구(갑) 국회의원) 016
　　　_송영길(더불어민주당 인천 계양구(을) 국회의원 - 동북아평화협력특별위원장) 018

제1부　용빈아! 반갑다

1. 외할머니 손을 잡고 남광주역에 내려 029
2. 5·18의 충격 속에서 만난 동학 이야기 038
3. 격동의 대한민국, 학생운동에 투신 047
4. 아기 아빠 의학도의 고단한 수업시대 054
5. 공동체 주치의 이용빈 062
6. 호남인재 영입 1호 이용빈의 광주정치선언 070
7. 촛불민심과 한께 다시 도전에 나서며 087

제 2부　용빈아! 부탁해

1. 서울특별시장을 만나다　　　　　　　　　　　　　　　　100
   (박원순_ 제35·36·37대 서울특별시장)

2. 한국정치, 혁신의 바람이 필요하다　　　　　　　　　　　109
   (강수훈_ 더불어민주당 광주광역시당 대변인)

3. 청년 정치인의 역할　　　　　　　　　　　　　　　　　　121
   (신정호_ 미도기획 대표, 더불어민주당 당무위원)

4. 광주의 중심! '광산'을 말하다　　　　　　　　　　　　　129
   (김삼호_ 광산구청장)

5. 故 안병하 치안감을 회고하다　　　　　　　　　　　　　141
   (이낙연_ 국무총리)

6. 콘텐츠 발굴로 지역문화산업을 견인하라　　　　　　　　145
   (강광민_ 문화관광콘텐츠 연구원 원장)

7. 육군사관학교에서 큰 뜻을 세우다　　　　　　　　　　　156
   (송유진_ 육사 40기, 前 제17보병사단 사단장)

8. 광주의 어머니　　　　　　　　　　　　　　　　　　　　166
   (안성례_ 前 오월 어머니 집 이사장)

9. 내 마음의 영웅! '김사복 선생'을 다시 떠올리며　　　　176
　　(김승필_ 故 김사복 선생의 장남)

10. 세월호 참사 5년, 그 후　　　　190
　　(김영오_ 유민아빠, 세월호 유가족)

11. 길 위에서 살다가 죽으리라　　　　209
　　(문규현 신부_ '평화와 통일을 여는 사람들' 상임대표)

12. 공동육아 플랫폼 '마을아이'　　　　216
　　(박수미_ '마을아이' 대표)

13. 좋아하는 일에 올인하라　　　　233
　　(이세형_ 청년마을 활동가, 이공 대표)

14. 청년 농부로 산다는 것은　　　　245
　　(정성범_ 청년 농부)

15. 의지와 신념으로 살아온 농부의 삶　　　　256
　　(유경순_ 어머니)

16. 광산형 주민자치기구가 필요하다　　　　264
　　(김기순_ 광산구 주민자치위원회 협의회 회장)

17. 광주지역 대표 '복지 활동가'를 만나다　　　　271
　　(박종민_ 하남사회복지관 관장)

18. 대한민국 웹툰으로 세계시장을 주도하다 280
   (공성술_ 웹툰 작가)

19. 미리 온 통일세대의 현 주소는? 289
   (장미희_ 북한 이탈 주민, 광주광역시 하나문화교류센터 회장)

20. 시대변화에 내몰린 전통시장의 탈출구는 없는가? 304
   (이송재_ 송정매일시장 '목포상회' 대표)

21. 지키기 위한 변화, 1913 송정역 시장 315
   (박현덕_ 1913 송정역 시장 '서울장수국수' 대표)

부 록 324
수록사진 찾아보기 362

용빈아!

반갑다

제1부

용빈아! 반갑다

　살아온 날들을 곰곰 되돌아보면, 언젠가 내 안에 문득 깃든 것들이 발아와 성장의 과정을 통해 지금의 나를 만들었다는 발견에 놀라움을 느낄 때가 많다. 뜻밖의 것들이 침입해 들어와 자신의 삶을 규정하는 경우도 없진 않겠지만, 인간의 삶은 여전히 한 걸음 한 걸음 지난 족적을 통해 형성되어지는 것이라는 믿음이 새삼 가슴에 와 닿는 요즘이다.

　나 자신이 걸어온 길을 기록으로 옮겨보자는 지인들의 청함에 응하면서도 내심 많이 어색했던 게 사실이다. 남들이 특별히 귀감으로 삼을만한 교훈적인 인생을 살아온 것도 아니고, 빛나는 무슨 업적을 딱히 남긴 것도 없다는 자격지심 때문이었다.

　그러나 집필을 위해 지난 삶을 반추하며 지금의 내 길 걸음이 결국은 먼 훗날 나의 자화상이 된다는 점을 깊이 깨달으면서 그나마 부끄러움을 견딜 수 있는 작은 위안을 삼게 됐다. 이 책을 읽는 누군가가 내 삶의 숱한 질곡들을 보면서 역설적인 지혜들을 장만할 수도 있지 않겠느냐는 생각이 든 까닭이다.

　이 책을 읽는 이들이 그러한 뜻밖의 수확을 얻기를 기원하며 '동네 의사 이용빈'이 터덜터덜 걸어오며 스쳐 지냈던 삶의 풍경들을 옮겨 본다.

1.
외할머니 손을 잡고 남광주역에 내려

내가 태어난 곳은 광주 동구 소태동이다. 생일은 1964년 12월 15일이다. 내가 지금도 추위를 잘 타지 않는 이유가 그 때문인지도 모른다. 어쩌면 이것도 부모님 덕이다.

당시 소태동은 행정구역상 도시에 소재하고 있었지만 100여 가구가 살고 있던 마을이었다. 원래부터 이곳에 터를 잡고 산 사람들도 있었지만 1971년 광주시가 상수원 해결을 위해 동복댐을 건설하면서 이주해 온 사람들이 많았다. 초가집들이 옹기종기 모여 있고 마을 앞으로 보리밭이 펼쳐진, 그 풍경도 시골 마을이나 다를 바 없었다.

아버님은 갑종장교 출신의 군 간부로 당시 계급은 대위였다. 갑종장교라는 말을 낯설어하실 분이 많을 것 같아 잠깐 설명해 드려야 할 것 같다. 갑종장교는 과거에 있었던 국군의 중요 장교양성 과정 중의 하나이다. 간부 요원의 수요가 증가하자 단기 사관의 형태로 요원을 훈련시켜 각 부대에 조기 투입하기 위해 만든 제도다. 훈련을 마친 후 고등학교 졸업 이상의 학력을 갖춘 경우는 갑종이라 하여 장교로 임관시켰고 학력이 그 이하면 을종이라 하여 부사관에 임명했다.

지금 회상해보면 아버님은 참으로 훌륭한 군인이셨던 듯싶다. 매사에 꼼꼼하고 치밀하셨으며 책임감도 남다르셨다. 정규 육군사관학교 출신도 아닌 갑종장교 출신이었지만 동기들에 비해 진급이 빨랐던 것도 두루 그런 면들이 병영에서 인정을 받았기 때문일 것이다.

자신의 몸조차 돌보지 않고 복무에 최선을 다하는 아버님의 투철한 사명감은 결국 당신을 병석에 눕게 만든 원인이 됐다.

아버님이 전방부대에 근무하실 때인 1968년 김신조 사건이 터졌다. 전군에 비상이 걸렸고 아버님의 부대 또한 최 일선 수색대에서 활약했다. 잠도 잘 수 없고, 식사도 제대로 못 하는 작전에 부대원들을 이끌고 여러 날 투입되다 보니 과로가 겹쳐 병인을 만들고 말았다.

그 후 아버님은 경상남도 김해에 있는 포병 미사일 부대의 포대장으로 임지를 옮겼지만 심각한 B형 간염으로 마산통합병원에 입원해 계시다 얼마 후 의병 전역을 했다.

어머님은 집안에서 수재 소리를 들으며 자라온 분이셨다.

학강초등학교를 나와 당시 광주의 최고 명문 여학교인 전남여중과 전남여고를 다녔으며 여고 재학 시에는 학생회장을 맡기도 했다. 이렇게 출중한 학창 시절을 보냈지만 불행히도 대학은 진학하지 못했다. 당시

당신이 겪었을 상심이 얼마나 컸을까 하는 생각을 하다 보면 지금도 마음이 아프다.

집안 형편 때문이었다. 어머님이 대학을 진학해야 할 시기에 외할아버지가 병석에 누우면서 진학의 꿈을 접은 어머님은 가족의 생계를 도와야겠다는 마음으로 양장기술학원에 등록했다. 외할아버지는 그 후 줄곧 병을 앓으시다 51살이라는 아쉬운 나이에 돌아가셨다. 내가 초등학교에 들어가기 전 일이어서 명료하진 않지만 외할아버지의 시신을 안방에 모시고 병풍이 쳐졌던 기억이 희미하게 남아있다.

외할아버지는 당시 기마경찰대의 기마시범 선수를 지냈을 정도로 호연지기가 넘쳤던 분이셨다. 이런 분들이 대개 그 호탕한 성격 때문에 술이 과한 경우가 많은데, 외할아버지 또한 술로 간경화라는 병을 얻어 수를 채우지 못한 것이다. 가족의 생계를 꾸려왔던 가장이 중병을 앓는 집안 형편에 아무래도 어머님의 대학 진학은 무리였을 것이다.

대학을 나오진 않았지만 어머님은 여장부 소리를 들으며 세상을 헤쳐가셨다. 리더십이 남달라 늘 주변에 사람들이 끌었으며 친화력도 대단했다. 어머님은 당신의 이러한 특출한 사회성을 배경으로 대한생명이 처음 생겼을 때 창사 직원으로 입사해 영업소장까지 지내셨다.

나는 가끔 어머님이 대학을 나와 사회생활을 하셨다면 어땠을까? 하는 턱없는 상상을 해볼 때가 있다. 사람들이 보통 출세라 일컫는 큰 성공을 거두셨을 것 같다. 엉뚱한 상상은 한 걸음 더 나아가 여기까지 이를 때도 있다. 그리고 정치에 입문하셨다면? 국회의원도 능히 하셨을 법하다. 그냥 재미 삼아 해본 얘기다.

신랑 이선부, 신부 김은자… 결혼식장에서 주례 선생님으로부터 그렇게 호명됐을 두 분의 인연은 고등학교 시절로 거슬러 오른다. 당시 아버님은 기계공고를 다녔는데, 친구 소개로 어머님과 무등산 동반 산행을 하게 됐다. 어머님은 훗날 첫 만남에서 아버님에게 마음을 많이 빼앗겼다는 말씀을 수줍게 하셨다. 이를테면 무등산이 맺어준 인연이다.

당시 친가는 꽤 부유한 집안이었다. 지금의 광주우체국 인근 충장로에 건물을 소유하고 있었고, 할아버지께서 그 건물에서 양복점을 운영하셨다. 광주에서 제일 비싼 땅의 건물주였으니 재산 규모가 대단했을 것이다. 아! 그러고보니 아버님의 출중한 손재주는 양복 장인이셨던 할아버지로부터 물려받으신 듯싶다. 인문계가 아닌 공고를 진학한 것도 그 때문일 것이다.

그러나 할아버지가 일군 재산은 2대를 가지 못했다. 할아버지가 가까운 지인에게 사기를 당해 전 재산을 털리고 가족들이 모두 서울로 기약 없는 이사를 해야 하는 처지로 몰락했다. 아버님은 결혼은 했지만 신혼 생활의 달콤함을 누릴 겨를도 없이 생계를 위해 군 간부후보 양성학교에 들어가 갑종장교라는 직업군인의 길을 선택할 수밖에 없었던 것이다. 친가의 가세가 기울지 않았다면 아마 아버님은 공대를 나와 엔지니어로 살아가셨을 것이다.

두 분의 삶 얘기를 제법 소상하게 풀어냈지만, 사실 아주 오랜 훗날에야 주변 분들로부터 들었던 이런저런 얘기를 꿰맞춘 것들이 많다. 두 분을 바라본 내 어린 시절의 기억은 아주 단편적일 수밖에 없다. 유년의 대부분을 외가에서 보냈기 때문이다.

직업군인으로 이곳저곳 임지를 옮겨 다닌 아버님은 김해 근무를 하실 때 동생이 태어나자 나를 외가로 보냈다. 내 교육 문제, 어머님의 육아 고생 등 여러 가지 깊은 생각들을 하셨을 것이다.

김해를 떠나 외할머니의 손을 잡고 남광주역에 내려 역 앞 광장에 나섰을 때, 오싹하게 온몸을 휘감았던 경이로운 충격은 지금도 생생하게 기억 속에 남아있다. 제복을 차려입은 역 직원이 천공기를 들고 개찰을 하는 모습도 신기했고, 모든 게 낯선 세상이었다. 당시 김해는 시골마을이나 다름이 없는 곳이었기에 처음 만난 남광주 역사 앞 도회지 풍경은 내게 전율로 다가설 수밖에 없었다. 넋을 빼앗긴 채 나는 그저 외할머니 손을 놓칠세라 꼬옥 붙잡았던 듯싶다.

남광주 역사가 허물어지기 전에 나는 가끔 그곳을 지나칠 때마다 어리둥절한 표정으로 외할머니 손을 잡고 역사를 나서는 작은 꼬마아이가 환영처럼 떠올라 홀로 슬그머니 웃음을 머금곤 했다. 그때마다 달콤한 추억의 과즙이 머릿속에 괴어왔다.

남광주 역사가 사라졌을 땐 내 삶의 한 토막이 베어져 나간 듯 허탈했다. 마치 첫 연애의 추억처럼, 내게 있어서 광주의 시작은 남광주였기 때문이다. 오래된 공간은 사람들의 삶의 시간이 응고된 생명체나 다름이 없을 것이다. 아주 오랜 훗날 그 공간들을 다시 마주하다 보면 응고된 시간들이 녹아내리며 자신의 옛 삶들을 곰삭은 추억으로 재회하기 때문이다. 도시의 옛 공간들을 보존해야 하는 이유가 바로 여기에 있다. 공동체의 기억이 머물러있지 않은 도시는 죽은 도시나 다를 바 없을 것이다. 이런 측면에서 광주가 숱한 근대의 건물들을 지워버린 것은 정말 아쉬운 대목이다.

부모님과 떨어져 지냈지만 소태동의 외가댁 살이는 외롭진 않았다. 비슷한 또래의 삼촌, 이모들과 형제처럼 지냈기 때문이다. 마을 주변의 저수지와 산과 들은 이내 놀이터가 됐다. 통일동산, 증심사 오르는 길, 화순 너릿재, 학운동의 배고픈 다리, 배부른 다리, 조선대 뒷산, 화약고라 불리던 광주천의 굽이진 물목… 그곳들을 천방지축 헤집고 다니던 일들이 지금도 기억 속에 새록새록 하다.

나는 유년 시절부터 특별하다 싶을 정도로 자연을 벗 삼아 노는 일을 남달리 즐겨 했다. 뒷산에 올라 칡을 캐고, 곤충을 잡고, 냇가에 나가 물고기를 잡거나 개구리를 잡아 구워 먹고… 거의 수렵 채취시대의 아이처럼 살아가는 게 일상이 되다시피 했다. 그 무렵 파브르 곤충기를 읽고 가슴이 설레 잠을 이루지 못했던 일이 지금도 기억에 남아있다.

여름방학 숙제였던 곤충채집을 뛰어나게 잘해 최우수상을 받기도 했다. 당시 대부분의 아이는 부모님이나 나이 든 형제들의 도움을 받아 과제를 제출했지만 나는 직접 내가 잡은 곤충들을 와이셔츠 상자에 핀꽂이를 해 그럴듯한 표본을 만들어 제출했는데 선생님들이 깜짝 놀랄 정도였다. 선생님들의 칭찬 때문이었는지 나는 그 무렵 생물학자가 되겠다는 꿈을 가슴에 품었다. 그 소망이 구체적으로 무엇을 뜻하는지 알 수 있는 나이는 물론 아니었다. 그러나 생명에 대한 경이로움 같은 게 싹텄다고 여겨본다면 어쩌면 의사라는 지금의 직업도 그 유년의 꿈의 결실일 수도 있을 것이다.

부모님은 슬하에 3남 1녀를 뒀다. 나는 둘째로 태어났다. 그러나 부모님이나 친인척들로부터 내가 형제들과 성격이 많이 다르다는 말을 곧잘

유년시절 가족과 함께

들곤 했다. 나 스스로 생각해도 좀 그런 측면이 있어 보인다. 형제들과 떨어져 자란 어린 시절의 외가살이가 끼친 영향일 것이다.

외가는 독실한 개신교 집안이었다. 넉넉한 살림은 아니었지만 계몽적인 분위기가 늘 집안을 감쌌다. 끈끈한 가족애보다는 교회의 가르침이라는 다소 공적인 질서가 가족의 삶에 은연 중 배어 있었다. 부모와 떨어져 지낸 시기였기에 이런 분위기는 더더구나 내 의식 속에 깊이 각인됐을 것이다.

교회를 열심히 다니진 않았다. 교회에 간다고 집을 나와 산과 들을 쏘다니다 집에 오면 귀신처럼 교회를 빼먹은 것을 알아챈 외할머니로부터 타박을 듣곤 했다. 하지만 늘 매사를 공적으로 생각하는 성격 같은 게 그 무렵 외가댁 분위기에서 비롯된 인성이라는 생각이 든다. 그렇게 길러진 인성은 내가 훗날 사회 봉사활동에 남다른 정열을 쏟는 바탕이 되기도 했을 것이다.

봉사란 단어를 떠올리니 초등학교 시절의 기억 한 토막이 스쳐간다. 남초등학교를 다니던 때 일이다. 지원동에 있는 남초등학교는 내가 살던 소태동에서 꽤 먼 거리였지만 걸어서 통학했다. 반 친구 중에 소아마비를 앓아 장애를 안고 살아가는 아이가 있었다. 멀쩡한 나도 등하굣길이 힘들었는데 그 아이는 정말 학교 오가는 길이 끔찍했을 것이다. 그 친구의 책가방을 내가 대신 들고 함께 학교에 다녔던 기억이 새록하다. 연민이라기보다는 지팡이를 짚고 다녀 반 아이들과 다른 모습의 그 친구를 똑같은 친구로 대하고 싶은 생각 때문이었다. 아마 나의 생애 첫 봉사활동이었을 것이다.

돌이켜보니 아버님은 보통 이상으로 다재다능한 분이셨던 것 같다. 의병전역을 하고 돌아오신 아버지와 함께 살면서야 나는 아버님의 진면목을 알게 됐다. 못 만드는 게 없었고, 못 해내시는 게 없었다. 우리 가족들에게 아버님은 맥가이버나 다름이 없었다. 당시 이태리식 집이라는 양옥이 유행처럼 지어지기 시작했었다. 우리도 그런 집을 짓게 됐는데, 아버님 혼자 거의 집짓기를 마무리했을 정도다.

당시엔 어린 생각으로 어른이 되면 그런 일들을 척척 해내는 걸로 알았지만, 내가 성인이 되고 나서야 아버님이 특별한 분이셨던 것을 깨닫게 됐다. 편리한 도구도 많고 자재도 많은 시대이지만 작은 집안일 하나 제대로 해내지 못하는 내 자신을 보면서 새삼 당신이 범상치 않은 재주를 지니신 분이었다는 것을 알게 된 것이다.

곤궁했다고 말할 수는 없지만 집안 형편도 그렇게 녹록하진 않았던 것 같다. 아버님이 예비군 중대장을 하시며 생계를 꾸렸지만 부업으로 만홧

가게를 차렸다. 그 후 아버님은 화천기공사에 입사해 과장으로 근무를 하시다가 78년 2차 석유파동 때 퇴사를 하셨다.

중학교는 학동에 있던 숭의학교를 다녔다. 중학시절은 내가 학습에 유난히 열중했던 때인 듯싶다. 호기심이 많아 쏘다니기를 좋아하고 놀기를 즐기던 내가 공부에 열중한 데는 특별한 이유가 있다.

당시 친가 집안에서 미국으로 이민 간 가족들이 많았다. 큰아버지도 이민을 하셨다. 이런 분위기 때문이었는지 아버님도 종종 이민 얘기를 하시곤 했는데, 그런 얘길 들을 때마다 나는 세계 최고의 대학이라는 하버드 대학교에 갈 수도 있다는 꿈이 움트기 시작했다. 하버드로 가는 길이 무엇인지도 모른 채 일단은 공부를 잘 해둬야 하겠다는 나름의 생각에 학업을 게을리 하지 않았던 듯싶다. 하버드 진학은 일장춘몽에 끝났지만 중학 3년 동안 전교 20위권 안에서 맴돌았고 3학년 때는 3등까지 했으니 어떻든 하버드 꿈 덕을 크게 본 셈이다. 꿈을 품는다는 것은 그렇게 비록 원했던 일을 이루지 못할지라도 어떤 식으로든 보답을 받는 것이다.

2.
5·18의 충격 속에서 만난 동학 이야기

중학교를 졸업할 무렵, 시국은 부마항쟁, 궁정동 사건, 서울의 봄으로 이어지며 격한 소용돌이 속으로 빨려들고 있었다. 유신 독재의 억압에 짓눌려있던 민주화 운동 세력이 역동적인 정치활동을 전개하기 시작했지만 군부의 움직임도 심상찮았기 때문에 한치 앞을 예측할 수 없는 긴장된 정국이 이어졌다.

그러나 유신의 종말은 모두가 기대했던 민주화로 이어지지 못했다. 지금 돌이켜보면, 촛불혁명과 같은 순수한 민중의 에너지로 독재를 종결시키지 못했던 데서 그 원인을 찾아야 할 것 같다. 유신의 끝이 김재규의 총구에서 비롯됐기 때문이다. 김재규의 궁정동 사건은 박정희 독재를 끝냈지만 한편으로 전두환의 신군부가 권력을 장악하는 빌미가 되고 말았다.

이렇듯 어수선한 정국이 계속되던 79년 12월 통일주체국민회의 추대를 거쳐 엉겁결에 권력을 이양 받은 최규하 대통령은 강단을 갖고 비상시국을 헤쳐 나갈 인물이 아니었다. 무능하고 유약하기 짝이 없었다. 갑자기 닥친 '서울의 봄'에 야당과 재야, 그리고 민주화세력도 허둥댔다. 또 한편에서는 아직은 희미하게 윤곽만 어른거리는 정치권력을 두고 섣부른 경쟁을 벌이는 분열의 양상까지 빚어졌다.

대학가의 민주화 열기나 온전한 민주공화국을 기대하는 국민의 열망을 하나의 단일대오로 가치 통합하는 리더십을 정치권은 보여주지 못했다. 전두환 신군부 세력은 하이에나처럼 그 난맥상을 놓치지 않았다. 이 삼엄한 정국에 나는 고등학생이 됐다.

80년 5월 17일, 아버지는 형과 나를 데리고 서울행 기차를 탔다. 미국에 살던 고모가 잠깐 귀국해 서울에서 만나기로 한, 가슴 설레는 기차여행이었다. 서울 역에 내렸을 때 역 광장에 자욱이 내려앉은 최루가스 냄새를 지금도 잊을 수가 없다.

고모와의 아쉽고도 달콤한 해후를 마치고 다음 날 광주에 오는데 이리역에서 기차가 발길을 멈췄다. 버스를 타고 장성까지 왔지만 더 이상 대중교통을 이용할 수 없었다. 아버님은 침울한 얼굴로 광주에서 큰 일이 터진 것 같다고 말했다.

난리 통에도 상혼은 빛을 발한다. 장성에서 발이 묶인 사람들을 트럭으로 광주 인근까지 실어 나르는 신종 영업이 성행하고 있었다. 다른 일행들에 섞여 우리도 트럭에 몸을 실었다. 소갈머리 없게도 나는 그런 낯선 상황에 바짝 긴장되기도 했지만 좀 재밌기도 했다.

트럭은 사람들을 광주 교도소 인근에 내려줬다. 기사는 돌아가기 전에

대학시절 의과대학 시절 동기들, 맨 오른쪽이 나 이용빈

일행들에게 단단히 주의를 환기시켰다. 군인들을 만나면 큰 일 당할 수 있으니 큰 길을 피해 요령껏 귀가를 하라는 간곡한 염려였다.

교도소 뒷산을 넘어 산길로 광주를 향하는데 갑자기 바로 발밑 언저리에 투두둑 총탄이 쏟아졌다. 기사의 마지막 말이 귓가에 맴돌며 그 자리에 발길이 얼어붙고 말았다. 곧 비로 길 양쪽 숲에서 매복 중이던 계엄군이 총을 겨눈 채 다가섰다.

형과 나는 험상궂은 몰골로 다가서는 무장군인들의 모습에 우선 기가 질려 어찌할 바를 몰랐지만 군 장교출신인 아버님은 침착하게 군인들에게 다가가 예비역 장교 신분증을 제시했다. 아버님의 군 경력이 제대로 한 몫을 했다. 우리 가족은 이윽고 통과를 허락받았지만 함께 산길을 걸어 온 담양 청년들은 군인들의 트럭에 실렸다. 등 뒤에서 군인들의 고함소리가 귓전을 때렸지만 뒤도 돌아보지 못한 채 총총히 걸음을 재촉해야 했다.

광주는 하루 사이에 완전히 낯선 도시로 변해 있었다. 당시 우리 가족의 거처였던 주월동의 신우아파트까지 걸어오며 돌변해버린 시가지 분위기에 큰 충격을 받았다. 무성영화의 한 장면을 보는 것처럼 가슴이 먹먹했다. 나의 5월은 그렇게 시작됐고, 시민들의 숱한 주검을 남긴 채 10일간의 항쟁이 끝났을 때 나는 내 의식 속에서 뭔가 변화가 시작되고 있음을 감지했다.

그 무렵 어디서 구했는지는 기억이 나지 않지만 최인욱의 장편소설 『초적』을 읽었다. 초적은 1961년에 조선일보에 연재된 소설로 동학혁명의 일대기를 다룬 최초의 소설이었다. 신문연재라는 특성상 역사건 사건을 극화한 대목이 많아 책장을 펼치고 덮을 때까지 책을 손에서 놓을 수가 없었다.

　이야기 속 주인공인 서백수가 전주성 반격 때 포로가 돼 죽고, 초적선생 박남지와 동학접주 김대성이 순창 피로리 뒷산에서 관군에게 붙들려 죽으며, 전봉준 마저 관군에 붙들려가는 마지막 대목을 읽을 때 나도 모르게 뜨거운 눈물이 두 빰을 타고 흘러내렸다. 책을 읽는 내내 갑오농민전쟁에 나선 민초들의 모습이 트럭을 타고 시가지를 누비던 시민군들의 모습과 겹쳐오는 기이한 경험을 하기도 했다.
　초적을 통해 처음 접한 동학혁명의 비장한 얘기들은 내 의식 속에 깊이 각인이 돼 오래도록 잊혀지지 않았다. 청년기에 접어들면서는 '사람이 곧 하늘이다' 는 동학의 인내천 사상은 당대에도 구현돼야 할 공동체의 근본가치라는 신념으로 자리를 잡았다.

　고등학교 3학년이 되자 진로를 선택해야 했다. 평범한 직장인으로 살아갈 생각은 없었기 때문에 전공을 두고 고민하지는 않았다. 선택을 하는데 그렇게 많은 시간이 걸리지는 않았다. 고등학교 1학년때부터 육군사관학교에 가야겠다는 생각을 품고 있었기 때문이다. 부모님들도 육사를 가겠다는 내 선택을 흔쾌히 받아들이셨다. 육군 장성이 되겠다는 꿈, 그리고 군 장교생활을 했던 아버님으로부터 받은 영향… 그런 것들이 복합적으로 작용했던 듯 싶다.
　돌이켜보면 입교 후 1년 만에 자퇴를 했기 때문에 섣부른 결정이 된 셈이지만, 고교 학도 호국단의 연대장을 맡으며 길러진 리더십과 뭔가 남다른 인물이 되겠다는 의지가 발동해 내 스스로 내린 결단이었기 때문에 지금도 후회는 하지 않는다.

육군사관학교 생도 시절 군용기 앞에서 (상)
제43기 육군사관학교 생도생들과 함께 했다 (하)

사관학교 생활은 순조롭게 출발했다. 입학성적도 우수했고 입학 전 필수과정인 기초 군사훈련에서도 우수한 평점을 받아 교육대장 표창을 받았다. 남다른 생도생활이 눈에 띄었던지 1학년 생도 학생회장을 맡아달라는 선배들의 추천이 있었지만 공부에 전념하고 싶어 사양했다. 7월~8월 치르는 하계 군사훈련에서도 좋은 평가를 받아 생도대장 표창을 받았다.

누구도 의심할 수 없는 엘리트 장교의 길이 활짝 열려가고 있었던 것이다. 그러나 생도생활에 전력을 다한 내 의지를 몸이 시샘했던 모양이다. 생도생활 초기 가장 힘든 시기인 5월에 탈장이 오고 말았다. 수술을 받을 수밖에 없는 심각한 상황이었다. 곧바로 수도 통합병원에서 수술을 받고 한 달여 입원치료를 받았다.

생도생활에서 한 달은 큰 공백이었다. 동기생들과의 경쟁에서 뒤처졌다는 절망이 엄습했다. 좌절이 안긴 심리적 위축감 때문에 병상생활은 괴로웠다. 우울한 시간들을 견디기 위해 그 무렵 『초한지』를 읽었다. 외삼촌이 병상에서 읽어보라며 보내준 선물이었다. 이 책은 새로운 출발을 결심하는데 큰 위안이 됐다.

나는 초한지의 이야기 속에 내가 처한 삶을 대입시켜보며 내가 걸어가야 할 길이 과연 어디에 있는지 깊은 사색에 잠겼다. 사관학교 입학을 선택했던 고3의 결심이 조금은 단순하고 표피적인 것이었다면, 당시 병상에서의 고민은 백지를 앞에 두고 앞으로 내 자신이 살아가야할 삶 전체를 그려보는 힘겨운 고민이었다.

수많은 생각 끝에 결국 나는 초한지 속 유방의 지혜를 선택하기로 했다. 항우는 용맹과 기개로 세상을 호령했지만 유방은 민초의 마음과 천하 대세를 읽는 기지로 대륙 통일의 위업을 달성했다. 세상에 기여할 큰 꿈을 이루는 일이 군인의 길만 있는 게 아니라는 생각에 이른 것이다.

기왕에 어려운 결심을 한 터라 시간 낭비할 까닭은 없었다. 우선 병역 연기가 발등의 불이었기 때문에 바쁘게 움직일 수밖에 없었다. 사관학교를 자퇴하면 곧바로 징집영장이 나오기 때문에 이를 해결하려면 서둘러 학력고사 접수를 해야 했다. 징집이 연기되면 대학입시를 준비하는 최소한 1년여의 시간을 벌 수 있었다.

그해 10월에 퇴교를 했다. 조금 더 정확히 얘기하자면 외출 후 학교에 복귀하지 않았다. 퇴원 후 곧바로 치른 태권도 평가에서 맨 먼저 승급을 했을 정도로 내색을 하지 않았기 때문에 학교가 발칵 뒤집혔다. 자퇴를 하는 경우가 없진 않지만 생도생활에 누구보다 모범적이었던 내가 돌연 자퇴를 하겠다고 나섰기 때문에 파문이 그만큼 컸다.

특히 선배들이 당혹스러워 했다. 나를 1학년 생도학생회장으로 추천했을 정도로 아끼던 후배였기 때문이다. 나는 사관생도의 길이 싫어서가 아니라 더 큰 꿈을 위한 결심이라며 오히려 선배들의 상심을 위로해야 했다. 선배들도 결국은 내 결단을 이해하고 격려를 해주었다. 덕분에 사관학교 동료들과의 이별은 따뜻했다.

나는 지금도 그때의 동료들과 교류를 해오고 있다. 대부분 2성 장군 혹은 군단장 급 3성 장군이 돼 군 발전에 큰 역할을 하고 있다. 지난 총선에 출마했을 당시에는 투 스타 장군 계급장을 단 육사 동료가 격려차 찾아와 캠프 사람들을 깜짝 놀라게 한 적도 있다. 지금도 가끔 모임을 갖는다.

1983년 가을 사관학교를 정리하고 광주로 돌아와 다시 입시준비를 시작했다. 그해 대입은 어차피 준비 부족으로 가능한 일이 아니었기에 1년의 병역연기기간이 내게 주어진 시간이었다. 만일 입시에 실패하면 곧바로 입대를 해야 했기 때문에 그 1년은 내 인생에서 결코 허투루 보낼 수 없는 소중한 시간이기도 했다.

처음엔 서울대를 목표로 삼았지만 전남대 의과대학으로 진로를 최종 결정했다. 의대 진학을 결심하게 된 데는 어머님의 권유가 마음을 움직였기 때문이다. 아버님이 78년 화천기공사를 퇴직한 후로 당시 가세는 많이 기울어 있었다.

서울대 해양학과나 생물학과를 가겠다고 얘길 꺼내자 어머님은 그 정도 실력이면 전남대 의대가 더 낫지 않겠냐고 조심스럽게 반문하셨다. 아들 기를 죽일까 싶어 대놓고 선을 긋진 않았지만, 사실 나를 서울로 대학 보낼 처지가 아니었던 것이다.

나는 결국 어머님의 뜻에 따르기로 했다. 어려운 집안 형편에 애써 들어간 사관학교까지 그만 두고 다시 공부를 하겠다고 나선 내 처신이 부모님을 힘들게 하고 있다는 미안함도 있었고, 의사라는 직업이 사회생활을 하는데 큰 도움이 될 것이라는 스스로의 판단 때문이기도 했다.

3.
격동의 대한민국, 학생운동에 투신

전남대 의과대학에 입학한 1985년은 학원자율화 바람을 타고 학내 민주화운동이 가열차게 전개되고 있었다.

학원자율화 조치는 1983년 12월 문교부가 단행한 제적생의 복교허용을 골자로 하는 일련의 유화조치였다. 이에 따라 84년 2월 말 학원 내 상주해 있던 경찰 병력이 철수하고 신학기에는 전국 대학의 1,300여명의 제적생 가운데 복학을 희망한 727명이 학교로 돌아왔다.

학원자율화조치는 학생운동을 활성화시키는 기폭제가 됐다. 학원민주화추진위원회, 학원자율화추진위원회가 각 대학에 구성돼 강제징집 철폐, 군복무 중 사망 학우 원인 규명, 총학생회와 평교수협의회 부활, 해직교수 원적대 복직, 학원사찰 중지, 학도호국단 해체 등 투쟁이 본격화됐.

또한 당시 대학가의 투쟁은 학내민주화 뿐만 아니라 사회민주화 투쟁으로 영역이 확장되고 있었다. 언론기본법 철폐, 해직근로자 복직, 전면 해금, 노조탄압 중지, 집시법 폐지 등을 요구하며 교내시위와 가두시위, 철야농성 등 투쟁 열기가 갈수록 뜨거워졌다.

이 같은 학내 분위기는 입학 첫해부터 나를 '운동권'이라 불리는 학생운동 세력에 몸담게 한 동기가 됐다. 85년 3월 홍진경 선배의 권유로 의대 운동써클인 '산업의학연구회'에 가입했다.

전남대 의과대학 운동권에서 전설로 회자되는 강용주 선배는 그해 5월경에 만났다. 나를 처음 만났을 때 이미 도피자 신분이었다. 강 선배는 국가안전기획부가 조작한 '구미유학생간첩단 사건'에 연루돼 독방 수감과 고문을 견디면서도 전향서를 쓰지 않고 14년 6개월여의 긴 수형생활 끝에 1999년 출소했다. 당시 세계의 언론은 그를 '최연소 비전향 장기수'라 일컫기도 했다.

구미유학생간첩단 사건은 전두환이 '학원안정법' 제정을 관철시키기 위한 당위성 확보 차원에서 조작된 사건이었다. 학원자율화 조치 이후 학내 민주화운동이 들불처럼 타오르며 그 동력이 사회 각 부문 운동으로 확산돼가자 전두환은 위기의식을 느낄 수밖에 없었다.

85년 5월 미문화원 점거농성, 대우자동차파업, 구로동맹파업 사건까지 잇따라 발발하자 전두환은 정권에 강력하게 저항하는 학생운동을 탄압하기 위한 학원안정법 제정을 추진하였다. 그러나 당시 민주화운동의 역동성을 배경으로 세가 확장된 야당(신한민주당)과 재야 세력의 강력한 반발에 부딪혀 입법이 철회됐다.

입법은 무산됐지만 학원안정법 제정의 명분을 얻기 위해 수많은 반체

제 사건들이 용공으로 조작됐으며, 구미유학생간첩단 사건이 전형적인 희생양이 된 조작사건이었던 것이다.

강기정 선배(현 청와대 정무수석)가 전남대 위원장을 맡고 있던 삼민투(민족통일민주쟁취민중해방투쟁위원회) 투쟁에도 동참했다. 삼민투는 전국학생총연합 산하의 학생운동 조직으로 반미투쟁을 본격적으로 점화시켰던 85년 서울 미문화원 점거농성 사건을 주도하였다.

학내 민주화 운동에 깊이 발을 들여 놓으면서 주간 가두투쟁, 그리고 야간학습으로 이어지는 전형적인 운동권 학생의 일상이 이어졌다. 감당해야 할 역할도 점점 늘어났다. 의예과 학회 과회장, 자연대학회 연합회장을 맡았으며, 과 회장이 맡아야 할 당연직으로 총학생회 대의원 활동을 했다.

황량한 대지에서도 새 생명이 만들어지고 문화와 문명이 움트듯이, 인간의 사랑 또한 어디에서나 싹을 틔우고 뿌리를 내리는 절대적 속성을 지닌 듯싶다. 민주화를 향한 열망 하나만으로 격동의 시간에 온 몸을 실었던 그 분주한 시기에 아내 김미영 씨를 처음 만났다.

86년 초가을이었다. 아내는 당시 중앙대학 문헌정보학과를 다니다 집안 형편 때문에 학업을 중단하고 출판사에서 교정 일을 하다가 광주에 내려와 사촌동생 집에 머물고 있었다. 아내의 사촌동생이자 평소 나와 가깝게 지내던 전남대 치의예학과 학회장 소개로 아내를 만났다.

첫 인상이 참 좋았다. 부드럽고 사교적이었으며 상대방의 얘기에 진정으로 귀를 기울여주는 따뜻한 마음이 느껴졌다. 생활력도 대단했다. 출판사 교정 일 등을 하면서 전남대학 후문 앞에서 작은 팬시 가게를 운영

사랑하는 아내와의 결혼식
아내 김미영과 웨딩기념사진을 촬영하는 모습

하며 당당하게 자신의 삶을 꾸려가고 있었다.

운동권 학생에 대한 세상의 편견도 적지 않았던 때라 총학생회 부회장 선거에 나가야 될 것 같다는 얘길 조심스럽게 꺼내놓았는데 내가 오히려 놀랄 정도로 흔쾌하게 지지해주었다. 당시만 해도 총학생회 간부가 되고 나면 학교를 제적당하고 군대에 끌려가거나 실형을 살아야하는 경우가 비일비재했기 때문이다.

사람들은 자신의 신념을 이해해주는 이들에게 깊은 신뢰감을 갖게 된다. 내 삶의 불행한 전망까지 보듬을 수 있다는 누군가가 내 곁에 있다는 사실에 일순 가슴이 젖어왔다. 그녀를 내 평생의 반려자로 삼겠다는 생각이 아마 그 순간 마음속에 자리를 잡았던 듯싶다.

학내 집회와 가두투쟁, 사회과학 학습으로 가슴이 메말라가던 그 무렵 아내는 위안이었고, 설렘이었고, 삶의 온기였으며, 내가 기댈 수 있는 푸근한 언덕 같은 존재였다. 만남이 잦아졌고 차츰 씩 장래를 기약하는 사이로 발전했다.

민주화 투쟁을 한다며 풍찬노숙을 하다시피 살아가던 당시의 나를 그저 지켜만 봐주시던 부모님의 배려도 잊을 수가 없다. 군 장교 생활을 하신 아버님의 국가관이 나와 같을 수가 없었겠지만 아들이 피력하는 시국관을 존중해주셨다. 총장이나 학생처장 등 대학의 보직교수들이 가끔 집에까지 찾아왔으나 별다른 관심이 없는 듯 내게 내색조차 안하셨다.

87년은 새해 첫머리부터 정국이 요동쳤다. 박종철 고문치사 사건이 터진 것이다. 총학생회 부회장 신분이 된 내 어깨도 그만큼 무거워졌고, 살얼음 위를 걷는 듯한 날들이 이어졌다. 총학 부회장은 당시의 상황에선 감옥에 가는 보직이나 다름이 없었기 때문이다.

　이미 총학 부회장에 나서면서 마음의 준비를 했기 때문에 맡겨진 일들에 최선을 다했다. 총학 부회장에 당선된 후 나는 중대한 결정을 했다. 치열한 활동을 위해서는 시간을 쪼개기가 힘든 본과 진입이 아무래도 걸림돌이 될 수밖에 없다는 생각에 유급을 선택해 예과를 1년 더 다니기로 했다.

　총학 부회장이 된 후 맡겨진 첫 과업도 위험천만한 일이었다. 5·18을 공공연하게 거론하지도 못할 시국이었음에도 전남대는 처음으로 '5월제'라는 5·18기념행사를 열기로 하고 총학은 내게 5월제 준비위원장을 맡겼다. 박종철 고문치사사건으로 재야 민주세력과 전두환 정권 간의 대립각이 첨예해지며 정권의 공안 드라이브가 극에 달한 때라 준비위원장이 맡겨진 그 순간 나는 마음의 준비를 더욱 단단히 할 수밖에 없었다.

　긴장된 하루하루를 지내는 와중에 이한열 최루탄 사망사건이 터졌다. 6·10 항쟁의 물결이 전국에서 요동쳤다. 대학가의 전두환 퇴진 운동도

학생운동 동료와 함께 독재정권에 투쟁하는 사진
동그라미로 표시된 부분이 전남대 의예과 2학년 재학시절의 나

더욱 격렬해졌다. 삭발과 단식투쟁, 혈서쓰기가 대학가의 공공연한 행사가 됐다. 나 역시 혈서쓰기에 동참했으며 그때 생긴 새끼손가락 흉터가 지금도 남아있다.

호헌철폐투쟁 및 최루탄 추방을 위한 특별대책위원회 위원장이라는, 또 하나의 과중한 직책이 내게 주어졌다. 연일 거리에서 벌어지는 민주화대행진 집회를 주도했다. 결국 전남대 총학생회에 수배령이 떨어졌다. 내 은신처는 대인시장 뒷골목에 있던 단칸방이었다.

노태우의 6·29선언을 아무도 예측할 수 없는 상황이었기 때문에 6월 26일쯤 계엄령을 내릴 것이라는 풍문이 나돌았다. 이 때문에 총학 임원들은 은신처에 몸을 숨기고 있으면서도 서로 전언을 통해 '계엄령이 내릴지라도 끝장 투쟁을 한다'라는 각오를 다졌다.

계엄령은 없었지만 6·29선언이라는 희대의 정략을 통해 노태우를 앞세운 신군부세력은 끝내 권력의 끈을 놓지 않았다.

4.
아기 아빠 의학도의
고단한 수업시대

　의대생이면 누구나 한번쯤 겪어야 하는 심각한 통과의례가 하나 있다. 전공 선택 문제다. 나 역시 많은 고민을 했다.
　전공 선택을 고심할 때 문득 '초원의 집'이라는 흑백 TV로 보았던 미국 드라마가 떠올랐다. 초원의 집은 19세기 말 미국의 서부개척시대를 살아간 로라 잉걸스 와일더(Laura Elizabeth Ingalls Wilder) 여사가 말년에 딸 로즈의 도움을 받아 쓴 자전적 소설이 원작인 인기 드라마였다. 미 NBC TV에서 204회까지 방영했으며 우리나라에도 소개돼 많은 사람들의 사랑을 받았다.
　이 드라마의 주인공인 찰스 잉걸스 가족 얘기도 내게 많은 감동을 안겼지만 초원에 있는 작은 마을들을 순회하며 진료하는 개척시대 의사의 모습도 특히 내 눈길을 끌었다. 그는 단순히 병을 치료하는 의사가 아닌, 마을 주민들의 몸과 마음을 따스하게 안아주는 멘토와 같은 역할을 했다.

따뜻한 마을 의사… 그렇게 생각이 머릿속에 자리를 잡자 내 선택은 자명해졌다. 가정의학과를 택하기로 했다. 가정의학과 의사는 현재 질병이나 불편한 증상의 유무와 관계없이, 전 연령에 걸쳐 환자와 그 가족에게 개별적이고 지속적이며 포괄적인 의료를 제공하는 전공이다. 이 때문에 가정의학과 의사는 환자와 친밀하고 신뢰 있는 관계를 형성하면서 지역주민의 건강을 종합적으로 책임지는 역할을 한다. 당시 1차 진료기관의 중요성이 정책적으로 강조되면서 가정의학 전공 선택이 쉽지는 않았지만 일단 가정의학 전공의가 되겠다는 꿈을 가슴에 품고 본과에 진입했다.

88년 새 학기가 되자 운동권 동료들이 총학생회장 출마를 강권했지만 며칠 고민 끝에 사양했다. 87년 12월에 결혼을 했기 때문에 우선 가장으로서 책무를 팽개칠 수 없었다. 본과 진입에 따른 전공 공부도 만만찮은 과제였다. 총학을 이끌면서 그런 당면한 일들을 도저히 해낼 수 없다는 생각에 출마를 접을 수밖에 없었다. 운동권 동료들에게 많이 미안했다. 서운한 얘기를 쏟아 놓은 동료들도 있었지만 생각을 바꿀 수는 없었다.

결혼 한 처지에 집에 얹혀 살 수는 없어서 불로동에 있는 친척 건물 1층에 슈퍼마켓을 차렸다. 그 슈퍼마켓 비좁은 뒷방에서 첫 애가 태어났다. 고단한 날들이 이어졌다. 아이를 재운 후 잠깐 눈을 붙이다 새벽 2시에 일어나 가게를 보면서 전공공부를 했다.

그렇게 한 해를 정신없이 보냈지만 얼어붙은 시국은 풀릴 기미가 없었다. 89년 5월 이철규 변사사건이 터졌다. 학생들이 가투에 나서고 거리에 다시 최루탄이 난무했다. 일상의 일에 몰두하면서도 가슴 속에 다시 울분이 짚단처럼 쌓였다.

당시 자전거로 가게와 학교를 오갔는데 하교 길에 백골단과 학생 시위대가 대치하는 것을 보고 자전거로 백골단을 향해 돌진, 격투를 벌이기도 했다. 자전거가 엉망으로 찌그러져 다시 중고 자전거를 사야 했던 손재수가 있었지만 울분이 조금 풀린 듯 가슴이 후련했다.

의사, 치과의사, 또는 한의사를 대상으로 의무장교 병적에 편입시키는 의무사관 후보생 제도라는 게 있다. 대다수 의대생이 이 제도를 활용해 군 의무장교로 복무하는 경우가 많았다. 하지만 나는 학생운동에 헌신하면서 28세 안에 졸업해야 한다는 조건을 충족 시키지 못해서 의무장교 입대를 포기해야 했다. 더는 병역을 미룰 수도 없어 일반 병 입대가 불가피해졌다. 육군사관학교를 스스로 걸어 나온 내가 의무장교로도 복무할 수 없는 한심한 상황이 눈앞에 닥친 것이다.

입대를 앞둔 심란함 때문이었던지 그 무렵 마음을 흔든 사건이 하나 전개됐다. 전대협 2기 간부들을 중심으로 정부청사를 점거하자는 엄청난 계획이 추진됐다. 전남대 총학 부회장 신분으로 모의과정에 참여하면서 깊은 고민에 빠져들었다.

거사에 직접 참여할 것인지에 대한 질문을 자신에게 거듭 던지고 있었다. 어차피 입대로 가족과 떨어져 있을 바에야 이 땅의 민주화를 위한 역사적인 거사에 참여하고 형을 사는 게 더 의미 있는 일이 아니겠느냐는 생각이 머릿속을 줄곧 맴돌았다.

물론 그 고민은 나 혼자만의 것은 아니었다. 나와 비슷한 시기에 입대를 앞둔 전대협 간부들 또한 똑같은 고민에 빠졌다. 결국 오랜 숙의 끝에 나를 비롯한 동료들은 참여하기로 결의했다. 결심을 굳히고 나는 비장한 마음으로 아내에게 알렸다. 정말 미안하지만, 아이를 잘 키워달라는 염치없는 당부와 함께, 거사에 직접 참여하지 않는 가까운 동료들에게도 아내와 아이를 잘 지켜달라는 부탁을 했다.

그러나 당시 계획은 실행에 옮겨지지 못했다. 거사를 7일 앞둔 시점에 2년 이상의 실형이 선고되지 않으면 의무 규정대로 병역을 치러야 한다는 법 개정안을 정부가 발표했기 때문이다. 병역과 민주화 투쟁에 따른 영어의 세월을 저울질한 계획이었기 때문에 결국 동료들은 거사를 접기로 합의했다. 그때의 일을 돌이켜보면 사실 엄청난 일을 도모했다는 생각에 지금도 가슴을 쓸어내리곤 한다. 자칫 국가전복을 노린 내란음모죄라는 혐의를 뒤집어쓸 수도 있는 가공할만한 일이었기 때문이다. 만일 당시 거사가 계획대로 진행됐다면 미 문화원 방화사건처럼 역사적 사건으로 기록됐을 것이다.

89년부터 91년까지 일반사병으로 복무했다.

1년 남짓 육사 생도생활 경험 탓인지 병영생활은 순탄했던 편이다. 특등사수, 태권도 성적, 정훈교육 등에서 우수한 평가를 받았다. 덕분에 휴가도 자주 나와 간간히 아내와 아이를 만날 수 있는 남다른 기쁨도 누렸다.

김정일의 대남전략을 논제로 삼은 논술대회에 나가 사단장 표창을 받았던 일이 특별히 기억에 남아있다. 김정일은 결국 문호개방 정책으로 나아갈 수밖에 없다는 내용으로 논리를 전개했는데 최우수상을 받아 내심 놀랐다. 당연히 김정일 전략을 적대시하는 논점을 전개해야 높은 점

군 생활(이기자 부대)를 하면서

수를 받을 것으로 확신했지만, 이에 개의치 않고 북의 개방정책으로 남북의 평화협력 시대가 열릴 것이라는 불온한 주장을 했는데 뜻밖의 평가를 받았기 때문이다. 그 때 일을 떠올리면 당시 평가위원들의 면면이 지금도 궁금해지곤 한다.

군 복무를 마치고 복학을 한 후 아내가 운영해오던 슈퍼마켓을 접고 학교 앞에 복사가게를 열었다. 후배들이 많이 이용을 해줘서 가게는 그런대로 유지가 됐지만 고단한 일상이 계속됐다. 물론 수익도 필요한 생활비에 훨씬 못 미쳤다. 부족한 생활비를 충당하기 위해 입시생 과외를 세 군데나 뛰었다.

힘겨운 하루 하루였지만 그렇다고 학업을 게을리 할 수도 없었다. 본과 3학년이 됐을 때 이미 아들과 딸 두 자녀를 둔 가장의 처지였기 때문이다. 남다른 고민도 있었다. 총학에서 열혈 활동을 했던 내 학생운동 전력 때문에 그저 학업에만 매달리는 공부벌레 의대생 노릇도 은근한 심적 부담으로 다가섰다. 복학을 하자마자 후배들 사이에서 이미 전두환과 맞짱 뜬 선배라는 소문이 파다하게 퍼졌기 때문이다.

일상을 송두리째 포기해야 하는 학생운동은 아닐지라도 뭔가 의미있는 학내운동을 하고 싶은 스스로의 욕구도 있어, 일종의 예비역협의체인 '청사'라는 이름의 동아리를 동료들과 함께 만들어 정식 동아리로 등록한 후 초대 회장을 맡았다. 예비역으로 만학을 하는 복학생이나 복적생, 또는 편입생들이 학교생활에 잘 적응할 수 있도록 돕자는 취지였다.

복학 초기 내 자신이 직접 겪은 일이기도 하지만, 의대 공부가 결코 만만찮은 것은 아니기 때문에 유익한 학습정보들을 공유하면서 학교생활에 연착륙할 수 있도록 선후배간에 동료 간에 서로 조력자가 돼주는 일종의 지식공유 공동체였다.

그렇듯 뜻이 좋았던 탓인지 청사는 그후 전남대 의대 최대 동아리로 성장했다. 훗날 얘기를 들어보니 구미유학생 간첩단 사건으로 14년여를 복역하고 복적한 강용주 선배도 청사의 도움을 많이 받았다 했다. 강 선배로부터 그 얘길 직접 들으며 뿌듯한 감회에 잠깐 젖었던 기억이 난다. 진정한 보람은 그렇게 오랜 세월이 지난 후에야 다가서는 기약인 듯싶다.

만학도로 졸업을 한 후 서울 아산병원에 인턴으로 입사했다. 당시 가정의학과는 서울 신촌에 있는 세브란스 병원과 아산병원이 유명했다. 그해 아산병원 공채 당시 나이가 제일 많아 인턴대표로 입사했다. 레지던트 수련은 강릉 아산병원과 서울 아산병원에서 했다.

나이가 나보다 훨씬 어린 후배들이 이미 주요 스태프로 자리를 잡고

아산병원 근무시절

있었지만 이에 개의치 않고 병원 근무에 최선을 다 했다. 조직에서 좋은 평가를 받기 위해서라기보다는 내 자신의 미래를 알차게 준비하자는 의욕 때문이었다.

   가정의학 전공의는 전공이라는 말이 어울리지 않을 정도로 한 분야가 아닌 다양한 임상에 전문성을 갖춰야 한다. 이를테면 질병이라는 범인을 잡기 위한 초동수사 요원이나 다를 바가 없다. 초동수사에 실패하면 수사가 미궁에 빠지는 경우가 많듯이 초진을 전담하는 가정의의 역할은 그만큼 중요할 수밖에 없다.

임상을 제대로 진단하기 위해서는 환자에 대한 깊은 관심이 생명이다. 그야말로 환자의 머리 끝 부터 발끝까지 세심한 주시가 아니면 정확한 병인을 찾기가 힘들다.

아산 병원의 수련 과정은 이렇듯 환자에 대한 깊은 관심이 곧 명의로 가는 지름길이라는 내 나름의 신념이 만들어진 소중한 수업시대였다. 보통 사람들은 인술이라는 어휘를 대하면 의술과는 또 다른 심리적 문제로만 보는 시각이 있는데, 인술은 곧 의술의 완성을 위한 필수불가결한 의사의 덕목인 것이다.

이런 노력 탓이었는지 병원 안에서 돋보이는 존재가 됐다. '올해의 전공의 상'을 수상하기도 했다. 결국은 이런 공적이 아산병원을 퇴직할 때 큰 마음고생을 만들었다.

전공의 과정을 마칠 무렵 병원 측은 첫 전공의 졸업생이라는 의미 때문이었는지 스탭으로 남아주기를 요구했다. 솔직히 마음이 조금 흔들리기도 했다. 현대라는 대기업이 운영 주체였기 때문에 IMF 때도 직원들 봉급 한번을 거르지 않은 경영이 튼실한 병원이었다. 스탭을 권하며 제시한 급료도 전국 종합병원 최고 수준의 조건이었다. 대학 동기들에게 고민을 털어놓았다가 오히려 배부른 고민을 한다고 타박을 맞았을 정도였다. 고민 할 것도 없이 남아야 한다고 단칼에 말을 잘랐다.

그러나 마을에 들어가 주민들의 주치의 역할을 하며 민중과 더불어 변혁운동을 하겠다는 내 오래된 신념을 포기할 수는 없었다. 병원 동료들의 많은 아쉬움을 뒤로 하고 또 한 번의 새로운 출발을 다짐했다.

5.
공동체 주치의
이용빈

주민들과 일상 속에서 쉽게 스킨십을 할 수 있는 월곡동 주택가 안길에 병원을 개원하려 했지만 마땅한 건물을 찾을 수 없었다. 할 수 없이 대로변에 자리를 잡다 보니 주민들의 주치의 역할 보다는 인근에 있는 병원들과 경쟁하는 모양이 되고 말았다.

공간 환경은 썩 어울리진 않았지만 당초에 꿈꿨던 구상을 지키기 위해 최선을 다했다. 어깨를 맞대고 늘어선 병원들과 환자를 사이에 두고 경쟁하기 보다는 1차 진료기관의 기능에 충실하려 노력했다.

내 진료영역에서 벗어난 환자들을 인근 병원으로 보낼 때도 허다했다. 그저 환자를 보내기만 하는 게 아니라 환자를 의뢰한 병원을 수시로 찾아다니며 진료에 관한 얘기를 나눴다. 환자 진료와 케어를 최우선에 둔 이런 진정성이 통한 탓인지 인근 병원의 의사들, 그리고 주민들과 각

광산구 월곡동 병원에서

별한 관계를 유지할 수 있었다. 덕분에 병원 경영도 그런대로 순탄한 편이었다.

한 자리에서 마을 병원을 오래도록 운영하다보면 주민공동체의 변화를 그 누구보다 빨리 감지하게 된다. 병원 개원 초기에는 유아와 청소년 환자가 많았지만 세월이 흘러가자 어른에서 노인으로 환자의 연령대가 변했다. 고령화 돼가는 마을의 실태가 피부로 느껴졌다.

인근에 공단이 많은 마을의 특성 상 개원을 한 후 5년여가 지나자 이주민 환자도 눈에 띄게 늘기 시작했다. 이주민 환자들을 대하다보면 애처로운 느낌이 들 때가 많았다. 우선 신분이 불안한 까닭에 보험도 되지 않고 생계도 곤궁해 병이 깊어가도 충분한 진료를 받을 수 없었다.

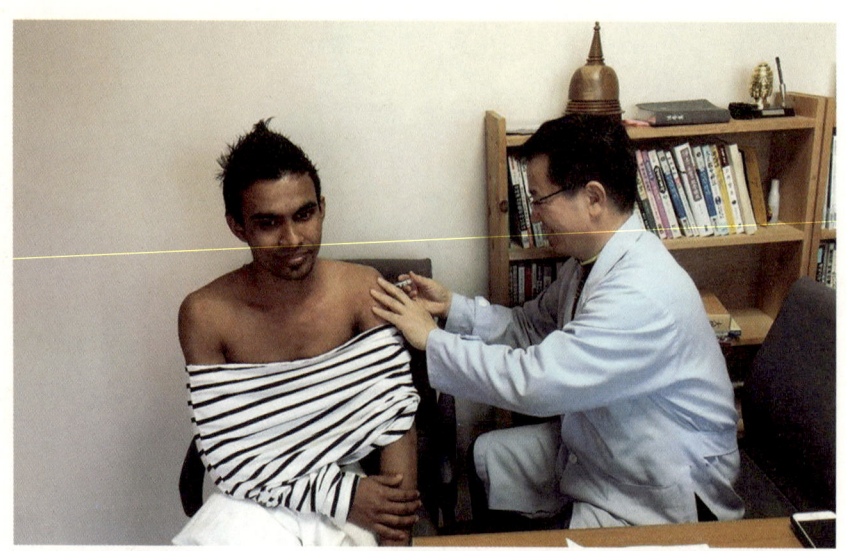
이주 노동자를 진료하는 모습

　처지가 어려운 이주민 환자들을 자주 대하다보니 이들이야말로 따뜻한 주치의의 손길이 필요하다는 점을 절감했다. 이런 안타까운 마음이 이주민들을 위한 의료봉사에 적극 나서게 된 계기가 됐다.
　그러나 이주민들을 위한 케어는 마음처럼 쉬운 게 아니다. 언어도 통하지 않고 기존 공동체와 사회적 유대도 전혀 없는 상태이기 때문에 일반 주민을 돌보는 것보다 몇 배의 노력이 더 필요하게 마련이다. 함께 2차 병원을 찾아다니고, 동사무소나 출입국관리소도 함께 다녀야 하는 등 토탈 케어에 나서야 하는 고된 일이다. 이 때문에 늘 몸과 마음이 분주했다.
　마을이 고령화되면서 동네 어르신 케어도 내가 외면할 수 없는 역할이 됐다. 불우한 처지에 놓인 어르신들도 하루가 다르게 늘어갔다. 독거노인들과 주치의 맺기 운동을 시작해 주거지를 직접 찾아다니며 진료활동을 펼쳤다. 이주민과 마을 어르신 케어 등 점점 더 봉사활동의 영역이 확대되면서 몸이 열 개라도 모자랄 상황이 됐다.

뜻을 같이 하는 사람들과의 연대를 통해 활동 영역을 확장시켜야 할 필요성이 절실해졌다. 동료 의사, 치과의사, 한의사들과 모임을 만들어 의료봉사활동을 더욱 활발하게 펼쳤다. 연대 활동이 활성화되면서 2005년에는 광주외국인노동자건강센터 설립이라는 의미 깊은 결실을 일궈냈다.

지금 생각해도 스스로 자부심을 느낄만한 큰 성과였다. 당시 미등록 신분으로 인권 사각지대에 놓여있었기 까닭에 몸이 아파도 병원을 갈 처지가 못된 이주민 노동자들의 건강을 돌보자는 취지에서 시작된 모임이었다. 출범 초기에 운영위원, 센터 소장, 이사장 등을 맡으면서 모임 운영에 열성을 다 했고, 두 달에 한 차례 정도 정기 진료활동에도 꾸준히 참여했다.

찾아가는 경로당 건강지킴이 활동

의료장비 문제 때문에 불가피하게 내 병원 진료실이 중심 활동 공간이 됐다. 매 달 한번 씩 검진이 필요한 환자들을 모아서 내시경검사, 초음파 검사, 심전도, 혈액검사, 소변검사, 엑스레이 등 정밀 검사를 무료로 해줬다. 이주 노동자들을 위한 정기 진료가 있는 날에는 아내도 적극 진료를 거들었다. 힘들긴 했지만 즐거운 시간이었다. 건강 검진 한번 제대로 받지 못한 이주 노동자들의 환한 미소가 우리 부부를 행복하게 만들어줬다.

평일에는 의료보험이 없는 이주민들에게 보험이 있는 환자들과 똑 같이 총 진료비의 30%만 본인이 부담하게 했다. 자신의 건강에 대한 책임감을 높여주면서도 경제적으로 큰 부담을 지우지 않도록 노력했다. 물론 난감한 상황에 처할 때도 많았다.

내 진료 역량만으로 해결할 수 없는 경우에 처할 때가 제일 큰 문제였다. 가정의학 병원에서 해결될 수 없는 큰 수술과 전문적인 2차 진료기관에서만 할 수 있는 정밀검사가 필요한 환자를 맞다 보면 깊은 고민에 빠지곤 했다. 대부분 이주 노동자 환자들은 수술비와 입원비 등 고액 의료비를 감당할 수 없었기 때문이다.

이런 경우는 결국 인맥을 활용할 수밖에 없었다. 이들의 궁벽한 사정을 소상히 설명하고 도움을 청하는 읍소 전략으로 의대 동기나 선배들 병원에서 치료를 받을 수 있도록 백방으로 노력을 기울였다. 그때마다 기꺼이 손을 내밀어준 분들에게 지금도 늘 고마운 마음을 안고 살아간다.

안타깝고 딱한 순간들도 많았다. 자신의 병을 모른 채 살아가다 정밀검사에서 손을 쓸 수 없을 정도로 번진 암과 같은 중병을 발견했을 때다. 그런 환자들의 절망을 속수무책으로 옆에서 지켜보면서 내 자신 또한 깊은 무력감에 젖어들기도 했다.

이주 노동자들을 위한 진료봉사를 하다 보니 시리아나 아프리카 난민 이주자들도 곧잘 병원을 찾아왔다. 이들은 주로 출산을 도와달라는 진료요청이 많았다. 그때마다 도움을 줄 수 있는 산부인과를 수소문하느라 동분서주했던 일을 떠올리면 지금도 입가에 웃음이 괸다.

해가 갈수록 이주 노동자들이 늘어가면서 내가 운영하는 병원이 이주 노동자들의 진료 거점이 되기에는 불편한 점이 많았던 게 사실이었다. 우선 대부분 이동수단이 없는 이주 노동자들이 일터나 거주지에서 꽤 떨어진 병원까지 와야 하는 수고가 늘 마음에 걸렸다. 그들 삶의 터 가까운 곳에 진료소 설립을 고민하던 차에 마침 사회복지공동모금회를 통해 도움의 기회를 얻었다. 2천만원을 지원받아 월곡동 뒷골목의 비어있는 어린이 미술학원 자리에 진료소를 열었다. 진료소는 이후 2012년 우산동 건강생활지원센터 3층에 가건물을 증축해 지금까지 운영해오고 있다.

그러나 우리사회의 모든 분야에 낯설 수밖에 없는 이주민들은 보건복지만이 문제가 되고 있는 것이 아니다. 원주민들과 사회통합을 이뤄낼 수 있는 일정 시간 동안 다양한 분야에서 캐어가 필요하다. 이런 측면에서 봤을 때 광주 시청과 협력하여 설립하려했던 광주이주민지원복합센터 건립계획이 수포로 돌아갔던 일이 지금도 아쉽기만 하다.

당시 국비와 시비를 각기 절반씩 투입하는 매칭펀드 방식으로 센터건립을 추진했었다. 한동안 계획도 순조롭게 풀려 갔다. 그러나 예산 배정 과정에서 갑자기 고용노동부로 예산이 전용되면서 그동안의 노력이 물거품이 되고 말았다. 나는 지금도 이주민지원복합센터는 꼭 필요한 복지 인프라 라고 생각한다.

사회통합 차원에서도 그렇지만 광주처럼 인구가 줄어들고 있는 상황에서 경제활동인구를 확보하기 위해서라도 이주민은 물론 재외 동포들에 대한 적극적인 이민 정책이 필요한 시점이다. 또한 지역 공동체 안에서 이들이 광주 시민으로서 자긍심을 갖고 살아갈 수 있도록 사회통합 지원체제 구축은 물론 문화 다양성 사회를 만들어가는 시민사회의 양식도 함께 배양돼야 할 것이다.

소외계층 아동들과 청소년들을 돕는 일에도 내 손길이 필요하게 됐다. 건강사회를 위한 치과의사회에서 주도하는 '틔움키움네트워크' 운동에 참여했다. 광주 지역 50여개 지역아동센터와 협약을 체결하고 심리·건강·문화 등 다양한 영역에서 전문가들과 함께 아이들의 공평한 출발을 지원하는 활동을 펼쳤다. 2009년~2013년 이사, 2014년~2016년 2년 동안 이사장을 맡았다. 또한 내 자신이 직접 월곡지역아동센터 주치의로 활동하기도 했다.

비정규직 노동자들의 건강 돌봄 사업도 내 관심사가 됐다. 특히 공단이 많은 광산구는 비정규직 노동자들이 유달리 많은 편이어서 남다른 대책이 필요한 상황이었다. 광주비정규직센터의 이사장으로 재임하며 비정규직 노동자 문제를 깊이 들여다보면서 그들의 건강 문제가 심각한 사회적 과제임을 깨달았다.

정규직 노동자 보다 더욱 강도 높은 노동을 하고 있지만 저임금과 열악한 근로환경 속에서 생활하다보니 심각한 건강상의 위협을 받고 있었다. 그러나 이에 대한 실태파악도 전무하고 당연히 특별한 대책도 없다보니 의료사각지대에 놓인 다른 사회적 약자들과 다를 바가 없었다.

비정규직 대부분이 정규직이 기피하는 고위험 노동을 떠맡고 있기에 근래에도 작업 중 목숨을 잃는 안타까운 일들이 반복되고 있다. 특히 사회혁신을 위한 입법 의무를 지닌 정치인들이 사회 양극화의 희생양이 되고 있는 비정규직 노동자의 아픔을 대변하는데 앞장서야 할 것이다.

6.
호남인재 영입 1호
이용빈의 광주정치선언

　노무현 대통령의 가슴 아픈 서거에도 불구하고 2012년 대통령 선거에서 문재인 후보가 패하고 말았다. 김기춘을 비롯한 유신독재의 망령들이 박근혜 정권의 심장부에 들어서며 우리 사회는 쏜살같이 뒷걸음질 치기 시작했다.
　수많은 민주인사들의 피의 제단 위에 쌓아올린 한국의 민주주의가 순식간에 무너져가는 모습을 보며 나는 당혹감을 느꼈고 깊이 좌절했다. 권력의 단맛만을 탐하는 무리들이 분별없는 정권의 주변에 몰려들었고, 무도한 정권의 추태가 도처에서 발흥했다.
　민주진영도 무력감에 빠졌다. 거센 폭풍우에 돛이 꺾인 난파선처럼 나아갈 방향을 상실하고 표류하는 형국이었다. 나 또한 20대에 꿈꿨던 사회변혁의 꿈이 영원히 물거품이 될 것 같은 나락감에 젖어 들었다. 우울한 날들이 계속됐다. 신문도 텔레비전 뉴스도 멀리 했다. 뉴스의 머리를 장식하게 마련인 정치권의 풍향계가 나를 더욱 절망으로 빠트릴 것 같은 두려움 때문이었다.

깊은 고민의 시간들이 이어지던 어느 날, 고 노무현 대통령이 평소 주창하던 '깨어있는 시민의 조직된 힘'이라는 문구가 섬광처럼 떠올랐다. 그랬다. 노무현 대통령 당선을 통해 '한국의 민주주의가 이제 완성되었구나'라고 모두들 생각했지만, 이명박 정권에서 박근혜 정권으로 이어지는 극우 보수정권의 정권 재창출을 통해 민주진영의 자만이었고 헛된 미망이었음이 드러났다.

지속가능한 민주주의를 위해서 시민은 늘 깨어있어야 하고, 누군가가 그들의 깨어있는 의식을 조직화하는 과정은 민주시민사회의 영원한 과제라는 인식을 가슴 깊이 깨달았다. 시민사회운동과 진보운동이 꾸준히

예술과 인문학의 접목을 통해 사회 속 문제를 바라보기 위한
단체인 예인회를 조직하고 활동하였다

시민플랫폼 '나들' 창립기념식 후 관계자들과 기념촬영을 하는 모습

성장해가고 있지만 한국사회는 여전히 바닥으로부터의 변혁을 요청받고 있다는 각성에 나는 전율했다. 사회활동가였던 내가 정치활동가로 보폭을 넓히는 순간이었다. 뼛속깊이 침습했던 무력감을 털어내고 깨어있는 시민들의 힘을 모아내는 정치 네트워크 구축에 열정을 쏟기로 했다.

2013년 광주전남직접민주연구원 공동대표를 맡아 적극적인 활동을 펼쳤다. 연구원 공부 모임을 만들어 열린 토론구조를 통해 시민주권과 직접민주주의 신장을 위한 담론을 확장해갔다. 그런 노력의 결과로 2014년 '시민플랫폼 나들'을 설립했다. 시민 정치 참여를 위한 공간으로서의 시민단체가 광주에 첫 선을 보이게 된 것이다. 그 동안 시민단체에 시민이 없다는 불신, 그리고 시민활동이 사회 변화에 과연 어떤 역할을 하고있느냐에 불신을 가졌던 시민들에게 정치와 정책에 대한 시민 결정권을 행사하는 주체가 될 수 있다는 희망을 함께 공유했다.

시민플랫폼 나들은 현재 130여명의 회원으로 민주시민교육, 토론 전문가 육성, 공유경제, 지혜공유, 청년 활동가 육성, 시민이 직접 정책을 발굴하는 시민의제사업을 펼쳐오고 있다. 커피파티 유권자 운동과 시민 직접정치운동과 연대하며 바람을 불러일으키는 등 시민이 직접 정책을 발굴하고 의제를 만들어가는 시민 직접정치운동의 혁신적 성과를 일궈 냈다는 평가를 받고 있다.

2014년 4월 16일, 세월호 참사가 터졌다. 무려 304명이 수장된 끔찍한 사건이었다. 승객 대부분이 제주도 수학여행을 가던 안산 단원고등학교의 청소년들이었기에 더욱 가슴을 저몄다. 나는 일단 가정의학회 전남지회장으로서 의료진을 꾸려 팽목항으로 달려갔다.

침몰 소식이 텔레비전 뉴스에 보도된 이후 근 보름여 동안 나는 잠을 이루지 못했다. 눈을 감으면 어린 소녀들이 삶의 마지막을 눈앞에 두고 심해에서 허우적거리는 모습이 어른거려 잠에 들 수가 없었다.

'가만히 있으라'는 말만 믿고 기울어가는 배에서 빠져나오지 못한 304명의 어린 목숨을 정부는 구조하지 못했다. 국가는 아무것도 하지 않은 채 물속으로 가라앉는 생명들의 보이지 않는 절규를 미디어를 통해 생중계했을 뿐이다.

박근혜 정권의 무능, 무책임, 생명에 대한 경박한 태도에 나는 치를 떨었다. 그렇게 뭇 생명을 죽이고도 정권은 국민 앞에 고개를 숙이지 않았다. 변명하고, 숨기고, 그 희생을 호도하기 위해 안간 힘을 썼다. 인간의 얼굴이 아닌 극우정권의 민낯이 적나라하게 드러났다. 언론도 정권의 입

광주시민상주의 일원으로 세월호 희생자들을 기리고 진상을 규명하기 위한 활동을 진행해왔다

맛에 맞춰 춤을 쳤다. '일베'로 총칭되는 극우 여론도 희생자들과 유족들의 가슴에 대못질을 했다.

의식 있는 국민들은 분노했다. 나는 박근혜를 하야시킨 광화문의 촛불이 이미 그때 국민들의 가슴 속에 켜졌다고 생각한다. 잘못 탄생한 정권이 만들어놓은 공동체의 아수라장에 대다수 국민들이 치를 떨었다. 나는 대한민국 기성세대의 한 사람으로서 그 아이들의 죽음을 평생 잊어서는 안될 무거운 각성으로 받아들이기 위해 그 후 3년 동안 세월호 상주 역할을 했다.

세월호 사태를 고통스럽게 지켜보며 나는 결심했다. 정치 일선에 나서서 이 무도한 정권을 끝장내야 한다고. 두 차례나 정권을 보수 우파에 내주고 무력감에 빠져있는 민주당의 상황이 그런 내 결심을 더욱 부추겼다. 결국 사회변혁을 통해 국가를 개조하는 큰 혁신은 정치를 통해서 이뤄낼 수밖에 없다는 생각에 이른 것이다.

마음속으로 결론은 내렸지만 망설임이 없었던 것은 아니다. 다양한 사회 활동에 참여하면서 정치인들과의 교제도 빈번했던 편이고, 시민정치 참여를 외치면서 정치 공간에 나설 일도 많았다. 또한 큰일을 도모하기 위해서는 정치인들과의 연대의 필요성도 평소 가슴에 담아 둔 생각이었다. 그러나 내 자신이 직접 정치에 나서겠다는 결심을 굳히는 데 적지 않은 시간을 흘려보낼 수밖에 없었다.

우선 내가 그만한 자질을 갖추고 있느냐가 문제였다. 스스로 판단할 수 없는 일이기도 해서 주변 사람들에게 조심스럽게 의사를 밝혔다. 물론 결론을 내고 도와달라는 얘기가 아닌, 내 의지의 일면을 넌지시 꺼내 놓으며 의견을 구하는 대화였다. 지금까지 험한 꼴 겪지 않고 살아온 당신 품성으로 봤을 때 약육강식의 정글 같은 정치판에 어울리겠느냐며 걱정하는 이들도 있었지만 대부분의 사람들은 격려를 해주었다. 긍정을 표시한 이들은 주로 올바르고 정의로운 가치관을 지니고 시민을 위한 봉사 정신이 투철한 당신 같은 사람이 정치에 나서야 한다는 논지를 펴며 적극 지지 의사를 밝혔다.

아내의 뜻이 이제 최종관문으로 남았다. 조심스럽게 생각을 꺼냈는데 뜻밖에도 아내 또한 흔쾌히 내 결심을 받아들였다. 아내는 마치 내가 뜻을 밝히기를 기다리고 있기라도 한 양, 내게 이렇게 말했다. "대학시절부터 세상을 바꿔보려고 안간 힘을 쓰는 당신을 보고 살아왔다. 그 꿈이 어디 갔겠느냐. 이 때문에 병원 진료실에 박혀있는 당신을 볼 때마다 평소 안타까운 마음이 들 때가 많았다. 이제 당신에게 날개를 달아주고 싶다. 기왕 나섰으니 열심히 해라. 당신 뜻을 지지한다."

아내와 사귀던 대학 시절 총학생회 부회장에 나서겠다는 내 말에 전폭적으로 공감해주던 그 모습 그대로 아내는 내 곁에 남아 있었다. 나는 감동했고, 백만 원군을 얻은 듯 자신감이 생겨났다.

정당을 선택하는 문제도 고민을 안겼다. 평소 나와 함께 사회단체 활동을 했던 몇 사람은 내 정체성으로 봤을 때 진보정당을 택해야 한다고 권했다. 내 스스로도 그런 생각을 한 적이 있었다. 사실 내가 평소 추구했던 이상적인 체제는 주거·의료·복지·교육과 보육 등을 국가가 책임지는 사민주의에 가까웠다. 그러나 진보정당 후보로 광주에서 출마를 한다는 것은 당락에 개의치 않는 정치운동 차원에 머물 수밖에 없는 시도였다.

고심 끝에 새정치민주연합(더불어민주당 전신, 이하 민주당)을 선택하기로 했다. 하지만 당시 민주당도 안전한 승선이 보장될 만큼 녹록한 상황은 아니었다. '불임정당'이라는 닉네임이 불여질 정도로 박근혜 정권의 거듭된 실정에도 당 지지도를 끌어올리지 못한 무력감에 실망한 민심이 이탈하고 있었다. 특히 민주당을 향한 애증이 작동되며 당의 텃밭에 다름이 없는 호남권의 이반현상이 심각했다. 문재인 당 대표의 리더십도 덩달아 날개 없는 추락을 거듭하고 있었다. 그리고 드디어 올 것이 왔다.

정치인은 더러 신념과 가치가 아닌, 권력의 양지만을 좇는 부나비 같은 존재일 때가 많다. 자신의 선택이 곧 허망한 날갯짓으로 전락할 위기에 처할지라도 그 도박에 정치생명을 거는 경우가 허다하다. 한국의 정치사가 그러한 철새정치의 숱한 몰락을 증거하고 있음에도 도박은 반복된다.

2015년 12월 민주당의 대주주인 안철수, 김한길, 천정배가 당을 탈당했다. 신당 창당을 추진하기 위한 사전 행보였다. 제3의 정당 창당을 통해 양당제 정치의 폐해를 극복해야 한다는 거창한 명분을 내세웠지만, 사실은 그 무렵 정치적 기대주가 상승 중인 안철수를 중심으로 한 정치 세력화를 통해 총선에서 교두보를 확보하고 차기 대권을 도모하겠다는 속셈이 빤한 행보였다.

문재인 대표는 더욱 곤혹스런 상황에 처했다. 그해 12월 한 달 동안 11명의 의원이 탈당했다. 의석도 129석에서 118석으로 줄었다. 탈당 정국으로 당 지지층이 크게 흔들렸다. 특히 호남권의 요동이 심각했다. 천정배, 박주선, 김동철, 권은희, 임내현, 황주홍, 유성엽, 박지원 등 호남권 현역 의원들을 중심으로 탈당 바람이 불고 있었기 때문이다.

또한 이들은 한결같이 친노 패권주의 청산을 탈당의 명분으로 삼았기에 20대 총선이 임박한 시점에서 문재인 대표는 특단의 대책을 강구할 수밖에 없는 입장에 처했다. 문재인 대표는 대표직을 내려놓고 고육책으로 김종인 전 의원을 비상대책위원회 대표로 영입했다. 당을 비대위 체제로 전환하고 사실상 20대 총선의 지휘권을 김 대표에게 일임한 것이다.

탈당파들이 주도한 친노 패권주의 프레임, 그리고 경제를 중심에 둔 사회전반적인 우경화 분위기에 따른 불가피한 선택이었겠지만, 나는 당시 이러한 당의 체제 변화에 강한 불만을 품었다.

우선 김종인의 전력이 거슬렸다. 그는 전두환, 노태우 등 신군부 세력이 정권찬탈을 위해 만든 국가보위비상대책위원회에 참여했으며 노태우 정부 청와대 경제수석을 지낸 인물이었다. 경제전문가임을 앞세워 수시로 당적을 바꿔가며 자리 보전을 했던 사람이기도 했다. 이러한 이력을 지닌 김 대표 체제가 들어서는 것을 보면서 청춘을 바쳐 민주화 투쟁에 헌신해왔고, 노무현 정신의 구현이야말로 한국 정치개혁의 올바른 길이라는 신념을 가졌던 광주의 정치인으로서 자괴감을 느끼지 않을 수 없었다. 수권이 최대 목표인 정당정치가 이상적인 이념 설정으로만 유지될 수 없다는 사실을 뼈저리게 절감했다.

예상했던 대로 다음 해 2월 탈당파들은 국민의당을 창당하고 안철수와 천정배가 공동대표를 맡았다. 민주당에서 빠져나간 17명이 국민의당 소속 국회를 구성했다.

이러한 상황이 전개되며 모두가 민주당의 위기를 거론했지만 당시 내 생각은 달랐다. 이제야말로 민주당의 혁신, 호남 정치의 혁신을 이룰 절호의 기회가 왔다는 생각이 들며 오히려 민주당 후보로 내년 총선에 나서야겠다는 투지가 솟았다. 민주당도 무력감을 털고 공세에 나섰다. 새 인재영입이 민주당이 내민 카드였다. 새 피 공급 표방은 당 혁신을 내세워 신당을 낡은 세력으로 몰아세우는 전략의 일환이기도 했다.

2016년 1월 김상곤 더불어민주당 인재영입위원장(문재인 정부 전 교육부총리)으로부터 만나자는 전갈이 왔다. 마련된 자리에 가자 당이 새 인재로 영입하겠다는 의사를 전했다. 뜻밖의 제안이었던 터라 이유를 물었더니 답변은 단순 명쾌했다. 두루 평을 물었더니 호감을 표하는 사람은 많았는데 싫어하는 사람은 없었다는 것이다.

김상곤 위원장의 제안을 수용하면서 나는 민주당 호남 인재영입 1호가 됐다. 2016년 2월 4일 민주당은 국회 본청 당 대표 회의실에서 이용빈 인재영입을 공식발표하고 기자회견 자리를 마련했다. 정치에 나선 초발심을 다시 새겨보자는 의미에서 그날 기자회견에서 발표한 전문을 옮겨본다.

2016년 2월 4일 오전 서울 여의도 국회 더불어민주당 당대표회의실에서
당시 이용빈 광주외국인노동자센터 이사장 영입기자회견 후
민주당 김상곤 인재영입위원장과 악수하는 모습

광주시민 이용빈입니다. 광주에 터 닦고 광주에서
풀뿌리 지역운동을 하는 마을활동가입니다.

경로당, 독거어르신, 이주노동자, 다문화가정, 고려인 정착민들의 건강을 돌보는 공동체 주치의 가정의학과 의사입니다.

시민의 정치참여는 중요하지만, 제가 직접 정치인으로 사는 길은 그다지 매력적이지 않았습니다. 지역주의와 계파정치가 지배하는 정당에서 유능한 개인도 무능한 정치꾼으로 전락하는 게 현실인지라 망설이고 또 망설였습니다. 저 지독한 진흙탕에서 잘 버틸 수 있을지조차 판단하기

문재인 당시 더불어민주당 당대표의 광주방문을 환영하며
시민들의 지지를 담은 내용의 포스트잇을 문재인 대표에게 보여주었다 (2016년 총선선거운동 당시)

어려웠습니다. 마을 이웃과 광주 시민들의 호명이 없었다면, 감히 더불어민주당에 입당해 정치의 길을 걷겠다고 결단하기 어려웠을 것입니다.

좋은 사람으로 좋은 활동가로 마을의 변화를 통해 국가와 정치를 바꾸겠다고 살아온 평범한 시민이었습니다. 그러나 이제 좋은 정치가 좋은 시민을 만들고 좋은 정당이 좋은 국가를 만들 수 있다는 정치와 정당의 무게를 실감합니다. 정치의 길은 낯선 도전이지만 풀뿌리 활동에서 축적한 정의로운 신념을 정당정치 영역에서 유능한 실력으로 헌신하고

자 합니다.

마을에서 좋은 시민으로 살면서 '공동체 주치의'로 공동체의 건강을 위해 보답하겠다는 인생계획표를 찢게 만든 대사건은 바로 세월호 참사입니다. 세월호 참사 앞에는 국가도 없었고 정치도 없었습니다. 실종된 국가와 파탄난 정치의 정상화 없이는 국민은 언제나 예비희생자입니다. 마을공동체 주치의에서 국민전체의 안전과 행복, 건강과 살림을 보듬는 국가공동체 주치의로 삶을 이전하고자 합니다.

출퇴근정치 하지 않겠습니다. 살림은 서울에서 하면서 선거 때만 호남의 아들이니 광주의 딸이니 하며 광주시민을 투표기계로 취급하는 정치 거부합니다. 마을에 살면서, 광주시민으로 살면서 국민의 행복과 국가의 미래를 설계하는 평범하고 다정한 정치의 길을 걷겠습니다. 어떤 일이 있어도 '그 사람 정치하더니 사람 변해버렸네'라는 소리는 듣지 않겠습니다.

협잡을 타협이라 하고 거래를 소통이라 하는 기득권정치논리에 결단코 무릎 꿇지 않겠습니다. 시장하기 위해 국회의원하거나, 선거 때만 되면 중도사퇴하고 약속위반 하는 불신의 정치와는 타협하지 않겠습니다.

높은 사람, 가진 사람들과 일식집에서 친교 하는 정치 대신, 서민들과 국밥 먹는 평민의 정치를 열겠습니다. 절망과 고통의 현장을 배신하지 않는 정치를 하겠습니다. 답이 없으면 부여잡고 눈물이라도 흘리는 정치인이 되겠습니다. 세계최고의 자살률을 방치하는 정치는 정치가 아닙니다. 극단적인 양극화를 해결하지 못하는 정치는 정치가 아닙니다. 노인이 폐지를 줍게 하는 정치, 청년이 꿈을 접게 하는 정치, 보육과 교육에 삶을 저당 잡히게 하는 정치, 그런 정치는 결코 정치가 아닙니다. 단 한

뼘이라도 변화시킬 수 있도록 헌신하겠습니다.

광주가 아픕니다. 좋은 정권을 만드는데 오래도록 헌신해 온 호남이 슬픕니다. 야당의 분열에 걱정이 이만저만이 아닙니다. 더불어민주당의 집권으로 화답해야 아픔과 슬픔을 치유할 수 있습니다. 오만 떨지 않고 좋은 정권을 만드는 일에 매진하겠습니다. 어떤 일이 있어도 주권자들을 농락하지 않겠습니다. 당선되자마자 정치인 그들만의 정치로 정치를 여의도 감옥에 가두는 자폐정치 하지 않겠습니다. 주권자의 뜻을 묻고 주권자와 동행하는 우리들의 정치, 반드시 펼쳐가겠습니다.

마을활동가로 살면서 정치와 정당 그리고 정치인 욕 참 지긋지긋하게 했습니다. 제가 정치인으로 살면서 똑같은 욕을 먹게 된다면, 자리에 연연하지 않고 모든 걸 내려놓겠습니다. 잘 할 수 없으면 언제든 정치를 그만 두겠습니다. 재선 삼선 탐욕에 눈이 멀어 온갖 명분 갖다 대면서, 욕먹는 정치 계속하는 일은 없을 것입니다.

새로운 세대를 키우는 정치, 젊은 후배들에게 희망을 주는 정치가 아니면 의미 없습니다. 마을에서 품었던 뜻이 근본적으로 훼손되는 정치를 꾸역꾸역 이어가는 일은 없을 것입니다. 제대로 된 정치가 무엇인지, '대한민국 국회의원, 바로 저거야' 라는 소리 한 번 들을 수 있도록 '생각이 있는 정치' '공부하는 정치' '주권자의 곁에 선 정치'를 해나가겠습니다.

지켜봐 주십시오. 이제 새로운 시작입니다.
평범한 광주시민이 세상을 바꾸는 정치에 도전하며!
감사합니다.

호남 인재영입 1호로 순조로운 출발은 했지만 빠듯한 선거 일정이 발아래 놓여있었다. 투표일을 고작 두 달 앞둔 2월 초에야 선대본부를 꾸릴 수 있었다. 평소 시민운동을 함께 해 왔던 김형수 참여자치광산시민연대 대표를 본부장으로 초빙했다. 첫 선거에 나선 정치 초년생으로서의 어려움도 많았지만 무엇보다 나를 힘들게 한 것은 김종인 체제가 들어서며 광주의 시민사회 세력이 분열하고 있었다는 점이다.

광주의 낡은 정치세력들이 안철수의 국민의당으로 모두 빠져나가고, 그 빈자리에 들어선 정치신인들과 함께 혁신연대를 꾸리고자 했던 내 꿈은 들어설 자리가 없었다. 이러한 시민사회의 균열을 탈당파들이 만들어놓은 친노패권주의 청산 구호가 스며들며 당원 들 사이에서도 '문재인 전패론'이 급속하게 번졌다. 문재인 대표가 광주에 오면 오히려 선거에 장애가 된다는 말이 공공연하게 나돌았을 정도다.

정말 괴로운 선거전이었다. 당의 유력한 대권후보인 문재인 대표를 앞세워 총력전을 펼쳐야 할 마당에 문 대표를 배척하는 분위기가 팽배했으니 당력을 모아낼 수가 없었다. 국민의당은 이런 분위기에 끊임없이 군불을 지폈다. 평소 문 대표의 정치 소신을 지지해왔던 나로선 더더구나 괴로운 선거전이었다.

그러나 이에 굴하지않고 문 대표와 함께 민심의 회초리를 맞겠다는 각오로 선거전에 임하면서 이런 일화도 생겨났다. 문재인 전패론을 뚫고 문대표가 총선 유세차 광주에 왔을 때 일이다. 문재인 전 대표에 대한 진짜 민심을 확인하기 위해 지역구 전체를 돌며 시민들에게 포스트잇을 받았다. 예상했던 것과는 달리 대다수의 시민들이 문재인 대표를 지지했다. 가슴이 벅찼다.

그날 광산구 월곡동 막걸리 집에서 열린 문재인 대표와의 간담회 자리에서 나는 그 포스트 잇을 문 대표에게 보여주며 '광주시민은 당신의 편이다'는 사실을 당당하게 주지시켰다. 그렇게라도 문 대표에게 힘을 싣고 당원들을 고무시키고 싶었기 때문이다.

힘겨운 시간들이었지만 나는 내 스스로 용기를 부추기며 2월 24일 출마 기자회견에 나섰다. 그날 오전 5·18 윤상원 열사 묘지를 찾아 참배하고 광산구 월곡공원 경로당에서 기자회견을 열었다.

기자회견에서 나는

▲ 광산갑을 바탕으로 광주를 민주주의와 자치의 전 세계적 표준으로 만들기 위한 '광주 정치선언'을 주도하겠다는 점
▲ 정치를 자영업 삼아 이권과 거래로 정치를 병들게 하고 있는 모든 부당거래를 척결하겠다는 각오
▲ 풀뿌리 활동에서 축적한 정의로운 신념을 정당정치 영역에서 유능한 실력으로 헌신하고 후배 세대에게 멋지게 자리 내놓는 감동정치 실현
▲ 삶의 현장에 더 아래로 스며들어 위대한 평민들을 위한, 시민정치·주권자정치·광주정치의 완성판을 만들어내겠다는 4가지 신념을 힘차게 공약했다.

정치혁신을 외치는 나의 고군분투와는 달리 민주당을 탈당한 호남출신 국민의당 후보들이 다시 '호남정치 복원'을 주창하는 낡고 해괴한 선거전이 펼쳐지고 있었다. 당시 언론에서 조차 광주의 선거전을 기이하게 묘사했다. 민주당에서 탈당한 현역의원들이 야당을 자처하고 옷 색깔만

연두색으로 갈아입은 채 민주당을 공격하는 이상한 형국이 됐다는 분석이었다.

이 때문에 '기성 정치 심판'이라는 구호는 의미가 없어지고 결국 광주 선거는 안철수냐, 아니냐의 문제로 귀결될 수밖에 없는 상황이 전개됐다고 꼬집기도 했다. 결국 유권자들은 어느 정치세력을 심판하기 보다는 다가올 대선을 위해 어느 정당을 선택할 것이냐는 결과로 귀결될 것이라고 예측했다.

진인사대천명의 자세로 최선을 다했지만 2016년 4·13 총선에서 민주당은 수도권에서 선전하고 호남에서 전패한 성적표를 받았다. 기존의 호남 정치인들이 민주당을 탈당하며 내세운 친노패권주의 청산, 안철수 대망론 프레임을 넘어서지 못한 것이다.

그나마 다행스러운 것은 선거 전 형성된 구도 때문에 100석도 얻지 못할 것이라는 비관적인 예측도 나왔지만 민주당은 수도권 122석 중 82석에서 이기며 새누리당과 국민의당(38석)을 압도했다. 새누리당이 진박 공천 파동을 겪는 동안 김종인 비대위원장의 과감한 공천이 총선 승리와 연결됐다는 견해가 많았지만 나는 그 분석을 수긍할 수 없었다.

탈당파인 기존의 현역의원들의 조직력을 넘어설 수 없었고, 이들 기득권의 낡은 정치 구호를 강력한 혁신의 돌풍으로 맞서지 못한 안일한 대응이 패인이 됐다는 게 내 생각이다. 2016년 4·13 총선 당시 호남의 민주당은 안철수의 녹색돌풍을 막는데 급급했을 뿐이지 그 어떠한 개혁적인 목소리도 주창하지 못했던 게 사실이다.

첫 도전이 실패로 끝난 후 지지자들은 그 거센 녹색바람 속에서 40%에

육박한 표를 일궜다는 게 보통의 일이냐고 덕담을 건넸지만 큰 위로가 되진 못했다. 우선 정치혁신을 이뤄내겠다고 출사표를 던졌지만 곧 바닥을 드러낼 철학 부재의 낡은 정치를 극복하지 못했다는 자괴감이 밀려들었기 때문이다.

4·13 총선에서 선전을 했던 국민의당이 그 후 몰락의 길을 걷는 것을 보면서 나는 오직 정치공학적인 관점에서 단지 자신의 당선만을 꾀하는 일회성 정치, 신념부재의 정치가 이를 종착역을 새삼 확인했다. 그런 점에서 내가 가혹하게 겪은 20대 총선은 실패를 하지 않고서는 결코 얻을 수 없는 큰 교훈을 안겼다. 정치에 나선 초발심을 절대 포기하지 말고 무소의 뿔처럼 앞으로 나가자는 각오를 더욱 다진 것이다.

이렇게 마음을 다잡으며 첫 출마의 실패에 연연하지 않고 나는 다시 마을 속으로 스며들었다. 그곳에 정치인 이용빈의 길이 열려있다는 점을 믿어 의심치 않았기 때문이다.

7.
촛불민심과 함께 다시 도전에 나서며

2016년 10월 박근혜 퇴진을 외치는 광화문 촛불이 처음으로 켜졌다. 그후 두 달 후인 12월 5일엔 광화문에 모인 170만 명을 포함해, 전국에서 시민 232만명이 저마다 촛불을 들고 광장으로 쏟아져 나왔다.

나는 이 장엄한 민중시위의 전개를 지켜보며 그때마다 눈시울을 적셨다. 내가 소망해왔던 시민 참여에 의한 직접민주주의의 활화산이 타오르고 있었기 때문이다. 광화문은 아테네의 아고라가 되었고 무도한 군주를 끌어내리려는 시민들의 분노가 촛불로 넘실거렸다. 겨울 광장의 매서운 냉기도 촛불의 뜨거운 열기에 녹아내렸다.

국가가 수백 명의 어린 목숨을 외면한 세월호 참사 이후 국민들의 가슴에 켜진 촛불이 드디어 세상 밖으로 뛰쳐 나와 광장을 가득 채운 것이다. 정체 모를 수상한 재단과 대통령의 40년 지기 최순실에서 시작된 의

박근혜 정권의 부패와 무능에 분노한 시민들이 거리로 쏟아져나와
시민들의 주권과 민주주의의 회복을 위한 투쟁을 시작하였다

혹은 청와대와 비선실세 가문, 정치권력과 유착한 재벌 대기업, 권력의 하수인이 된 공무원을 망라한 잔혹한 대하드라마가 끝도 없이 펼쳐지면서 촛불은 더욱 이글거리기 시작했다.

이러한 추악한 권력의 실상이 발가벗겨지고 있음에도 시민들은 끝까지 버티겠다는 꼼수로 들이민 박근혜의 3차에 걸친 대국민담화와 미덥잖은 국회에 분노했다. 광화문 촛불은 온 나라에 들불처럼 번지며 '하야' '퇴진' 구호는 '탄핵'으로 발전했다.

최순실 일가와 비선 실세들이 권력을 등에 업고 누려온 특혜는 '헬조선'으로 대변되는 낡은 대한민국을 상징했다. 비선 실세 딸에게 교수들은 학점을 갖다 바쳤고, 대기업 삼성은 말 구입비 수십억 원을 지원했다

촛불혁명 2주년을 맞이해 사법개혁을 외치며
거리로 나온 시민들과 함께 촛불집회를 이어가고 있다

는 의혹이 드러났다. 학사 비리에 분노한 이화여대 학생들은 최경희 총장을 끌어내렸다. 박 대통령과 비선실세를 향한 분노는 세월호 참사 진상 규명, 정경유착 해소 등 '적폐청산'을 향한 열망으로 진화했다.

'이게 나라냐'고 외치며 3만여 명으로 시작한 촛불집회는 183일, 23차례에 걸쳐 매주 토요일 전국 각지에서 이어졌으며 누적 인원만 1700여만 명에 달했고, 주말을 반납하고 매주 광장을 찾은 이들이 축제와 같은 시위 문화를 만들었다. 나 또한 광화문 광장과 광주 금남로 촛불시위에 한 차례도 거르지 않고 참여하며 열기를 보탰다.

촛불시위는 민주당에도 막강한 영향을 끼쳤다. 민주당 지도부가 탄핵을 망설이고 있을 때 터져 나오면서 민주당을 탄핵전선으로 몰아세웠다.

민주당 역사상 최초, 아니 한국 정당 역사상 최초로 당원 총회를 통해 박근혜 탄핵투쟁 결의를 이끌어냈다.

12월 9일 국회는 박근혜 대통령의 탄핵소추안을 압도적 찬성(234표)으로 가결했다. 한국 현대사의 한 페이지를 장식할 박근혜의 국정농단 사건에 관한 사법적 판단이 29일 사실상 일단락 된 것이다.

2017년 3월 10일 오전 11시 21분, 드디어 이정미 헌법재판소장 권한대행이 대통령을 파면한다는 결정을 읽어 내려갈 때 시민들은 충혈된 눈으로 마른 침을 삼키며 이를 지켜보았다. 헌재는 박 대통령이 최순실 씨 사익을 위해 대통령의 지위와 권한을 남용해 공정한 직무수행을 하지 못했다고 판단했다. 국민으로부터 위임받은 권한을 사적으로 남용해선 안 된다는 헌법정신을 확인한 결과였다.

'8 대 0' 헌재 재판관 전원 일치 의견으로 박 대통령은 헌정 사상 파면된 첫 대통령이 됐다. 집안에서, 거리에서, 일터에서, 터미널에서 텔레비전을 지켜보던 국민들은 박수를 치며 환호했다. 혹독한 추위를 이겨내며 광장을 지켰던 촛불시민들이 일군 승리였기 때문이다.

박근혜 적폐의 책임자와 당사자들이 줄줄이 구속됐다. 청와대 문고리 3인방, 김기춘 전 대통령 비서실장, 조윤선 전 문화체육관광부 장관 등 13명이 구속됐고, 30명이 재판에 넘겨졌다. 일찌감치 구속된 최순실씨(2016년 11월3일)에 이어, 2017년 2월 17일 이재용 삼성전자 부회장이, 3월 31일 박 전 대통령이 구속됐다.

권력자가 국민이 쥐여준 권력을 사적으로 이용해 사익을 추구하고자 한 대규모 범죄를 국민 저항과 사법부 판단을 통해 엄단하고 헌정질서를 회복할 수 있다는 대한민국 민주주의의 저력을 온 세상에 알린, 세계사에 기록될 쾌거를 이룬 것이다.

제 19대 대통령선거 문재인 후보가
광주의 마지막 연설이 끝난 후 나와 포옹하고 있다

제1부 • 91

촛불시민이 일궈낸 민주주의의 제단 위에서 2017년 5월 10일 문재인 정권이 출범했다. 문재인 대한민국 제 19대 대통령은 취임사에서 국민들이 대한민국의 앞길을 열어주었고 새로운 세상을 열어주었다는 감회를 거듭 새겼다. 또한 촛불 광장에 모인 시민들이 이게 나라냐고 물었던 그 질문에서 대통령의 임무를 새로 시작하겠다고 약속했다. 나라를 나라답게 만드는 대통령이 되겠다는 각오였다.

구시대의 잘못된 관행과 과감히 결별하고 그 어떤 권력기관도 무소불위 권력행사를 하지 못하게 하겠으며 특권과 반칙이 없는 세상을 만들겠다는 굳은 의지를 표명했다.

나는 그 날 대통령의 취임식을 지켜보며 뜨거운 그 무엇이 가슴속에서 치솟아 오름을 느꼈다. 내가 소망했던 정치의 포부를 문 대통령이 토로하고 있었으며, 문재인 정권의 가치 실현에 온몸으로 동참하는 것이 곧 정치인 이용빈이 가야할 길이라는 점을 통렬하게 자각했다.

그 자각을 토대로 그날 이후 현재까지 나는 민주당의 광산구(갑)지역위원장을 맡아 문재인 정권의 성공을 위해 최선의 노력을 다하고 있는 중이다. 이러한 내 뜻에 동참해준 지역위원회 당원동지들의 노력으로 큰 결실들을 일궈냈다.

올 초 2월 민주당 전국 지역위원회중 정당활동 평가 1위에 해당하는 민주대상을, 5월엔 민주당 조직감사 우수 지역위 당대표 1급 포상을, 8월 전국 제로페이 활성화 캠페인 당대표 특별포상 등을 받았다. 민주당 전국 지역위원회 중 최초이자 유일한 3관왕의 영광을 안게 된 것이다.

이러한 포상 실적은 중앙당의 각별한 신뢰와 기대를 받고 있다는 점에서 한편으로는 기쁘지만, 다른 한편으로는 시민들이 정치인 이용빈을 지켜보는 기대수준이 그만큼 높아지고 있다는 점에서 무거운 부담감이 느껴지는 것도 사실이다. 엄중한 책임의식으로 더욱 열심히 달려야 되겠다는 각오를 새롭게 다지는 기회로 삼아야 될 일이다.

2020년 4월 총선, 정치인 이용빈에게 또 한차례 도전의 기회가 다가서고 있다. 2016년에 첫 도전이 있었으나 재도전에 임하는 원외 정치신인이나 다를 바 없는 입장이다.

더불어민주당 광산구(갑) 지역위원장으로서
문재인 정부의 성공을 위한 뒷받침의 역할을 위해 노력하였다
사진은 더불어민주당 광산구(갑) 지역위원회 제로페이 활성화 캠페인 당시의 모습이다

돌이켜보면 내 인생은 문재인 대통령을 만나기 전과 후로 크게 나뉘어진다. 문 대통령을 만나기 전엔 시민의사 이용빈, 시민운동가 이용빈으로서 광주의 희로애락과 시민의 생로병사를 함께 해왔다. 학창시절엔 당시의 시대적 상황과 맞서 싸웠던 학생운동가로서 전남대 부총학생회장으로서 부끄럽지 않은 청년으로 살고자 20대를 보냈다.

그 후 시민 돌보는 시민의사로서 20년, 가난과 외로움, 차별과 소외가 있는 사각지대에 파고드는 시민운동가로서 주민 공동체와 같이 아파하고 슬퍼하고 공감하고 행동하며 살아왔다. 그렇게 시민활동가로 살아가던 중 문재인 대표를 만나게 됐고, 문재인 지킴이가 됐다. 민주당의 풀뿌리 호남인재영입 1호가 됐다.

내 삶의 가장 큰 변곡점이었다. 문재인 대표를 만나 정치에 입문, 시민운동가에서 시민주권주의를 정치 현실 속에서 구현하고자 한 정치인 이용빈으로 거듭난 것이다.

촛불민심과 함께, 문재인과 함께, 시민이 주인되는 시민 주권정치를 위해, 5·18민중항쟁의 도시 광주다운 정의로운 정치를 위해, 운명처럼 이 길을 묵묵히 걸어가야겠다.

국회에서 더불어민주당 우수 지역위원회 당무감사
당대표 표창을 받고 기념촬영을 하는 모습

용빈아! 부탁해

제 2부

001 이용빈이 만난 사람들

서울특별시장을 만나다

박 원 순
제35·36·37대 서울특별시장

박원순은 우리 사회가 어떤 방향으로 가야 할지 선진국들의 사례를 익혀나갔습니다. 미국으로 건너가 하버드대학교 로스쿨에서 1년간 시민의 역할과 참여, 시민운동의 사례를 공부했습니다. 그리고 마침내 1994년 '참여연대'를 결성했습니다.

박원순은 혁신의 길을 걸어왔고, 그 기본에는 통찰이 있습니다. 깨끗하고 합리적인 사회를 만들기 위해 현장에서 행동했습니다. 1%의 나눔 운동을 위한 '아름다운 재단' '아름다운 가게'를 통해 시민과 함께 기부의 문화, 공유의 시대를 만들어 왔습니다. 그렇게 박원순의 꿈은 시민들의 아이디어와 함께 자랐습니다. 그리고 '희망제작소'를 통해 현실이 되었습니다.

2010년 당시 한나라당은 아이들의 급식 관련 예산을 전액 삭감하였습니다. 박원순은 아이들을 위해 싸웠습니다. '결식제로운동'을 펼쳤습니다. 그리고 2011년 박원순에게, 한국사회에, 우리나라에 잊을 수 없는 명장면이 펼쳐졌습니다. 진정한 야권연대, 더욱 큰 시민연대를 통해 제35대 서울특별시장이 되었습니다. 박원순 서울시장의 첫 번째 결재는 초등학교 5·6학년 무상급식 지원이었습니다. 약속을 지켜가는 서울시장 박원순은 희망을 만들 수 있는 일이라면 누구와도 소통하고 누구와도 함께 일했습니다.

희망이 아니라 현실을 바꿔낼 사람,

과거가 아니라 내일을 만드는 사람,

분열이 아니라 통합을 이뤄낼 사람,

대한민국의 변호사, 사회운동가, 제35·36·37대 박원순 서울특별시장을 만나 깊이 있는 대화를 나눴습니다.

이용빈 시국이 시국인 만큼 일본 경제 침략에 대한 질문을 드리지 않을 수 없습니다. 박 시장님께서는 지금 작금의 현실에 대해 국민들이 어떻게 이 상황을 헤쳐 나가야 한다고 생각하시는지 고언을 듣고 싶습니다.

박원순 일본의 수출규제로 촉발된 한일 무역 분쟁에 대해 우리 국민 모두 분노하고 있고 한편으로는 해법을 찾기 위해 고심하고 있습니다. 국민들이 자발적으로 불매운동을 시작했지만 일본

자체가 아니라 아베 정권에 대해 반대한다는 점을 분명히 하면서 차분하고 이성적인 대처를 하고 있는 것을 보면서, 새삼 현명하고 지혜로운 국민이라는 점을 확인했죠. 하지만 한편으론 이번 사태가 단기간에 해결되기 어려운 복잡다단한 문제라는 점을 직시해야 합니다.

모두가 알다시피 수출규제로 불거진 이번 사태는 단순한 경제 문제가 아니죠. 우리 대법원의 강제 징용 배상 판결로 과거사를 인정하지 않는 일본이 난관에 봉착하자 적반하장으로 경제 보복을 가한 것이라고 생각됩니다. 한편으론 일본을 턱 밑까지 쫓아온 한국의 경제 성장에 대한 견제이자 일본의 경제 패권주의가 드러난 후안무치의 결정판이죠.

무엇보다 앞으로 우리에게 필요한 것은 철저한 준비만이 일본 경제침탈 야욕에 맞서는 길이겠지요. 어떻게 준비하고 대응하는가에 따라 우리는 외세에 휘둘리는 종속변수가 아니라 우리가 가진 힘과 기술을 바탕으로 국제정세를 견인하는 주체가 될 수 있기 때문이죠. 즉자적인 반일감정도, 지나친 낙관론도 경계하며 이번 사태의 원인과 해법을 다층적이고 종합적인 관점에서 분석해야 합니다. 그리고 이 위기를 우리 경제의 체질개선의 계기로 삼아 기초부터 튼튼히 다져 새로운 도약을 할 수 있어야 한다고 생각됩니다.

이용빈 선거 때마다 50% 이상의 압도적 지지율로 당선된 3선 시장이 되었는데 그 숨은 비결은 무엇입니까?

박원순 시민의 삶을 바꾸는 첫 번째 시장이 되겠다는 약속을 믿어주

박원순 시장님과 함께 나눈
시민의 삶을 바꾸는 시민주권정치의 길

신 결과물이라고 생각합니다. 저는 늘 '시민이 시장이다'라고 입버릇처럼 말해 왔죠. 박원순의 지난 8년간 서울시정을 관통하는 가치는 한마디로 하면 '시민'의 힘'이라고 말하고 싶네요. 이러한 시정철학을 바탕으로 서울시는 협치와 혁신이라는 강력한 동력을 가지고 끊임없이 도전해 왔으며 그 과정과 결과에 보내준 시민의 지지와 응원이 나를 역대 최초로 3선 서울시장이 될 수 있게 만든 것이라고 생각합니다.

앞으로도 '대한민국 최초의 3선 서울시장'이라는 시민의 선택에 담긴 엄중한 책임감을 변화와 혁신의 에너지로 만들기 위해 최선을 다할 것입니다. 나아가 '시민의 삶을 바꾸는 첫 번째 시장'이 되겠다고 했던 처음 약속을 잊지 않고 지켜 나갈 각오입니다.

<u>이용빈</u> 3선 시장으로 지금까지 서울 시정을 이끌어 온 소회가 있다면 한 말씀해주시죠?

<u>박원순</u> 3선 서울시장은 누구도 걸어보지 않은 새로운 길입니다. '사람 특별시 서울'의 안착을 원하는 시민의 바람이 만든 새 역사가 아닐까 생각합니다. 지난 8년, 그 막중한 책임감을 온 몸으로 느끼며 일 해왔으며, 토건사업을 통한 눈에 띄는 랜드마크나 한방이 아닌, 시민의 삶 구석구석을 파고드는 실질적인 정책이 훨씬 더 절실하다고 생각했고 이를 실행하기 위해 달려왔지요. 그래야만 '내 삶을 바꾸는 서울 10년 혁명'이 가능하다고 생각했기 때문입니다.

성장의 시대에 소외되고 가장자리로 밀려났던 사회적 약자의

권리를 되찾고 영유아부터 어르신까지 촘촘한 돌봄을 대폭 강화함으로써 일상의 공공성을 회복시키기 위해 노력해왔습니다. 무엇보다 우리 사회의 지속 가능한 발전은 각자도생의 사회를 넘어서 사회적 우정을 실현하는데 많은 시간을 할애한 것 같습니다.

하루 24시간이 어떻게 가는지 모를 정도로 몸은 바쁘고 고단했지만, 시민의 삶이 바뀌고, 삶의 문제가 해결될 때 큰 희열로 다가왔죠. 쉼 없는 변화, 혁신의 동력을 만들어내는 일은 내가 평생 해온 일이고 가장 잘 하는 일이기도 합니다. 보람이 있다면 서울시에서 처음 시작한 정책들이 지금 대한민국의 표준이 되고 있다는 점입니다. 학교 무상급식은 이미 전국적으로 시행되고 있고 이제는 당연하게 여기고 있어요.

비정규직의 정규직 전환이나 청년수당, 도시재생, 동물보호도시 등등 많은 정책들을 서울시가 최초로 시행했습니다. 처음 시작할 때는 욕도 많이 먹고 비판도 많이 받았지만, 시간이 지나면서 어느새 다른 지자체에서 벤치마킹하거나 정부에서 전국화 하는 게 서울시가 제안하고 시행한 정책들이었죠. 남은 임기도 '서울이 대한민국의 표준이 되겠다'는 책임감으로 임하려고 합니다.

이용빈 지난 7월 세계도시 정상회의 참석 차 콜롬비아 보고타에 갔을 때 "많은 사람들에게 행복을 제공하기 위한 도전을 인생의 중요한 과정이라고 생각한다"는 언급을 했던 게 기억에 남아있습니다. 박원순 시장께서 생각하는 정치의 요체는 무엇입니까?

| 박원순 | 제가 살아온 인생을 돌이켜보면 늘 새로운 일, 새로운 길에 도전해온 시간이었죠. 중요한 것은 '무엇을 위해, 누구를 위한 새로움인가?'라는 가치와 방향일 것입니다.

저는 부당한 권력에 의해 인권이 침해당하는 사람이 없어야 하고, 정의롭지 못한 세력 혹은 기득권 세력이 만들어 놓은 제도와 법에 의해 하루하루 열심히 살아가는 시민들이 소외되어서는 안 된다고 생각해왔고, 이것을 바꾸기 위해 노력해왔습니다. 법을 배운 자의 사회적 책임이자 소명이라고 믿었기 때문이죠.

인권변호사로 시민운동가로 소셜 디자이너로, 그리고 서울시장으로 일관되게 추구해온 가치는 인본주의와 공공성에 있습니다. 결국 인권보호와 민주주의 실현으로 압축할 수 있지 않을까 싶습니다. 많은 사람들이 좀 더 나은 세상에서 행복하게 살 수 있는 방법을 찾아가는 것, 정치도 다르지 않다고 생각합니다. 흔히 우리는 정치라고 하면 여의도 국회 정치를 주로 생각하는데 그것은 정치의 일부분이죠. 사실 우리의 일상이 정치의 테두리 속에 더 깊숙이 파고들고 있다고 해도 과언은 아니죠.

이것은 국가의 주인이 시민이라는 민주주의의 기본원리이자 근본적 가치와 맞닿아 있기 때문에 좋은 세상을 만들어가는 변화를 이끌어가기 위해서는 소통하고 협력해야 합니다. 이것이 행동하는 시민 누구나가 정치의 주체가 되고 정치의 주인이 되는 유일한 방법이죠.

박원순식 정치는 귀를 열고 시민의 목소리를 충분히 듣는 것에서 부터 출발합니다. 실제 서울시의 많은 정책들이 이 과정에서 제안되고 토론하고 완성돼 시행되고 있고요.

이용빈 광주에 5·18 금남로 광장이 있다면 서울엔 광화문 촛불광장이 있습니다. "까뮈를 생각하면 지중해가 떠오르고, 지중해가 떠오르면 까뮈가 생각난다"라는 문학적 수사가 있습니다. 박원순 시장과 광화문 광장도 이런 숙명적 관계처럼 느껴집니다. 박원순에 있어서 광화문 광장은 어떤 곳인가?라는 단도직입적인 질문을 드린다면?

박원순 어느 도시에나 광장이 있죠. 과거 서울에도 광장이 참 많았던 걸로 기억합니다. 그런데 어느 때부터인가 우리주변의 광장들이 사라지고 그 자리에 고층빌딩들이 들어서기 시작했습니다. 개발의 논리, 자본의 논리가 지배하면서 그렇게 변한 것이죠. 나는 도시에 광장이 많아야 한다고 늘 생각하는 사람 중의 1인입니다.

우리는 비우는데 익숙하지 않은 삶을 살아가고 있는데 광장은 본래 비어있는 공간 아닙니까? 시민이 채우는 공간을 만들어야겠죠.

그중에서도 광화문 광장은 대한민국 민주주의 역사에서 대단히 상징적인 공간이죠. 중요한 역사적 변곡점마다 광화문광장이 있었고, 시민들이 광장에 모여 민주주의를 위해 싸우면서 진실을 요구하고, 이 땅의 정의를 밝힐 촛불을 들어 시대정신을 이야기 해온 성스러운 공간이 바로 광화문광장이죠.

이처럼 광화문광장은 시민들이 모여 시국을 이야기할 수도 있고, 때로는 월드컵 경기 응원을 할 수도 있는 곳이죠. 어느 날에는 눈 내리는 고요함으로 광장을 채우고, 또 어느 날은 물놀이를 즐기는 아이들의 웃음소리가 넘쳐나는 곳이기도 하죠. 광장의 24시, 356일을 보면 시민들의 삶이 보이고 대한민국의 역사가 보입니다. 저에게 있어 광화문광장은 시민이 역사의 주인공이 되는 무대입니다.

이용빈   중앙정치와 지역정치의 상생 관계는 말로는 쉽지만 여전히 우리 정치문화의 난제가 되고 있습니다. 시민운동가, 행정전문가, 대중 정치인의 길을 걸어온 박원순 시장께서 생각하는 지역정치의 참모습은 무엇입니까?

박원순   정치는 이권이나 이익을 위한 것이 결코 아닙니다. 어떻게 하면 시민이 행정과 정책의 중심에 설 수 있게 만드는가가 정치의 핵심입니다. 지역정치는 보다 가까운 곳, 실생활에서부터 시민의 소리에 귀 기울여야 하죠. 저는 국민의 정치적 인식과 수준만큼 우리 사회의 정치가 성숙해진다고 생각합니다. 늘 해답은 현장과 시민 속에 있었죠. 시민이 시장이고, 국회의원이며, 대통령입니다. 지역 발전과 사회변화를 스스로 이끌 수 있도록 시민들 또한 늘 정치에 관심을 두고 참여해야 합니다.

이용빈   오늘 바쁘신 와중에도 기꺼이 시간을 할애해 주신 시장님께 감사의 말씀을 드립니다.

박원순   네. 감사드리고요. 이용빈 위원장님의 소신있는 행보 기대하겠습니다.

002 이용빈이 만난 사람들

한국정치, 혁신의 바람이 필요하다

강수훈
더민주 광주광역시당 대변인

2018년 지방선거 청년 정치인으로서 과감하게 출사표를 던졌던 강수훈 씨, 현실정치에서 청년의 정치 참여가 어려운 싸움이었지만, 지금은 득이 되었다며 그 당시를 회고하며 앞으로 더욱 철저하게 준비해서 정치 일선에 나서겠다는 더불어민주당 광주 광역시당 대변인 청년 정치인 강수훈. 청년 정치인으로서 나아가야 할 방향과 바람직한 지역정치를 위해 광주광역시당 청년들의 역할에 대해 의견을 나눴다.

이용빈 사회가 변화하기 위해서는 결국 청년이 움직여 줘야 한다고 생각합니다. 그 중심에 강수훈 대변인이 함께하고 있어서 참 기대가 커요. 현재 정치도 그렇지만 한 세대가 다음 세대들에게 올바른 변화를 가져다 줄 수 있도록 터전을 만들어 주는 것이 참으로 중요하다는 생각을 늘 하곤 했습니다. 그럼에도 불구하고 정치의 영역에서 청년의 목소리가 잘 전달되지 못한 경우가 많고 또 정치인들이 청년들을 무시하고 도구로 취급하는 경향들이 있잖아요. 난 평소 그런 말을 자주 하는데, 안중근 의사가 돌아가실 때가 30살이었는데 안중근 의사가 큰 뜻을 품은 시기는 15살 정도였을 거예요. 그러니까 안중근 의사는 돌아가실 때까지 '청년의 삶'만 살다 가신 거잖아요. 청년들이 사회에서의 역할이 그만큼 크다는 것을 말씀드리고 싶습니다. 우리 강수훈 씨는 나이가 어떻게 돼요?

강수훈 서른여섯입니다.

이용빈 아직도 30대네. 요즘에는 40대가 청년이라고 하니까. 그만큼 나이가 상향됐어요. 광주광역시당 대변인을 맡으시기 전에 청년 정치인으로 출마했던 지방선거가 있었는데 선거를 치르면서 느낀 점, 회고를 한번 해 본다면?

강수훈 이런 이야기는 항상 술자리에서 했었는데. 제가 서른 살 넘어서 청년 활동에 나서면서 늘 호명당했다는 느낌을 받았습니다. 우리가 뭔가 주체적으로 판을 꾸려서 나아가려고 했지만 그 동력이 부족했던 것이 사실이죠. 지금의 대한민국 사회에서 청년들이 살기가 힘들다는 것은 누구나 공감하지만 어떻게 해결해야 되는지에 대한 대안을 어느 누구도 시원하게 말해주지 못하고 있는 게 사실입니다. 기성세대가 만들어 놓은 대한민국에서 가지고 가야할 것도 많지만, 버리고 혁신해야 할 것도 많습니다. 불공평한, 불공정한 나라 대한민국, 그럼 여기에 순응하면서 사는 게 맞을까요? 우리가 살고 싶은 나라, 살고 싶은 도시를 만들어 보기위한 목소리 혹은 실현 로드맵까지 고민해보는 게 맞는 거죠. 저는 지난번에 출마를 통해 후자를 선택한 거죠. 2017년 중반에 서른 명의 청년들이 모였어요. 그 당시 내년 2018년 지방선거를 어떻게 준비할 것인가?를 논의했습니다. 우리가 정치 못했다고 하지 말고 현실정치를 한 번 해보자고 해서 삼삼오오 모이니까 그렇게 되더라고요. 점점 시간이 흐를수록 "나는 돈이 없어, 나는 집에서 반대해, 나는 다른 캠프에 참여해야 해서" 등등의 핑계로 정기적으로 모임을 가졌던 친구들이 어느 날 모두 떠나갔습니다. 그러나 저는 이 시기를 놓치면 다음은 없을 거라는 생각이 들었습니다. 사실 출마이후에 위원장님처럼 응원해 주고 격려해 주신 분들이 많이 계셨지만, 반면에 '네가 뭘 알아, 경험이 뭐가 있어' 이런 식으로 비판도 받았던 것 같아요. 일단 정치판에 참여를 하겠다는 의지를 굳혔으니까. 잘 준비를 해가지고 내가 만들어가고 싶은 도시는 어떤 도시인지를 더 깊이 고민하고 같은 꿈을 꾸는 사람들과 함께 참 정치를 해보려고 차근차근 준비하고 있습니다.

이용빈 저도 2016년 총선에 뛰어들기 전까지는 시민사회의 정치 참여를 어떻게 더 강화할 것이냐, 어떻게 하면 시민 사회가 정치를 더 주체적으로 끌고 갈 것인가에 고민을 많이 했었거든요. 결국은 정치에 호명을 받을 때의 마음은 시민사회가 정치의 주체로 나서는 과정을 정치인의 입장에서 어떻게 현실화할 것인

청년과 정치의 그 길을 몰두하며 찾아가고 있는 강수훈 대변인의 진지한 모습

가에 대한 문제를 내가 한번 해결해 보고 싶었습니다. 결국은 정치가 우선이기 때문에 정치가 변화되지 않으면 혁신은 요원하다는 생각을 기본적으로 하고 있었기 때문에 '누구도 하고 싶지 않은 정치 현실에 내가 뛰어든다는 것은 대단한 각오를 하는 것이고, 헌신하는 것이라는 점에서 내가 원했던 정치혁신을 조금 앞당길 수 있는 계기가 될 것이다' 라는 생각으로 정치에 뛰어 들었습니다. 막상 현장에서 부딪혀보니 내 말에 귀 기울여주는 시민들은 없고 정치의 구태의연한 모습들만 피부로 겪으면서 그래서 내가 어떻게 살아남아야 할것인가에 급급하게 되고 내 목소리는 점점 사라지게 되는 이런 과정들에 함몰되더군요. 강수훈 씨도 당시 정치적 비전을 가지고 출발했을 거라고 생각되는데 막상 현장에서 청년 청치인 강수훈을 어렵게 만들었던 요인들은 무엇이었죠?

강수훈 제가 현장에서 "그럴 것이다"라고 했던 예감을 뛰어 넘어 선거 현장은 훨씬 더 심각 했습니다. 누구나 아는 것이지만, 공개하지 않는 이야기들 있잖아요. USB에 내가 관리하고 있는 권리당원이 몇 명이나 있는지 알아요? 식당에서 건강하게 영업을 하시는 사장님이라고 생각했는데 밥값 대납을 요구한다던지… 근데 이게 순간적으로 이목이 되죠. 그것을 끊어내는 과정에서 "선거 현장이 바뀌어야 정치 현장이 바뀌겠구나"를 깨닫게 됐습니다. 그리고 사람들이 물어봐요. 지금까지 무엇을 했으니까 뽑아줘야 한다면 저는 정치의 영역에서 가져야 하는 두 가지의 큰 힘이 '상상력'과 '결단력'이라고 말하고 싶습니다. 기존에 무엇을 해서 성과를 내어 유권자를 설득하는 것도 중요하지만, 과연 어떤 비전을 갖고 어떤 포부로 하겠다는 것들을 전달하고 싶었는데 잘 안 받아 들이더군요. 예비 후보들이 홍보물을 내지만 사람들은 그걸 잘 안 봐요. "어디 학교 나오고, 기존에 무엇을 했고" 뭐 이런 것들로 평가돼버리기 때문에 젊은 정치인들이 극복하기엔 너무 어려울 수밖에 없죠. 저는 예비 후보 시절에 예를 들어 이런 걸 넣었어요. 광주 동구 같은 경우는 경로당이 주민수에 비해 굉장히 많아요. 119개가 있더라고요. 왜 이렇게 많은지 들여다봤더니 어르신들이 잘 있다가도 파가 갈리고 거기서 싸워요. 거기서 힘 좀 쓰신다는 분이 구청을 찾아가요. "우리 이 사람들과 같이 못 살겠다, 경로당 하나 더 만들어 주라" 그런 과정을 거쳐 하나 둘 생긴 게 이렇게 많아진거죠. 이게 단순히 어르신들만 활용하는 공간이 아니라, 주거, 육아 등 세대 연결형 공간으로 생각했는데 현장에 계시는 어르신들은 "우리 구역인데 누가 침범해" 하는 괴리감이 있더라고요. 그 당시 고민했던 것을 분명하게 제안을 해야 되는 건지, 아니면 그래 일단 표를 얻어야 하니 들어주고 난 뒤 당선되면 다시 내 생각으로 실천해야 되는 건지, 그때의 고민들은 아직도 가지고 있어요.

이용빈 그런 고민들은 디테일 속에서 늘 접하는 일들인데 큰 그림으로 보면 우리 사회가 청년·오포세대 이런 이야기를 하는데 그런 가장 아픈 계층을 대변해 줄 수 있는 정치인이 그래서 필요한 거죠. 그런 점에서 보면 청년 정치인의 등장을 사회가 환호

하고 열망으로 지지해 주는 풍토가 조성되어야 합니다. 제가 지난 지방 선거 때 우리당 구 의원 중 청년 정치인을 반듯이 공천해야 된다는 주장을 하면서 각 지역구별로 청년 한 명을 당선 가능 권에 반드시 배치를 하자는 제안을 했었어요. 그런데 실질적으로 청년의 정치적 역할은 외면 받았습니다. 어찌 되었던 우리 민주당은 역사적으로 진보성을 견인하고 있는 정당인데 '청년의 정당'이 될 필요가 있다고 생각합니다. 계속 나이는 많아지고 청년의 목소리는 점점 줄어들고 있습니다. 박주민 의원이 최고위원 안에서 청년의 역할을 열심히 하고 있는데 강수훈 대변인이 바라봤을 때 그런 정치인들이 청년의 목소리를 대변하고 있는 것 같아요?

강수훈 피부에 와 닿지는 않죠. 예를 들면 최근에 더불어민주당 내에서 386세대와 청년으로써 헌신했던 당원과의 세대 간 갈등이 있었어요. 386세대의 발언에 "우리 때는 386 역사의 흐름 속에서 민주주의를 위해서 헌신하고 감옥 갔던 세대였는데, 지금의 청년들은 아무리 그런 것을 찾아보려고 해도 보이지가 않는다"라고 지탄했습니다. 그 때문에 386세대와 청년당원과의 마찰이 있었습니다. 시대착오적인 발상이라는 비난을 받은 거죠. 지금 시대는 그런 시대가 아니고 양극화, 불공정한 사회를 그들이 30대 때 국회의원 하면서 만들어 놓고 하루하루 힘들게 살아가는 노동자 문제 등을 해결하지 못하면서 청년들에게 '헌신'을 요구하며 지금 이 시대의 화두가 뭐냐고 물어보면 당신네들 뭐라고 대답을 할 거냐? 문제를 만들어 놓은 장본인들이 하나도 해결하지 못하고 청년들을 향해 "제대로 된 정책을 찾아보기가 어렵다"라고 말하면 솔직히 청년정치인들은 많이 서운할 수밖에 없죠. 또 최근에 민주당에서 청년 대변인을 유튜브 '씀' 채널을 통해 공개 오디션 방식으로 뽑겠다면서 한바탕 해프닝이 있었어요. 흔히 말하는 '들러리' 세워서 활용하고 경쟁시켜서 유튜브 '씀'을 띄우려고 하는 것 아니냐? 는 많은 비판들이 쏟아졌죠. 민주당은 청년정당으로 가기에는 아직 멀었다고 봅니다. 이것이 바뀌어야하고, 저것을 바꿔야 한다는 식으로 하나하나 꼽을 수는 없지만 기본적인 인식 자체가 청년정당으로 나아가는 문제에 크게 관심을 갖지 않는다는 거죠.

이용빈 저도 지역위원회를 운영하면서 절대적인 숫자 중에 청년당원의 수가 너무 적고 모셔야 할 어르신들은 계속 늘어나는 등 지금 인구구조 자체가 그런 영향을 많이 주는 것 같습니다. 청년당원들은 일자리, 결혼, 주거문제를 고민하느라 정신이 없습니다. 당에서는 단지 소모적으로 사용하려고만 하고 있어서 조직 간의 불화가 있는 것 같아요. 좀 전에 언급했듯이 소수 인원이라도 주체로 나서는 사람들이 필요한 거잖아요. 대부분 동원되는 사람들만 있고 본인이 자기 성찰을 통해 내가 한번 바꿔보겠다고 나서는 청년들은 없습니다. 그나마 남아 있는 사람들에게도 그들의 공간을 열어주지 못하는 측면도 있고요.

이용빈 광주광역시당의 대변인이라고 하면 광주시당의 얼굴이자, 목소리 역할을 맡으셨는데 대변으로서의 자기 역할, 느낌, 특별한 에피소드 같은 것이 있다면?

강수훈 제가 대변인으로 일한 지 8개월 정도 됐습니다. 대변인을 저는 하고 싶었어요. 저는 정당의 경험이 많이 없었기 때문에 대변인을 함으로써 정당이 돌아가는 순환구조에 대해서 이해하고 싶었죠. 결국은 지역사회를 움직이는 시민사회, 정당, 언론들이 있는데 특히 언론이 어떤 형태로 지역의 정치 흐름을 만들어 가는지를 다양하게 경험해보고 싶었지요. 또 하나는 강수훈이라는 사람이 개인적으로는 미약한 존재지만 정당의 대변인으로서의 글과 말 그리고 정당의 생각과 철학을 전달하는 역할은 훨씬 클 수 있겠다는 생각이 들었기 때문이죠. 그래서 민주당의 대변인이 세상에 가치를 알리는 좋은 채널이 될 수 있겠다는 생각을 한거죠. 제가 대변인으로서 처음 썼던 논평이 '도시철도 2호선'이었어요. 저는 다른 이야기는 않고 그 당시 시민 공론화 과정 이슈가 있을 때 제가 보기에는 원칙 3가지를 말했습니다.

시민들이 보다 많이 참여해야 하고, 정보는 투명해야 되며, 과정은 공정해야 된다."라는 글을 쓰면서 이것을 찬·반 문제를 삼은 게 아니고 그런 원칙으로 도시철도 공론화 과정이 있어야 시민들이 수긍할 수 있는 논평을 냈더니 엄청난 전화가 왔는데 "당신이 더불어민주당 대변인 아니냐? 지금 정부와 시장, 구청장, 시의원들이 모두 더불어민주당 소속으로 함께 하고 있는데 당신은 생각이 다른 거 아니냐?"며 생각보다 많은 전화를 받으면서… "와, 대변인 자리가 너무 힘들구나."라는 생각을 했고, 또 항간에서 '저 친구 왜 저래, 정신 못 차리네.'

이런 핀잔을 받은 기억이 납니다.

내가 무슨 틀린 말을 한 것도 아닌데 민선 7기는 뭔가 추진력 있게 가고 싶었던 거고, 그것에 대해 나는 이 과정이 중요하다는 것을 이야기했을 뿐인데 상대방에서는 추진력을 더한 입장이 아니라, 다른 입장으로 보는 일부 시각들이 있어서 정말 그때는 큰 상처를 받았어요. 그 뒤에도 나름대로 논평을 써요. 제가 쓴 논평이 언론을 통해 나가는 것도 있고 사장되는 논평이 있는데 먼저 자기 검열이 시작되는 겁니다. 어떤 사안에 대해서 뭔가를 지적하고 싶고, 이 부분은 무난하게 가야되나? 이런 것들을 계속 고민하고 있죠. 또한, 주변에서는 실망해 하는 분들도 계세요. '더 대차게 해야지' 현재 광주지역에서는 현역 국회의원이 한 명이지만 더불어민주당이 지난 지방 선거 때 압승해가지고 자기 정화들을 계속해야 되는데 이런 것들은 조금은 부족한 거 아니냐? 라는 생각들. 또 위에서는 정당의 대변인은 정당 소속으로 선출된 사람들과의 소통 문제 등 이러한 모든 면에서 자기 철학을 만들어 가고 있는 중입니다.

이용빈 하여튼 지난 총선 때에도 저한테 던져진 질문이 "민주당이 가고자 하는 길이 있는데 정치인 이용빈이 가고자 하는 길과 다르다."라고 했을 때 어떻게 할래? 이런 것들이거든요. 사실은 민주당에 대한 실망의 지점이 있는 거고, 그것을 극복하고자 하는 것이 정당인의 역할이기도 하잖아요. 민심의 뜻을 역행하는 정당의 모습이 있다고 할 때 이것을 혁신시켜 가는 게 정당인의 역할이기도 하니까. 그런 과정에서 보면 적어도 대한민국 민주당의 모습이 이래야 한다는 바람이 있다면 광주의 민주당에 대한 평가나 기대가 있을 수밖에 없죠. 또 적어도 광주는 이래야 되지 않느냐? 라는 차별화된 측면도 있죠. 지난번 박근혜 탄핵 때 물론 당 대표나 당을 이끌고 있는 사람들의 입장에서 보면 "지금 무슨 탄핵을 이야기할 때냐"라고 이야기를 꺼낼 때 광주의 민주당은 역사의식 속에서 "박근혜 탄핵돼야 한다"라고 민초들의 편에 과감하게 설 수 있어야 된다. 광주니까! 광주의 민주당은 광주의 목소리를 담아내야 한다. 그때 당시 탄핵을 이야기하지 않을 때 상무위원회에서 이형석 위원장님께 그런 부탁을 드렸어요. "민주당 국회의원들이 탄핵을 이야기 하지 않더라도 우리 광주는 국회의원 하나 없는 광주지만 우리 광역시당은 탄핵 이야기를 합시다" 이 힘으로 역사가 바뀌어 나가는 거 아니냐. "광주의 목소리가 이렇다"라는 것을 보여줘야 한다.

그래서 광주는 탄핵을 주장했어요. 결국은 탄핵 쪽으로 역사가 흘러갔잖아요. 좀 더 한걸음 앞장서 가자! 광주니까. 그런 측면에서 강수훈 대변인께서도 광주시당의 대변인이니까. 광주시당이 변화하는 모습을 상상하고 있을 겁니다. 시당의 혁신! 청년의 목소리를 대변해 줄 수 있는 광주시당. 이렇게 가야된다는 것이 청년 정치인 강수훈 대변인의 그림을 제시해 주는 것이 맞을 것 같습니다. 그래야 '강수훈 표 정치'가 가능해 진다고 생각합니다. 저도 마찬가지로 정치를 하게 된 동기가 있죠. 그런 목소리를 과감하게 낼 수 있어야 한다고 생각해요. 이용빈은 의사나 하지, 왜 정치를 하려고 하지? 저분도 똑같더라, 그렇게 되면 안되고 내가 하고자 하는 정치에 모든 것을 던져야 할 텐데… 또 마음 한편에선 어떻든 국회의원이 되고 봐야지, 안되면 아무 소용없잖아. 제일 어려운 게 그런 문제인 것 같아요. 결론은 언제나 청년에 편에 서 있을 테니까, 강수훈 대변인도 맨 앞에 서 있으면 뒤에서 많이 밀어 드리겠습니다. (함께 박장대소)

강수훈   네. 열심히 하겠습니다. 감사드립니다.

003 이용빈이 만난 사람들

청년 정치인의 역할

• • • • •

신정호
미도기획 대표, 더불어민주당 당무위원

광고회사 미도 기획 대표, 더불어민주당 중앙당 당무위원, 노무현 재단 광주지역위원회 사무처장직을 성실히 수행하면서 정치와 세대 혁신의 기치를 내걸고 광주지역 30~40대 청년들의 모임인 '이목 포럼'을 통해 정치의 꿈을 키워가는 청년 정치인 신정호 씨.

청년들이 생각하고 혁신해야 할 기존 정치와의 차별화된 전략 방안과 청년 정치 집단이 추구하고자 하는 세대 혁신이 무엇인가를 들어봤다.

이용빈   나는 그러네. '정치'라는 것은 태생적으로 지키는 사람과 빼앗으려고 하는 사람의 대결이라고 생각해요. 결국은 정치가 청년들을 바로 설 수 있도록 해야 성공하는 거지. 기본적으로 청년 정치 세대들이 나이가 점점 올라가고 있잖아요. 나도 전에 어르신들 모인 자리에서 조선시대에는 17~18세에 대장군을 했었다고요. 해방되기 전 김구 선생이 18세 때 황해도에서 접주(接主, 동학의 지역단위 책임자)를 맡았고, 조봉암 선생이 20살 때 전국을 다니면서 조직을 결성했는데 그 당시에는 마흔이 넘어가면 대체적으로 돌아가시는 나이였고 지금은 보통 80세 이상은 사니까. 지금의 청년은 50세 정도에도 정치를 하는 데 큰 무리 없는 나이다는 생각이 드는데…

신정호   제가 안타까운 게 뭐냐면 우리나라에 청년들이 정치를 바라보는 시각이 굉장히 무관심하다는 겁니다. 유럽이나 선진국의 경우 젊은 20~30대 청년들이 열정을 가지고 정치적인 문제를 가지고 토론도 하는데 우리 청년들을 봤을 때는 괜히 귀찮아 하고 내 일이 아니다라는 습성이 만연해 있는 것 같아요. 그래서 '이목 포럼'을 만든 이유 중 하나가 광주 정치를 젊게 만들어 보자는 것입니다. 그리고 또 하나는 우리 세대에서 정치의 생산적인 이야기나 관심을 높이는데 앞장서보자 라는 취지죠. 저희들이 만나고 정치 토론을 하는 것 자체가 작은 도전이라고 생각하거든요. 광주에서의 정치 활동이 타 지역에 비해 어렵다고 보고 있어요. 엊그제 60~70대 정치 선배들을 만나 이야기를 해봤는데 그분들이 지금의 정치활동에 대해 은퇴 할 생각이 전혀 없더군요. 그분들의 생각은 능력이 있으면 계속 할 수 있는 거라는 식으로 내게 말씀을 하시더군요. 어떻게 보면 30~40대 젊은 후배들은 안중에도 없다는 식으로 비췄거든요. 이렇게 광주가 구분이 되더라고요.

작년에 80학번 선배들을 만났을 때 저 혼자 90학번이었는데

대담이 끝나고 활짝 웃으며 같은 곳을 꿈꿔가고픈
'이목 포럼' 신정호 대표와 나

그 자리에서 "선배님들이 광주의 중심이 되셔야 합니다. 그렇지 않으면 30~40대 후배들이 설 자리가 없어집니다"라고 말한 적이 있어요. 선배님들이 적극적으로 나서서 노쇠한 광주 정치 풍토를 바꿔달라는 부탁을 드렸지요. 그러면서 광주의 중심은 50대가 견인해 나가야 되지 않나 싶더라고요. 지난해 지방선거는 안됐지만 앞으로 다가 올 총선, 그 이후 지방선거는 반드시 세대 혁신이 이루어져야 한다고 생각합니다. 그래서 지금부터 적극적으로 활동하려는 젊은 친구들을 단련시키고 도전의 기회를 부여해 주려고 합니다.

이용빈 새로운 시대정신이 있다고 한다면 시대정신을 전치(全治)하고 가는 것은 기득권 집단이 할 수 있는 것은 아니고 가장 고통받고 아픔을 느끼는 사람만이 시대정신을 만들어 가고 따라갈 수 있는 것이지요. 지금 시대가 청년들에게 아픔을 강요하고 어려운 처지에 놓여 있는 것을 보면 결국은 주체가 청년일 수밖에 없습니다. 방금 전 이야기한 것처럼 청년의 고민을 가지고 있으면서도 삶에 매몰될 수밖에 없는 현실, 그게 성찰이 따르지 않으면 절대 계급적 지위를 벗어날 수 없는 것처럼 마찬가지로 청년들도 오포 세대와 같은 비유를 하지만 거기에 순응하면서 살아가야 하는 것이 청년세대니까. 그 세대의 아픔을 대변할 수 있는 정치가 필요한 거고 이에 부합하는 청년들은 극소수이겠지만 정말 깊이 성찰하고 행동하는 사람들이 나서야 한다는 게 제 생각입니다.

신정호 저희 청년들도 많은 노력을 해야 한다고 생각합니다. 다양한 청년들이 모여 기성세대들에게 요구만 하는 것이 아니라, 실질적으로 우리 스스로가 능력을 배양해야 만이 그 어떤 일이 생겼을 때 중심에 설 수 있다는 것을 알고 있거든요. 그래서 '우리가 공부도 하고 노력도 하자'라고 다들 각오를 새롭게 하고 있습니다. 제가 2010년부터 후배들과 함께 정치공부를 해 오는 과정에서 보면 기본부터 탄탄하게 다져가는 친구들이 오래 갑니다. 막상 내실을 기하지 않고 겉멋만 들어있는 친구들은 어느 순간 못 버티고 떨어져 나가는 경우가 많습니다. 저희도 단련하고 노력해서 조직화되면 광주 정치를 바꾸는데 밑바탕이 되지 않을까? 해서 우선 80학번 세대들이 광주의 정치 중심이 되어야 한다는 것이 첫 번째 희망사항이죠. 지금 현재 자리를 보존하고 있는 분들은 이제 정치를 내려놓고 위원장님이나 80 세대들이 그 자리에 앉아 개혁을 해줘야 만이 정치가 바뀐다고 봅니다.

이용빈   청년들의 힘과 조직화가 필요하죠. 지금 '이목 포럼' 잘 되고 있나요? 현재 회원이 몇 명이나 되지요.

신정호   회비 내는 회원이 79명 정도 되고요. 매달 30~40명 모여서 공부도 하고 주제에 맞는 토론도 합니다. 8월 중에는 '통일시대에 청년의 역할'에 대해 외부강사 특강을 준비하고 있습니다. 여기에 부합되는 좋은 강사가 있으시면 소개 좀 해주십시오.

이용빈   그런 사람이 한 명 있네. 오늘 만났는데 북한 대학생 탈북자 1호. 그런 분 강의 초청해서 강의 들으면 좋을 것 같다는 생각이 드네. '이목 포럼'에 해당하는 청년은 몇 살까지죠?

신정호　만 45세까지입니다.

이용빈　하여튼 정치는 사람들이 바뀌어야 하고 과정을 보면 지난 대선 때부터 끊임없이 제기되는 것이 '세력교체'가 나왔었는데 어떻게 보면 세대교체가 함께 이루어져야 하는 역동의 시기잖아요. 지난 총선·대선 때에는 못했는데 나는 그것을 거꾸로 생각하는데 못한 게 아니고, 이미 과정이 시작되었다고 생각해요. 지난 2016년 총선 때 국민의 당이 광주에서 압승을 했던 것은 국민의당이 표방하는 새로운 세대가 세력을 잡은 게 아니라 민주당의 새로운 세대 진출이 신호탄을 쏘았지만 그 힘이 조금 미약했기 때문에 기득권을 가진 국민의당이 마지막으로 한번 더 힘을 썼던 거라고 분석해요. 나는 그것이 적어도 호남에서는 몰락의 신호탄으로 봐요. 그것을 마치 안철수를 앞세운 새로운 등장이나 새로운 세대가 전면에 나선 것처럼 포장된 측면이 없지 않다는 거죠. 그러나 그것은 호남민심을 속이는 사기다. 결국은 기득권을 지키기 위한 그들의 전쟁의 서막에 우리가 조금 힘이 부족해서 졌지만 그 이후 지금까지 과정을 보면 끊임없이 그들은 몰락의 길을 걷고 있어요, 우리는 새로운 깃발을 들고 올라가는 상황인 듯 나는 그렇게 보고 있습니다. 지난 총선을 패배적으로 보는 게 아니라 전쟁의 시작이었다고 보는 거죠. 2020년 총선은 반드시 뒤집어져야 됩니다. 그 과정 속에서 청년의 몫이 있는 거죠. 80학번의 대표 주자로서 90학번의 세대들에게 큰 전쟁의 고지에 올라가는 디딤돌을 놓아주는 역할을 해야죠. 어찌 되었든 이 세대가 성공해야 청년의 세대도 성공할 수 있는 겁니다. 그러기 위해서는 잘 배우고 내가 서있는 자리를 고찰해야 한다는 거죠. 전투에서 승리해야 큰 전쟁에서 이길 수 있는 것 아닐까요?

신정호 다른 분들과 이야기하면서 내년 총선에서 잘해야지 그 이후를 생각할 수 있고 정치 개혁을 조금 더 앞당길 수 있다는 것을 적극적으로 말하고 다니거든요. 저의 입장에서는 청년들을 최대한 조직적으로 결합을 시켜서 도울 수 있는 토대를 마련하고 있습니다.

이용빈 결론적으로 말한다면 욕망의 대결인데 그냥 정치인 한 사람 바꾼다고 해서 세상이 바뀌느냐? 하는 측면도 있는 거고, 또 다른 사람이 나와도 똑같은 놈이야, 이래서는 안된다는 겁니다. 그러기 위해서는 방금 전 이야기했던 시대정신을 명확하게 이해하고 이 시대정신이 요구하는 정치가 뭔가? 어떤 정치가 필요한가? 에 대해 여러분들은 계속 공부해야 해요. 선배들이 잘못하면 따끔하게 청년의 목소리를 낼 수 있어야 합니다.

신정호 부족한 부분에 대해 지속적으로 공부를 하려고 합니다.

이용빈 마지막으로 '이목 포럼'이 출범의 단계잖아요? 이목 포럼이 광주사회에서 명확한 정체성, 사람들에게 회자되고 알려지면서 어떤 역할을 기대할 텐데 앞으로 광주에서 어떤 역할을 하려고 하는지 미래비전을 들려주세요?

신정호 저희가 추구하는 것은 세대교체가 아니라 세대 혁신을 모토로 출범했습니다. 광주의 청년들이 정치에 참여하고 진출해서 그

세대 간의 정책을 대변하고 실행할 수 있는 밑거름을 만들 수 있기를 바라는 마음이고 그에 따른 청년의 역할을 계속적으로 진행하려고 합니다. 한 달에 한번 씩 모여서 공부도 열심히 하고 청년들의 신선한 아이디어로 정책을 생산하려고 합니다. 또한 광주청년센터와 서로 교류하고 있으며 협업을 통해서 청년 정책도 만들자는 의견도 나왔고요. 함께 다양한 시도를 모색하려고 합니다.

이용빈　이목 포럼이 앞으로도 광주·전남에서 소중한 싹을 키우고 있는데 우리 정치 문화를 한층 더 성숙시키는데 청년의 힘을 실어주시기를 바라고 더욱더 성공하시기 바랍니다.

신정호　감사합니다.

004 이용빈이 만난 사람들

광주의 중심!
광산을 말하다

· · · · ·

김 삼 호

광산구청장

　민선 7기를 맞은 광산구의 비전과 청사진을 듣는다. 많은 광산구민들이 관심을 가지고 있는 '금호타이어 부지 이전'을 비롯, '어등산 관광단지 개발, 신공항 이전 문제, 평동 포사격장, 빛그린 산단, 선운 2 지구 개발, 송정역세권 발전 방안, 송정시장 활성화 대책, 도·농간의 상생 균형발전 정책, 황룡강 장록 습지 보호지역 지정 추진'에 따른 구청장의 견해를 듣는다. 또한, 지난해 10월 취임 100일을 맞아 100인의 시민들에게 광산구정의 행정혁신으로 우선 추진해나갈 10대 협업 프로젝트를 내놓았는데 현재 결과로 도출된 부분과 현재 추진 중인 분야별 프로젝트는 잘 진행되고 있는지 중간 점검도 필요했다.

이용빈　벌써 취임 1년이 훌쩍 지났네요. 지역 주민의 한 사람으로 광산 1년의 모습은 어려움도 있었겠지만, 청장이 되기 전부터 준비를 많이 해왔다는 인상을 받았어요. 초보 선출직 공직자가 아니라 잘 준비를 해왔고, 잘 풀어간다는 느낌… 제가 초보라서 그렇게 볼 수도 있어요.(서로 웃음) 공직자와 함께하는 청장님과의 동행이 편하고 자연스럽다는 말을 하셔서 "공직사회에 청장님이 잘 안착하셨다"라는 느낌을 받았습니다.

김삼호　취임하면서 "공직사회에 스며들다"라는 표현을 썼어요. 정서적으로 공직자들의 가능성, 장점, 순기능.. 이런 요소들을 인정하고 공감을 이룬 다음에 내가 가지고 있던 속마음을 "공직자들이 먼저 호응하고 공감했을 때 비전을 펼치겠다."는 생각을 했었죠. 1년이라는 시간이 지나고 보니 낯선 집단은 아니다는 생각이 들었습니다. 시설관리공단 이사장직을 수행하면서 일상적인 업무를 같이 했던 파트너였으니까요. 또한 공직은 순환근무를 통해 서로 알고 지낸 것이 스며드는데 큰 도움이 된 것 같습니다.

이용빈　광산시설관리공단 설립되면서 취임하셨잖아요. 새로운 창의적인 혁신으로 공직자를 성장시킨 경험이 광산구청장 수행하는데 많은 도움이 되었으리라 짐작해봅니다.

김삼호　3가지 측면에서 구청장 취임에 행운이 있었다고 생각합니다. 첫 번째는 훈련된 공무원과 구민이 있었다. 전직 민형배 구청장 8년 동안 어찌 되었던 학습이 되었으니까요. 뭔가 해보려는 혁신의지가 충만된 공무원들과 구민들을 만났다는 것이죠. 두 번째는 문재인 대통령의 자치분권 확대에 따른 것이 주요했죠. 이게 진짜 중요합니다. 말로만 지방자치라고들 하는데 재정분권도 확대되어 예산규모도 커지고 있고, 그에 부합해서 자치조직권, 재량권이 확대되는 시점에서 민선 7기가 열려 선택지가 넓어졌다는 점이죠. 세 번째는 광산구 자체가 갖고 있는 광주의 핵심 사이트로서의 위상, 송정역세권이 팽창하던 시기에 민선 7기가 시작되었다는 점을 둘 수 있습니다. KTX 송정역 개통이 2015년에 되었고, 가능성은 높게 보지 않았는데 3년이 지난 지금에는 송정역이 엄청난 광주의 관문으로 위상을 확보해 나가면서 광주의 위상이 변모해 고 있습니다. 이렇듯 전체적으로 한 50년 동안 잠자고 있었던 송정권역이 광주의 핵심 사이트로 변화하고 있다는 점에서 큰 행운이라고 봐야 되겠죠. 게다가 어등산 관광단지 개발, 신공항 이전 문제, 평동 사격장, 빛그린 산단, 선운 2지구 개발, 금호타이어 이전 문제 등 송정역을 중심으로 그 주변의 경계에서 벌어지는 일들이 많습니다. 정말 중요한 시기에 광산·송정권역이 주목받고 있는 시점에서 구청장이 되었다는 게 행운이라는 생각이 듭니다.

이용빈 작년 취임 100일 기념으로 시민 100인들과 함께 토크 콘서트를 하셨죠? 그때 여러 가지 광산구정의 행정혁신을 포함해서 다짐하셨던 내용들이 있는데 현재 취임 1년이 지났는데 그 당시 약속했던 부분이 어느 정도 진행이 되고 있습니까?

김삼호 1년은 결코 짧지 않은 시간입니다. 그만큼 해낼 수 있는 일도 많게 마련이죠. 돌이켜 보면 1년 사이에 굉장히 많은 일들이 있었고 어느 정도 성취도 있다고 생각합니다. 공직내부 부서 간에 존재하는 칸막이, 평퐁 행정의 부정적인 모습들을 극복하려고 협업하고 같이 토론하는 문화를 강조했더니 일정한 변화의 모습이 보이고 있습니다. 행정적으로는 복지나 자치, 민선 5·6기 시행했던 전통을 계승해 보다 안정화시키는데 방향을 잡고 민선 7기는 '경제' 쪽에 집중을 하는데 기조를 정하고 현재까지는 순항하고 있죠.

이용빈 작년에 10대 협업 프로젝트를 추진하겠다고 말씀하셨는데 그 중 가장 인상 깊게 추진하고 있는 것은 무엇일까요?

김삼호 기업주치의센터 설립이나 골목상권 활성화 방안 등 핵심은 경제 쪽인데 1년 만에 성과를 내면 노벨 경제학상을 받을 만 하겠죠. 국가차원에서 경제정책이 더디지만 민선 7기 광산구에서 경제정책을 투입하면 1~2년 안에 가시적인 성과가 나올 수 있다고 생각합니다. 왜냐하면 사이트가 좁고, 보다 더 구체적이고, 직접적인 지원이 가능하기 때문에 국가차원에서의 경제정책보다는 기초지방정부의 경제정책을 펼치면 문재인 정부에 큰 힘이 되겠다는 생각을 해봅니다.

이용빈 문재인 정부는 세계적인 경제 퇴조기에 정부가 출범하면서 객관적인 조건에서 문제도 있는데 그 속에서 가장 어려워하는 사람들이 누군지를 파악하고 그 사람들의 곁에 서 줘야 한다고 생각합니다. 특히, 우리나라는 자영업자들이 많은 상황에서 그분들을 지원하는 문제가 중요하다고 생각되는데 청장님

김삼호 구청장과 함께 나눈 광산의 정체성과 광주의 미래

은 일단 소상공인들의 어려움에 깊은 관심을 갖는 모습에서 굉장히 잘하고 있다는 생각이 듭니다. 그것이 경제적 효과로 나타나는 것은 그다음의 문제고, 그분들의 마음을 만져주는 것 자체가 중요하다고 생각합니다. 10억이라는 예산을 투입해서 기업주치의센터를 설립하겠다는 실질적인 모습이 좋았던 것 같아요. 또한 그 성과는 일정 부분 나타날 것이라고 생각이 됩니다.

김삼호   지난번에 소상공인 아카데미 같이 들었잖아요. 음식점에 종사하시는 분 30명을 모셔서 8주간 집중교육을 했습니다. 종강식 날 "매출에 신장이 있었던 분 손들어 보세요" 했더니 10명이 생애 최고의 매출을 올렸다고 기뻐하더군요. 그 이야기가 굉장히 시사한 바가 크다고 봅니다. 그런 성과들이 하나 둘씩 축적되면서 파급효과가 발생할 게 분명합니다. 경제도 심리잖아요. 경제라는 것이 뭔가 '호황이 올 것이다' 싶으면 투자도, 소비도 하면서 경제가 성숙하는 것처럼 700만명이나 되는 골목상권 자영업자들이 어렵다고 하는데 소상공인 아카데미 교육을 받았던 분이 30명에 불과하지만 이 사람들이 씨앗이 되어 서로 독려하고 아카데미교육 한번쯤 받아 봐라는 말이 번지고, 또 교육에 참가하면서 서로 협력하다보면 심리적으로 안정도 되고 가능성을 열어줄 수 있다고 생각합니다.

이용빈   그동안 광산구가 광주의 미래라고 이야기를 많이 해왔는데 좀 전에 언급했지만 "광산이 광주의 중심이다"라고 얘기하면 지역주의다라는 비난에 직면할 수도 있을 것 같아요. 결국 광주

시민이 그런 개념을 받아들일 수 있도록 구청장께서도 많은 노력을 기울이고 있겠지만, 이제는 광산의 정체성을 말할 때 광주 전체를 안고 가는 느낌을 시민들에게 각인시키는 것이 필요하다는 생각을 해봅니다. 실 예로 광주발전의 공통분모인 송정역세권과 관련해서 특별히 강조하고 싶은 것이 있을까요?

김삼호 전체 도시계획은 광주광역시에서 관장하고 있기 때문에 광주시 차원의 문제 일듯 싶습니다. 단지, 광주시의 정책이 광산구와 동떨어지지 않는다는 믿음이 있고요. 송정역세권을 고민하면서 도시계획 전문가들을 만나보면 기존의 광주는 2도심, 5부심 체계였다고 합니다. 구 도청 주변이 1도심이고, 상무신도시가 2도심이며, 이 2개의 도심을 둘러쌓고 있는 5개의 부심. 백운지구, 문흥지구, 첨단지구, 임곡지구, 송정지구로 나뉘었는데 KTX 개통되고 금호타이어 이전 문제까지 고려를 해보면 결국은 지하철 2호선을 중심으로 한 3도심 체계로 광주는 재편될 수밖에 없고, 그 3도심은 '송정권역'으로서 "구 도청·상무·송정"을 중심으로 변화가 불가피하다는 게 도시계획 전문가들의 진단입니다. 앞으로 광주가 변화될 모습을 예측해보면 구도심 쪽은 재개발, 송정권역으로 둘러싼 권역은 신개발지역으로 상정해볼 수 있죠. 시점의 문제지만 광주 군 공항 250만 평이 언젠가는 이전하게 될것입니다. 250만 평 사이트에 어떻게 미래 광주의 도시 그림을 그려낼 것인가가 굉장히 중요한 숙제라는 얘기죠. 어등산 관광단지도 변수입니다. 도심 내 이 정도 큰 사이트에 개발사업이 추진된다는 것은 엄청난 기회의 요인입니다. 송정권역에 금호타이어 부지(12만 5천 평)때문에 지금은 꽉 막혀 있어 답답하다는 생각이 들지만, 12만 5천 평을 열린 공간으로 활성화한다는 차원의 그림을 그려보면 완전히 새로운 그림이 가능합니다. 그곳에 복합환승센터도 유치하고 DJ센터(김대중컨벤션센터)가 포화상태라고 하는데 오히려 DJ센터 같은 기능을 그 부지에 유치하면 큰 의미가 있을 것 같다는 생각을 해봅니다. 도시개발이 옛날처럼 아파트 지어 분양하고 땅 장사하는 개념은 아닙니다. 도시의 기능과 지속 가능성으로 고도화시키면서 도시가 발전되는 전략을 송정역세권에 투자를 한다면 굉장히 큰 변화가 올 것으로 생각합니다.

이용빈   송정역세권을 그냥 지나치는 곳이 아니라 광산에서 머물다 갈 수 있는 곳으로 만들어야 할 것 같습니다. 또 황룡강 장록 습지, 어등산이 중요한 자산인데 장록 습지와 관련해서 지역 주민들과의 갈등을 현명하게 풀어가며 토론의 장으로 이끌어 내셨는데 앞으로 어떤 계획을 가지고 계시는지 한 말씀해 주시죠?

김삼호   처음에 장록 습지는 소통의 부재 때문에 갈등을 빚었는데 좀 차분하면서도 치밀하게 하나 씩 점검해 보는 시간이 필요합니다. 그리고 누가 의도를 가지고 속이고 왜곡하는 것이 아니라, 모든 사람들이 정확한 실상을 알고 가능성을 보는 기회가 필요할 것 같습니다. 주민대표, 광산구, 환경부, 광주시, 시민단체가 함께 참여하는 T/F를 만들어 여러차례 토론을 했고 그 속에서 가졌던 오해나 갈등이 많이 해소가 됐습니다. 이러한 토론의 결과 치를 가지고 각 동을 돌아다니며 소통도 했고요. 기존의 인식보다 고도화되고 세부적인 문제에 대해 토론을 하다 보니 한 단계 정도 진보가 됐습니다. 각 동 순회가 끝나고 나면 T/F를 주축으로 다른 지역 선진지도 견학해서 국가 보호 습지 지정이 규제보다는 가능성이 많은 측면도 서로 공유하면서 대화를 통해 결론을 내릴 예정입니다. 습지 보호지정으로 여건이 좋아질 수 있다는 판단을 내릴 수도 있고, 또 지정하면 생활상에 불편함이 많아질 것이라고 끝까지 반대할 수도 있잖아요. 최대한 여론 수렴을 거쳐 진행이 잘 될 것으로 생각합니다.

이용빈 네. 제가 장록 습지 토론회 때 느낀 점은 광주시의 설명을 보면 장록 습지가 지정이 되던 현 상태로 유지 되던 개발이 제한된다는 것이 일반적인 메시지인 것 같더군요. 습지를 바라보는 시민들 입장에서는 틀림없이 국가지정 습지가 되면 주민들의 피해가 있을 것이라는 전제가 이미 깔려 있는거죠. 제가 장록 습지 주변으로 자전거를 타고 출·퇴근을 하는데 그 현장에서 느낀 점은 우방 아이유쉘 아파트가 장록 습지에 가장 근접해있는 대규모 사업이더군요. 그렇다면 주민들 입장에서 보면 광주시가 대규모 아파트 사업을 허가해주고 이익을 본 사람은 있는데 주민들 입장에선 그럼 '우리는 뭐냐?'라는 느낌을 받을 수도 있겠다는 생각이 들더군요. 그래서 이 부분을 잘 설명해야 되지 않나 생각해봤습니다. 어찌 되었던 장록 습지는 광산이 가지고 있는 자산임에는 확실하고, 그래서 잘 가꾸어야 한다는 생각을 하면서도 한 가지 의문이 드는 게 영산강 여행을 하다 보면 담양권도 습지가 굉장히 좋아요. 한데 장록 습지를 왜 국가 습지로 지정을 하려고 하는 것일까 라는 의구심을 품을 수도 있을 것입니다. 도시 한가운데 있는 장록 습지를 굳이 국가 습지로 지정하자고 하는 이유가 뭘까라고 생각하는 주민들 입장도 있을 것이라는 얘깁니다. 그래서 현 상태를 보존하자가 아니라 어떻게 하면 과거의 모습으로 복원시킬 것인가 하는 문제로 접근했으면 좋겠다는 생각을 해봤는데 청장님 견해는 어떠신지?

김삼호 지난번에 환경부 생태전문가들이 다녀갔는데 "세계적으로 도심 주변에 습지가 조성된 곳이 없다"라고 하더군요.

이용빈 그렇죠. 어떻게 보면 장록 습지는 방치되어 있었기 때문에 그렇게 이야기할 수 있을 것입니다. 우포 습지 생태 해설가의 말에 따르면 "국가 습지로 지정되고 나서 더 안 좋아졌다. 그냥 내버려두지, 자꾸 사람들이 찾아오다 보니 여러 가지 생태환경이 나빠졌다"라고 말하더군요.

김삼호 환경부 입장에서는 '환경보전'이지만, 광산구 입장에서는 글로벌한 생태 습지가 도심 한가운데 있다 라는 관점에서 지역 마케팅이라고 볼 수 있죠. 다만, 장점과 가능성은 후순위고 당장 생활 속의 실익 때문에 반대하는 주민들에게는 차분하게 설득해서 원만하게 이해시키고 100% 공감하게 만드는 게 1차적인 과제라고 생각합니다. 그 관문만 넘어가면 환경부처에 유익한 환경 공간으로 만들어 가자고 하면 되겠죠. 그런 측면에서 광산구가 대규모 관광개발을 통해 외지인들을 유치하는 것은 반대하지만 자연 그대로를 보존하면서 외지인들이 찾는 것은 지역 마케팅 차원에서는 좋은 거하고 생각합니다.

이용빈   맞습니다. 저도 기본적으로 어등산 자체만으로 관광단지가 되는 것보다는 광산 전체가 찾아 가고 싶은 곳이 되어야 맞을 것 같아요. 하나하나 배치를 잘 만들어 가는 것이 청장님의 역할인 것 같고요.

이용빈   전에 청장님께서 말씀하셨던 광산이 도·농 복합지역이기 때문에 광산군에서 광산구로 승격되었을 때 농민들 입장에선 여러 가지 불평들이 있었던 걸로 알고 있습니다. 예산 분배 문제에 대한 언급도 있었는데 지금은 어느 정도 진척이 있습니까?

김삼호   핵심은 그겁니다. 대도시 자치구의 농촌지역, 일반 시·군 농촌지역 하고는 정부 정책에 계정이 달라요. 가령, 인접한 나주 노안과 광산구 동곡의 경우, 논 도랑 하나 차이로 나주와 광산이 갈리지만 논에 투입된 정부 예산 계정이 다르다는 거죠. 광산구는 도시 활력사업으로 예산 지원이 되고, 나주 노안은 일반 농사 지원사업입니다. 쉽게 말하자면, 나주의 경우는 농림부 지원 사업(70% 국비, 30% 지방비)이고, 광산구는 국토부 지원 사업(50% 국비, 50% 지방비)이에요. 그럼 어떤 게 유리하겠어요? 당연히 농림부 사업이겠죠. 그리고 농림부 사업은 연간 20조, 국토부 사업비는 1조 5천억이에요. 계정도 다를뿐더러 예산도 적어요. 그래서 농로가 한쪽은 포장도로고, 다른 한쪽은 비포장도로를 볼 수 있는데 위에서 언급한 차이 때문에 그럴 수밖에 없어요. 대도시 자치구에 있는 농촌이 시·군 농촌보다 훨씬 더 농업 인프라가 열악하고 각종 지원시책들에서 푸대접받고 있는 거죠. 그걸 광산구에서 여태까지 발견을 못하고 있었던 겁니다. 그래서 정부를 향해 분위기 환기를 시키는 중입니다. 노무현 정부에서 시행한 국토 균형발전 시책도 15년이 넘어가지 않았느냐? 시·군 농촌지역은 충분히 인프라가 구축되었으니, 이제는 도시 농촌에도 인프라를 투입해야 하는 시기임을 설득 중입니다.

이용빈   긴 시간 함께 해 주셔서 감사합니다.

005 이용빈이 만난 사람들

故 안병하 치안감을 회고하다

• • • • •

이낙연
국무총리

지난 2018년 3월 고 안병하 치안감을 두고 문재인 대통령께서 페이스북을 통해 언급한 내용을 보면 "안병하 치안감은 1980년 5·18 민주항쟁 당시 전남 경찰국장으로 신군부의 발포명령을 거부했습니다. 시민의 목숨을 지키고 경찰의 명예를 지켰습니다. 그러나 이를 이유로 전두환 계엄사령부에서 모진 고문을 받았고 1988년 그 후유증으로 사망했습니다"라고 밝혔다.

문 대통령은 또 "그 뒤 오랫동안 명예회복을 못하다가 2003년 참여정부에서 처음 순직 판정을 받았습니다. 2006년에는 국가유공자가 되었고 2017년 경찰청 최초의 경찰 영웅 칭호를 받았습니다. 위민 정신의 표상으로 고인의 명예를 되살렸을 뿐 아니라 고인의 정신을 우리 경찰의 모범으로 삼았습니다"라고 강조했다.

안병하 치안감 기념사업회에 대해
각별한 격려와 관심을 보여주신 이낙연 총리님

최근 안병하 치안감 기념사업회 이용빈 이사장(민주당 광주 광산 갑 지역위원장)이 총리실을 찾았다. 지난 2016년 총선을 계기로 처음 인사드렸고, 이용빈 위원장이 낙선의 고배를 마셨을 때도 이낙연 총리는 격려를 위해 만찬을 해줄 정도의 각별함을 보여줬다. 이용빈 위원장은 만찬당시 보여줬던 각별한 관심을 잊을 수 없다고 했다.

그만큼 자신에게 특별했던 이낙연 총리와 총리실에서 짧은 만남을 가졌다.

이낙연 이용빈 위원장 어서 오시게. 그동안 잘 지내셨는가?

이용빈 총리님도 안녕하신지요?

이낙연 오늘은 고 안병하 치안감 기념사업회 이사장님 신분으로 나를 찾아왔다지.

이용빈 네, 총리님께서 두루 잘 살펴주셔야겠습니다.

이낙연 그럼 그럼. 누가 하는 일인데. 자 그럼 자세한 이야기를 들어봅시다. 안병하 치안감님 기념사업을 한다지요.

이용빈 네, 첫 사업은 안병하 평전 출간 사업을 시작했습니다. 저자께서 저술 중에 있습니다. 비용은 광주시민들께서 자발적으로 모금해주셨고요.

이낙연 참 좋은 모습입니다. 시민의 참여에 의한 평전 출간이라 광주답습니다.

이용빈	그리고 안병하 치안감님 자제분이신 안호재 선생 주도로 공직자 바로 세우기 일환으로 '안병하 인권학교'를 운영 중에 있습니다.
이낙연	매우 중요한 일을 하고 계시군요. 우리 시대에 꼭 필요한 일입니다. 내년은 4·19혁명 60주년이자 5·18민주화운동 40주년인데요. 예년과 유사하게 행사를 하면은 숫자적 의미를 벗어날 수가 없습니다. 그런데 안병하 치안감님을 앞세워서 행사를 하시면 매우 특별한 의미가 있을 겁니다. 공직사회에도 매우 큰 반향이 있을 겁니다. 우리 총리실에서도 적극 협력하겠습니다. 보다 더 광범위하게 기념사업을 전개하십시오. 역시 이용빈 위원장답습니다. 아 참 오늘은 이사장님이시지요. (다 함께 웃음^^)
이용빈	고맙습니다. 총리님만 믿고 기념사업에 매진하겠습니다. 그리고 故 김사복 선생 구묘역 안장 문제가 다소 난항에 부딪혀 있습니다. 총리실에서도 각별한 관심으로 협력해 주시기를 부탁드리겠습니다.
이낙연	그래요 그래요. 민정실장께서 현황 파악해서 협조할 수 있도록 하겠습니다.
이용빈	오늘 바쁘신 가운데에도 시간을 내어 주셔서 감사드립니다.
이낙연	광주 내려가는 발걸음이 편하시길.

006 이용빈이 만난 사람들

콘텐츠 발굴로
지역문화산업을 견인하라

강 광 민
문화관광콘텐츠 연구원 원장

*"인생역전의 기적을 꿈꾸는 사람이라면,
상상력과 창의력만으로 성공을 꿈꾸는 사람이라면,
반드시 만나봐야 할 사람!"*

　강광민은 가난한 어부의 아들로 태어나 어려운 환경에서 어린 시절을 보냈다. 말단 직원에서 사장의 자리에 오르고 자수성가하여 기업가로 성장하였다. 그의 성장은 여기서 멈추지 않고 뒤늦게 야간대학에서 학업을 시작하여 조선대학교에서 경영학 박사학위를 받고, 현재 대학에서 강의를 하고 있다. 또한 사회단체장과 칼럼리스트로도 활동하고 있다.

그가 오늘은 문화관광 콘텐츠 연구원장의 이름으로 앞으로 광주가 어떻게 문화를 통해 지속 발전이 가능한지 평소의 생각을 털어놓았다.

이용빈   내가 쓰고 싶은 것은 '강광민'이라는 사람이 가지고 있는 자산을 훔치고 싶은 거지요.

강광민   저는 '문화' 이야기가 나오면 눈이 번쩍 뜨입니다. 「문화관광 콘텐츠 발굴을 통한 지역 일자리 창출」이라는 주제로 논문을 썼어요. 단체장들이 주로 이야기하는 게 보여주는 형상적인 관광자원입니다. 그러다 보니까, 케이블카 깔고, 꽃을 심고 그런 일들을 해요. 이걸로 관광자원화를 형성시키려고 하는데 제가 이야기하려고 하는 것은 무형의 자산을 이야기 하는 겁니다. 바로 그것이 스토리텔링이죠.

핀란드에 로바니에미 산타마을이 만들어진 과정이 있습니다. 그 마을 주민들이 마을을 만드는 과정이 재미가 있어요. 마을 주민들이 모여서 우리 마을 미래 산업을 무엇으로 하면 좋을까? 회의를 하는 과정에서 한 친구가 "굴뚝 없는 산업을 해야 한다"고 이야기한 거죠. 말을 듣고 있던 사람들이 "굴뚝 없는 산업이 뭐죠?" 되묻자, "굴뚝 없는 산업은 관광산업이다"라고 말했습니다. 그러면 이 산 중턱에 있는 마을을 가지고 관광산업을 어떻게 만든다는 말이냐? 그 산은 2차 세계대전으로 폐허가 된 산이었기 때문입니다. 마을 주민들이 하나 같이 "이 산을 보고 누가 관광을 오겠어?"라고 했을 때 그 속에서 아이디어를 끄집어 냈어요. 그 아이디어가 뭐냐면 '굴뚝'에서 생각을 해 낸 거죠. 굴뚝 없는 산업을 하자는 이야기에서 굴뚝에서 아이디어가 나온거죠.

'산타는 굴뚝을 타고 들어온다'라는 발상전환으로 없는 굴뚝을 세워서 관광산업을 만든 곳이 바로 로바니에미 산타마을입니다. 그래서 "산타는 굴뚝을 타고 들어온다"라는 이야기를 가지고 집집마다 없는 굴뚝을 세우고 마을 사람들이 산타 복장을 하고 주변 마을에 "우리 산타 마을이니까 놀러 와라" 이렇게 해서 산타마을 신화가 만들어졌습니다. 산타는 로바니에미에 산다는 것이 방송을 타고 주변국에 소개되면서 아직까지도 100만 관광객이 찾아오면서 명성을 유지하고 있습니다. 과거로 돌아가서 그 마을 산에 케이블카를 깔고, 꽃을 심었다면 관광객들이 찾아 왔겠습니까? 케이블카는 대한민국, 전 세계에도 흔하게 있는 것이죠. 그러니까, 그 지역만의 특색 있는 이야기를 가지고 관광산업을 만들었기 때문에 유지가 되는 거죠. 결론은 콘텐츠를 만들어야 한다는 겁니다. 그래서 광주에서 요즘 얘기되는 무등산·어등산에 케이블카 만들어서는 미래 산업으로 갈 수 없다는 거죠. 즉, 창조적인 이야기, 스토리텔링을 해야 되는데 이곳 광주에는 두 군데의 강이 흐르는데 하나는 극락강, 또 하나는 황룡강이 있습니다. 두 강에 대해 스토리텔링을 하자. 먼저 극락강을 스토리텔링을 하려고 봤더니 극락강은 사전적 의미로 '이승과 저승과 경계의 강이다' 이렇게 나와 있어요. 좋은 의미로 해석해서 '그 강을 건너면 천국이지 않겠느냐'라는 식으로 천국형 테마파크를 만들어 보자.

문화관광산업의 콘텐츠가 구성되면
"문화산업은 스토리텔링 기반을 통해 이뤄져야 한다"는 점을
강조하고 있는 강광민 원장

이용빈	불교에 '극락정토'라는 말이 있죠. '죽어서 간다'라는 부정적 의미가 있지만, 가치로 보면 인간이 도달할 수 있는 이상향으로 아주 좋은 이야기죠.
강광민	그래서 극락강을 스토리텔링 해서 그 강을 건너면 천국일 것이다. 서창 들녘에 천국행 테마파크를 만드는 거죠. 그리고 전 세계인에게 화두를 던지는거죠. "천국 가봤냐? 천국 가본 사람이 있을 수가 없죠. 그러나 누구나 가보고 싶은 곳이 천국 아니겠어요? 그럴다면 그 천국이 어디에 있냐? 광주에 가면 있다. 이렇게 해서 전 세계인들이 광주를 찾을 수 있는 콘텐츠를 발굴하는 거죠.

그다음에 송정역 뒤쪽으로 흐르는 '황룡강'이 있어요. 제가 황룡강에 대한 전설을 봤더니 옛 선비가 장성군 황룡면에 유배를 갔어요. 그 앞에 흐르는 강이 구비 쳐서 내려가는데 황톳물이 뒤집어진 거예요. 그것을 보고 '황룡'이라는 아호를 지어줬던 게 황룡강이 되었다는 겁니다. 저는 그런 전설을 무시해 버리고 '황룡강에는 황룡이 살았다'는 전설로 만들고 송정역 뒤편에 운수동(雲水洞)이 있잖아요. 물에서 놀던 황룡이 구름 타고 하늘로 올라갔다, 이런 이야기를 만들어서 하늘로 용이 올라가는 듯 매일 야간에 레이저 쇼를 해요. 이 쇼를 보기 위해 모여든 관광객들이 저녁을 먹고 볼 것이다. 쇼를 보고 나면 잠을 잘 것이다. 이것이 지역 경제에 보탬이 되고 머무를 수 있는 관광 자원이 됩니다. 이양 머무른 거 하루가 아닌 며칠을 머물게 만들자는 얘기들을 많이 하죠. 광주를 소개할 때 '오

매! 광주'라고 하는데 이 '오매'의 뜻이 전라도 사투리이기도 하지만, 다섯 가지 매력이 있는 도시라는 의미를 갖고 있어요. 그래서 여기서는 다섯 마리의 용을 집어넣는 거예요. 흑룡, 청룡, 백룡, 적룡, 황룡, 그리고 이 용(龍)마다 이야기를 불어 넣는 거죠.

흑룡은 취업·취직에 관한 소원을 들어주게 하는 것이고, 청룡은 건강, 백룡은 임신, 출산, 자녀, 적룡은 이성 간의 사랑, 황룡은 돈, 경제, 사업, 부귀영화 등 이런 소원을 들어주는데 매일 어떤 용이 올라갈지는 사람들은 알 수가 없고, 관제실 직원만 아는 거죠. 이렇게 용을 보고 인근의 장성, 담양을 자연스럽게 찾을 수 있는 콘텐츠 발굴을 해줘야 합니다.

이런 것들을 이야기로 만드는데 지자체에서 예산 세워 직접 하지 말고 좋은 콘텐츠만 발굴해서 기업에 팔아야 합니다. 기업이 들어오면 땅을 매각하고 임대해서 지자체에서는 수익을 창출하고 또 기업이 자기 돈을 써서 건물을 지으면 세금 걷어들이고, 테마파크를 조성할 때 이 지역 주민 80%를 고용하라는 단서조항을 내세우면 손 안 대고 코푸는 격이 되죠. 그래서 하천 길에 자전거, 말(馬) 마차, 육상레저산업을 만들고 어등산에 패러글라이딩 체험장을 조성해 항공레저산업을 활성화시키고, 강에 보트를 띄어 해양레저산업을 만들면 천혜의 복합레저단지가 형성될 것입니다. 용(龍) 테마파크, 천국 테마파크를 조성했을 때 광주와 소상공인들이 함께 먹고 살 수 있다는 게 저의 박사 논문 내용의 일부입니다. 왜 지자체 국회의원들은 예산만 가지고 사업을 하려고 하느냐? 콘텐츠만 발굴해서 기업에 팔아먹을 수 있다는 것을 강의 다니는 곳마다 주장을 합니다.

이용빈 우리가 흔히 말하는 '스토리텔링'이라고 말하는 게 이야기 산업인데 다른 광역시 자치단체에 비해 광주가 그런 면에서는 조금 약해보입니다.

강광민 아니요. 전국 어디나 거의 비슷합니다. 그런데 관광산업 이야기하면 전부 한결같이 케이블카 설치하고, 꽃 심는 것으로 끝나버린다는 거죠.

이용빈 사실 광주의 중요 스토리가 5·18 아닙니까? 광주 무등산·영산강 주변에 살았던 민초들의 역사와 삶이 응축되어 이어진 뿌리가 바로 5·18이죠. 그런데 그러한 스토리를 제대로 담아내지 못하고 있는 것 같습니다. 워낙 한(恨)이 커서 그러는 건데 실제 살고 있는 민초들의 오래된 이야기가 세계인들에게 오히려 어필이 될 수도 있는데… 우선 황룡강 하면 가장 중요한 것 중 하나가 동학혁명이잖아요?

강광민 제가 이야기하는 것은 큰 틀에서 그림을 그려놓고 봤을 때, 예를 들어 '문인의 길' 이러한 것들을 연결하고 불러 들여서 우리의 역사, 용아 박용철 생가, 임방울 등 옛날 거장들을 다 집합을 시켜 놓는 거죠. 그런 콘텐츠를 먼저 터뜨려주어야 하거든요. 여수시가 해양엑스포 끝나고 망했어요. 유령도시가 된다고 방송이 나오는데 그 당시 제가 여수에서 사업을 했습니다. 한쪽 뉴스에서는 여수가 유령도시로 망하고 있다, 그리고 다른 한쪽에서는 여수로 놀러오라고 광고를 해요. 그래서 내가 여수시 관광과장을 만나서 이야기했더니 이 양반이 보통사람이 아니다 라는 생각을 했던지 관광협회 회장을 부른 거예요. 그 두 사람을 앉혀놓고 1시간동안 강의를 해줬어요. 무엇을 강의해줬냐면 "직접 마케팅을 하세요"라고 주문했어요. "직접 마케팅이 뭐냐"고 묻더군요. 그래서 "뉴스에서는 관광객들 안 찾으니 망하고 있다하고, 나는 그 광고비를 들여 여수로 오세요. 광고하고 있는데 그런 광고비 쓸 필요 없다"고 말했죠. 그 돈 가지고 있으면 나는 직접 마케팅하겠다고 말했어요. 그 광고비로 관광버스 기사들에게 손님 한차 모시고 와서 사진 찍어서 여수시에 보고하면 통장에 바로 돈을 꽉꽉 싸 주면 다시 관광객들 모시고 올 것 아닙니까? 신문에 광고 실은 게 '여수로 오세요!' 아닙니까? 여수로 오는 관광버스에 관광객 15명을 싣고 온 사진을 여수시에 보내면 계좌로 6만 원을 입금시켜 줍니다. 그리고 1박을 하면 15만 원을 기사들에게 줘봐요. 이것이 방송을 타기 시작하면 광주에서 산악회 회원들이 등산을 가야 되는데, 버스 기사들이 여수가 좋다며 무조건 여수, 여수 하는 겁니다.

여행 간다면 무조건 여수로… 기사들의 입소문이 전국으로 퍼지면서 버스가 여수로 줄지어 들어오는 겁니다. 그러면서 내가 주장한 것은 머무를 수 있는 관광 콘텐츠 발굴입니다. 그 당시 이야기 나온 것이 야간 버스킹 공연이 연결되면서 케이블카와 직접 마케팅이 딱 떨어진 겁니다. 그때 직접 마케팅을 안 했으면 여수가 그렇게 빨리 성장하기 어려웠을 겁니다.

이용빈　광주·광산이 살아갈 길도 그런 것이겠지요. 자금이 없다고 줄기차게 자동차만 끌어다 놓고 자동차 망해버리면 모두 어떻게 할 거야.

강광민　자동차 산업 뿐만 아니라, 어떤 산업이 되었든 간에. 마찬가지죠. 이제 4차 산업 혁명 시대로 바꼈어요. 그런데 우리 단체장들은 늘 4차 산업 혁명 시대를 이야기하면서도 거기에 대한 생각을 하지 않아요. 입으로만 4차 산업 혁명 이야기를 한다는 거죠. 그러면 우리가 기업을 유치했을 때 누가 일을 할 것인가? 기업이 들어왔을 때 무슨 일을 할 것인가? 지금까지 사람들이 하던 일을 이제는 우리가 하지 않죠. 로봇이 대신합니다. 기계가 다 해버려요. 지금 자동차를 만들어 났는데 요즘 관제실에서 몇 명이 또닥또닥 하면 자동차 완제품이 나오는 시대예요. 그렇다면 사람이 해야 할 일이 뭐냐? 완제품 나온 거 하치장에 옮기는 일 외에는 없어요.

이용빈　서두에 말씀하신 곳! 핀란드 로바니에미 산타마을, 단체장들 데리고 가서 견학 한번 시켜주십시다.

강광민　3개월 전에 예약해야 된다고 합니다. (같이 웃음) 요즘에는 여기저기 돌아다니다 보니 그림이 다 그려져요. 화두를 던져놓고 여러분의 의견을 주세요. 이런저런 의견들이 나오는 과정에서 산으로 가요. 그 시점에서 내가 가닥만 잡아주면 되거든요. 일전에 벌교를 갔어요. 마을 만들기 사업을 하는데 예산을 가지고 와서 사회적기업을 하려고 하는데 서로의 사업 아이템에 대해 이야기를 나누더군요. 어떤 분은 음식을 만들어 팔자, 막걸리를 만들어 팔자 하고 있을 때, 제가 반문했어요. 막걸리 오래 놔두면 어떻게 되죠? 막걸리든 음식이든 결국엔 남으면 버려야 되잖아요. 뭘 이것으로 마을 사업을 합니까. 나 같으면 이 지역 특성에 맞는 공예품을 만들겠습니다. 라고 하면서 벌교 꼬막 얘기를 했어요. 벌교 하면 꼬막이잖아요. 꼬막 껍데기는 버리잖아요. 그 꼬막 껍데기를 가지고 어르신들이 모여서 예쁘게 공예품을 만들어 보성군에 보내서 관광객들이 왔을 때 기념품으로 주던지, 팔던지 하면 판로까지 결정되는 거 아닙니까?

그 말에 다 뒤집어졌어요. 오매, 오매! 그것을 왜 생각을 못했다냐 하며 손뼉치고 난리가 났어요. 그것이 거든요. 단순히 사업예산 가져다가 일회성으로 써먹고 끝내는 개념없는 이야기들을 하더라고요.

이용빈 '1913 송정시장'도 먹거리 위주로 되어 있잖아요? 어디든지 관광을 가더라도 쉽게 접하는 게 먹 거리인데 다 끝나고 갈 때 뭐 하나쯤 들고 갈 수 있는 것들이 좀 있었으면 해요. 그게 기억이 많이 남는 거잖아요. 그런 게 필요한데…

강광민 그것도 필요하고요. 1913 송정시장의 거리가 짧습니다. 송정 1동에 예산을 들여서 지붕에다 등(燈)을 달아보세요. 내가 이야기하는 것이 뭐냐면? 송정역에서 부터 동파까지 굉장히 길거든요. 어디가도 그 거리가 반듯한 거리가 없어요. 일방통행로 잖아요. 지붕 위에 일직선으로 등을 달고, 야간에 저녁 7시부터 9시까지 차 없는 거리로 만들어 놓고 청년들 푸드트럭 몇 대 갔다 놓으면 그 중간에 식당도 있고 호프집도 있습니다. 가게 앞에는 가게 주인의 특권으로 테이블을 깔아버리는 거죠. 그러면 사람들이 모이게 되고 저절로 옷가게 장사도 되고, 식당 음식이 판매가 되고, 테이블이 부족하면 길거리에 나와서 그냥 먹기도 할겁니다. 그렇게 긴 거리가 등 하나로 명물이 될 수 있어요. 송장 1동장에게 빨리 기획서 써서 구청장에 넘기시오 했는데 아마 기획서를 냈을 거예요. 구청장, 국회의원, 송정 2동장이 하든 간에 하게되는거죠. 결국은 최초로 기획안을 쓴 사람에 의해서 그 사업은 추진되는 겁니다. 이런 아이디어들을 종종 만나면 드릴수가 있습니다. 지역에서도 방향을 제시해 주면 콘셉트를 잡아내죠. 이러한 것들이 결국은 문화 콘텐츠가 되고, 지역 문화발전의 방안이 나오게 되는 거죠.

이용빈 이 지역의 꿈과 비전을 만들어 내는 것이 정치인의 역할이잖아요. 그러한 일들을 함께 해주시기를 부탁드리면서 오늘 짧은 시간 동안 좋은 이야기 잘 들었습니다.

007 이용빈이 만난 사람들

육군사관학교에서
큰 뜻을 세우다

· · · · ·

송유진

육사 40기, 前 제17보병사단 사단장

송유진 前 17 보병 사단장은 경남 마산에서 태어나 마산고등학교를 졸업 후, 1980년 육군사관학교 제40기로 입학했다. 1984년 보병 소위로 임관하면서 육사 40기 가운데 1차로 제17보병사단 사단장 대열에 들어갔던 소장이었다. 전형적인 육사 출신에 엘리트 코스를 거치면서 성공적인 군 생활을 했던 군인이었다.

송유진 前 사단장은 이용빈 위원장이 육사 제43기로 입학, 1년의 짧은 시간 동안 육사를 자퇴하기까지의 과정을 지근거리에서 지켜본 사람이기도 하다. 그 당시 육군사관학교 시절의 생도 이용빈에 관한 이야기를 들어봤다.

송유진   나는 이용빈 위원장 육사 생도 시절 이야기를 하는데 결론부터 말을 한다면 성적은 굉장히 우수했고, 대학으로 말한다면 일명 SKY(서울대, 고려대, 연세대를 통칭하는 말)에 최상위권에 진학해도 전혀 손색없는 성적이었어요. 그리고 첫인상이 나이에 맞지 않게 진중한 느낌이었는데 아무래도 군인 자녀로서 어린 시절부터 아버지의 훈육(訓育)을 받고 자라서 그러지 않았나 싶기도 했죠. 무엇보다도 이용빈 위원장 그릇이 육군이 포용하기에는 적다는 생각을 했어요. 이것은 내 진심이고, 육사 생도 자퇴 후에 어떤 생각을 가지고 살아가는가? 에 대해 큰 관심을 가지게 되면서 내 나름대로 물어보고 확인하고 했는데 그 당시에는 아는 사람이 없더라고. 이승기 그 친구와 아는 사람이라고 선·후배 사이라고 했던가?

이용빈 생도 때 2학년 선배였으니까. 저도 광주 사람이라는 걸 이승규 선배가 알았고, 그리고 저희가 13중대이고, 이승기 선배가 14중대였으니까. 옆에 중대니까. 왔다 갔다 통학하다가 만났을 때 저를 잘 챙겨 주시고 그랬죠. 그 당시 이승기 선배는 사람이 기품이 꽤 있었던 것 같았어요. 저를 굉장히 아껴주는 편이었는데 나중에 제가 정치 쪽에 진출하니까. 저를 언론보도에서 보시고 저를 찾으셨고 최근에 만나기도 했죠.

송유진 나는 그전에 알았더라면 그 사람한테 이용빈 위원장 소식을 물어보면 될 뻔 했는데 그 사람은 나를 많이 따랐거든. 방금 전에 말한 내용을 이어가면 이것은 진심이야. 군이라는 것이 국가의 안보를 담당하는 한 축에 불과하거든. 국가 안보라는 것도 큰 카테고리 중에서 일부에 불과한 거지. 그런데 이용빈 위원장이 그것을 담당하기에는 이용빈 위원장이 그릇 자체가 크다는 것이죠. 옛날에 한고조(漢高祖 중국 한나라의 제1대 황제)가 천하의 한신(韓信 한나라의 개국공신으로 소하, 장량과 함께 한초삼걸이라 불림)하고 대화한 내용이 있잖아요. 한고조가 한신에게 묻기를 "너는 부하를 몇 명 정도 거느릴 수 있느냐?" 한신이 대답하기를 "부하가 많으면 많을수록 좋습니다" "많으면 많을수록 좋다고? 그런데 어찌하여 그렇게 뛰어난 그대가 나 같은 사람에게 사로잡히게 되었는가?" 그러자 한신이 대답하였다. "나는 졸지장(卒之將)이라면 폐하께서는 장지장(將之將) 올시다" 내가 표현하는 그릇이 크다는 말은 "나는(한신) 군을 거느리는 장수의 그릇이라면, 당신(한고조)은 나 같은 사람을 거느리는 사람이다" 이용빈 위원장이 나의 후배지만 그 이후의 행적에 대해서 궁금해서 찾았고, 내가 애타게 알고 싶었던 사람이 바로 이용빈 위원장이지.

이용빈　제가 사관학교에 입학하게 된 동기가 잘 아시겠지만 광주 같은 경우에는 5·18을 경험했잖아요. 제가 중학교 3

육사 40기 (우) 송유진 前 17보병 사단장과
육군사관학교 생도시절에 대해 이야기를 나누고 있다

학년 때 박정희 대통령이 시해(弑害)가 됐고, 고등학교 1학년 때 5·18을 경험했고, 사춘기 때 상당히 심각한 사건을 경험한 거죠. 그리고 제가 원래는 어릴 적에는 생물학자 되는 게 꿈이었는데 격동의 시기를 경험하면서 사회 혁명이나 변혁에 대한 열망을 갖게 돼요. 중3때부터 프랑스 혁명과 동학 혁명들을 이 시기에 많이 천착(穿鑿)했습니다. 그러면서 아버지가 군인이었다는 점에서 영향을 받으면서 사관학교로 진로를 바꾸게 됩니다. 그래서 고등학교 1학년 때는 동학혁명, 천도교 쪽의 공부를 많이 했어요. 전봉준의 삶, 행적이라든지, 동학혁명이 실패했던 아쉬움이라든지, 이런 것들을 내재화하면서 내가 군인의 길을 선택하고 그에 따른 전문적인 역량을 가져야겠다는 생각을 했습니다. 그런데 사관학교로 가서 좀 전에 말씀하신 항우(項羽)·유방(劉邦)에 관한 것들도 많이 접했습니다. 그래서 제가 사회변혁이라는 것이 '군인의 길은 아니겠구나' 고민을 하다가 학교를 그만둬야겠다는 생각을 하게 된 거죠. 솔직히 그때의 선택이 저에게는 힘들었는데 그래도 생도생활을 열심히 해왔는데 학교를 그만두고 사회에서 더 큰 어떤 과정의 준비를 해야 한다는 생각이 들어서 마지막에 장군님께 인사드리고 나올 때 제게 물어보셨잖아요. "사회 나가서 뭐 할래?" 그 당시 저는 더 큰 꿈을 가지고 있다는 표현을 했던 것 같아요. 그것을 큰 부담으로 지금까지 내 마음속에 담고 있었던 것 같아요.

내가 육사라는 꿈을 가지고 있다가 포기하고 나올 때 장군님께 드린 약속·맹세였기에 사회 나가서 더 잘 살아야겠다. 꿈을 꾸면 꼭 육사 꿈을 꾸고 저에게는 그 당시가 혼란의 시기였고, 50대가 되면 내가 선택한 것이 틀리지 않았다는 것을 입증해야 되는데, 할 수 있을까? 그런 고민을 하면서 서울여대 앞을 계속 왔다 갔다 했습니다. 다시 복귀할까? 지금 나갈까? 아직 시간이 남아 있으니까. 지금 복귀하면 아무도 모르는 거잖아요. 내가 선택한 것이 절대 틀리지 않았다는 것을 보여주자. 그러면서 태릉역에서 기차를 타고 서울로 갔습니다.

송유진   주변에 있는 분들이 이용빈 씨가 육사를 그만두고 나온 부분에서 규율을 어겼거나 생도생활에 도태가 되었다는 말을 듣고 '이것은 심각한 오해다' 누구보다도 이용빈을 입증할 수 있는 위치에 있었던 산 증인으로서 이 오해를 풀어줘야겠다는 생각을 많이 했거든. 나는 육사를 졸업하고 후배들을 지도하는 훈육감으로 다시 갔어. 담임선생님 같은 역할이거든. 훈육감은 생도들에게 3학점을 주게 돼 있었지요. 어찌 보면 육군사관학교에 7년 동안 있었던 셈이지. 우리 이용빈 위원장만큼 반듯하고 규율에 충실하고 생도생활에 잘 적응한 사람은 없어. 오로지! 자기의 큰 뜻을 위해 자발적으로 학교를 나갔다는 것을 나는 확신하고 있지. 그런 부분에 오해할 수 있는 게 육사의 도태율이 우리 같은 경우, 350명 입학해서 292명만 졸업했으니까. 그러면 중도에 57명이 나갔다는 결론이 나오는 거지. 그래서 주변사람들이 이용빈 위원장이 그런 부류에 속하지 않았나? 추측은 할 수 있으나 전혀 아니야.

이용빈　사실 제가 육사를 중도에 그만두고 나와서 만난 친구들이 저한테 이렇게 말해요. 학교생활이 힘들었는가?" 누구나 힘든 것은 사실이지요. 생도 시절 우리 동기들이 중도에 그만두고 싶다고 하면 쫓아다니며 말렸거든요. 그렇게 내가 말렸던 동기들한테 내가 나올 때 상의도 없이 나온 나에게 배신감을 느꼈을 수도 있었을 겁니다. 그때 당시 43기 동기 중에 광주 기아자동차에 있는 친구가 있어요. 그 친구도 늘 고민했었거든요. 지금도 그런 이야기를 많이 들어요. 사관학교를 다니다가 나오셨는데 지금으로 보면 군인으로서는 아니었을 것 같다. 의사니까. 제 생각으로는 학교를 끝까지 다녔으면 최선을 다 했었을 것 같다는 생각은 들어요.

송유진　100% 인정하고, 만약에 군 생활했으면 이용빈 위원장은 어떻을까? 나는 100% 장군은 됐을 것 같고. 우리들이 흔히 하는 말이 있잖아. 될성부른 나무는 떡잎부터 안다고. 그 당시 나는 사람을 볼 때 지인지감(知人之鑑)이 있었다고 생각을 해요. 군 생활하면서도 저 사람은 아주 잘 될걸 하고 생각했던 사람들은 틀림이 없더라.

이용빈　장군님께 훈육 받았던 우리 동기들 중에는 잘된 친구들이 많죠.

송유진　이용빈 위원장은 생도 시절 중도에 나가는 그날까지 한 점 부끄럼도 없었고, 생활태도, 성적 모든 면에서 나무랄 데 없던 사람이 갑자기 나간다고 결정했을 때 참 충격이 컸었지. 한편으로는 더 큰 뜻을 펼치기 위해서는 저 사람은 "장지장(將之將)의 그릇이기 때문에 오히려 밖으로 나가서 일을 하는 게 맞지 않겠느냐 생각을 하면서 스스로 위로를 했던 기억이 나네. 진짜 이용빈 위원장은 육사에 들어온 것도 나간 것도 자유의지였지, 뭔가 불미스러운 일에 연루가 되었다든지, 혹은 잘못을 해서 나갔다는 것은 더더욱 아니다 라는 것을 내가 확실히 입증해 줄 수 있다.

이용빈 혹시! 청문회에서 부르면 나오실 거죠?(함께 웃음)

송유진 물론이죠. 하여튼 그 당시에 짧은 생활이었지만 자기 할 일 빈틈없이 하면서 같은 동기들을 리드했었던 모습으로 지금도 인식이 되는…

이용빈 글쎄요. 제가 오래 생활했더라면 저의 단점이나 불미스러운 일도 겪었을지도 모른데 아주 짧게 있었기 때문에 그 친구들도 좋은 기억을 가지고 있는 것 같아요. 저번에 김정수 특전사령관 하고 통화를 했는데 그 친구도 아주 잘 기억하고 있더라고요. 안준석 군단장 하고 있잖아요. 이렇게 통화를 하다 보면 최근에 만나지를 못해서 옛날 생도시절의 모습으로 통화를 하는 거예요. 아직 여전히 좋은 관계로 남아 있으니까.

송유진 누군들 안 그랬겠어. 그 당시 내가 봐도 동료들 사이에서 지도적인 위치에 있었으니까. 그러한 것을 동료들이 모두 인정하는 거지. 그 당시 내가 느낀 것은 이런 거였어. 이용빈이 동료들 사이에서 지도적인 위치에서 영향력을 발휘할 수 있었던 것은 고유의 부드러운 카리스마가 있어서가 아닐까?라는 생각을 했었지.

이용빈　지금도 내 마음속에 자퇴하고 나오긴 했어도 사관학교를 꿈꿨었고 1년의 생활 속에서 추억, 또는 자부심, 어떤 명예… 이러한 것들을 생각해보면서 나름대로 명예를 지키고 살아야겠다는 생각을 많이 했습니다. 제가 20여 년 의사로 삶을 살면서 거기에 맞는 정체성이 있겠지만, 그래도 내가 육사에 몸을 담았던 사람이니까 그 정체성도 꽤 오랫동안 삶을 지탱할 수 있었던 요인이 된 것 같아요.

송유진　지금 와서 생각을 해보는데 위원장 같은 사람이 국가 지도자가 되는 데 있어서 가장 중요한 커리어 중의 일부가 되겠다. 우선 젊은 시절 짧지만 군사학을 심도 있게 공부하고 안보에 대해 흥미를 가질 수 있고 안보 네트워크가 있다. 소위 말해서 군을 리드하는 사람들과 어느 누구보다 쉽게 다가갈 수 있다. 안보에 대한 깊은 이해와 인적 네트워크도 큰 자산이다. 생도 시절에는 잘 몰랐지만 지금에 와서는 중요한 소양을 가진 계기가 되었다는 것과 고유의 명예 코드를 지켜가면서 생활한 것도 중요한 거예요.

이용빈　기초 군사훈련이 굉장히 중요하잖아요. 보통 오리들이 알에서 깨어나면 어미를 따라다니잖아요. 그런 것처럼 장군님 뒤를 따라다니는 느낌, 그때 뵙던 모습이 저한테는 사표(師表) 같은 것인데 그것을 잊지 않고 살아야겠다는 생각을 해봅니다.

송유진　영광입니다. 기억해 주니까. 그런 면에서 요즘 들떠 있다. 정치 지도자들이 국가 안보 문제에 대해 나름대로 정확한 주관을 가지고 있는 것, 유사시에 주변에 네트워크를 형성해 연대할 수 있는 위원장의 위치에서 볼 때 대단한 거다. 공적인 네트워크로 장관·국회의장이 건의할 수도 있지만, 이용빈 위원장 역시 주변 네트워크를 동원해 어떤 사안에 대해 물어볼 수 있다는 것이 지도자로서의 중요한 자산이라고 생각합니다. 그러한 안보적인 문제가 발생되었을 때 나 역시 자문해 줄 거고, 공적인 곳에 소속된 사람들은 잘 아시겠지만 본인들의 군 입장부터 생각하기 때문에 군 테두리 밖을 벗어날 수 없다는 것이죠. 안보문제 전문가로 있다가 밖으로 나가면 순수하게 국민과 국가 안보를 아울러 이야기할 수 있기 때문에 공·사적의 네트워크를 동원할 수 있기 때문에 '엄청난 자산을 가진 지도자의 잠재력이다'라고 생각을 하는 거죠.

이용빈 오늘 귀한 시간 내주서서 감사합니다.

008 이용빈이 만난 사람들

광주의 어머니

· · · · ·

안 성 례

前 오월 어머니 집 이사장

　前 오월 어머니 집 이사장, 6월 항쟁 31주년 행사위원장, 5·18 유네스코 등재 위원, 고려인 동행 위원회 시민사회 위원, 최초 지방 여성의원 3선, 오월 어머니회 회장, 알암 인권 작은 도서관 관장, 백범 김구 기념사업회 이사, 5·18 민주화 운동 대표 여성운동가 등 안성례 여사의 프로필에 나열된 수많은 직함과 수식어는 시대의 아픔과 굴곡진 인생사를 말해준다.

　1980년 5월, 민주화를 외치던 광주시민들의 염원과 뜨거운 함성은 수십 년이 지난 지금에도 안 여사의 마음속 깊은 곳에 자리하고 있다.

　지난 2006년 동구 장동에 5·18 광주 민주화운동 희생자 어머니들이 함께 모여 쉴 수 있는 '오월 어머니 집'을 만든 뒤 자연스럽게 '광주의 어머니'라고 불리게 된 안성례 여사.

　2011년 '오월 어머니 집' 대표에서 물러난 후, 인권도시 광주를 상징하는 도서관이 절실하다는 주변의 의견을 받아들여 현재 '알암 인권 작은 도서관' 관장으로 활동 중인 안성례 여사를 만났다.

안성례   의사 일이나 하지 이 어려운 정치를 하려고 그래?

이용빈   그러니까요. 어머니는 간호사 일하시다가 갑자기 정치를 하게 되셨죠?

안성례   그때 당시, 시민후보로 나밖에 없다고 해서 등 떠밀려서 하게 됐죠. 전혀 정치에 꿈이 없었는데 교수님(故 명노근 교수, 안성례 여사 남편)이 주변에서 도와달라고 하니 해보라고 해서 할 수 없이 하게 됐지.

이용빈   어머니께서 잘 아시겠지만, 민주당 중앙당에서 광주의 민주당을 바꿔 보려고 영입된 케이스잖아요. 이 때문에라도 저 역시 시대적 사명감이 있지만, 어머니가 정치에 나선 그 시기에 가지는 소명도 분명히 있었을 것입니다.

안성례   그런 소명도 없이 나오면 안 되지요.

이용빈   어머니도 등 떠밀려서 나왔다고 하지만, 등 떠밀려서 나왔다는 것은 핑계고, 평소에 역사적인 어떤 의식과 시대의 소명이 있어서 등 떠밀린 척하시면서 나오신 거 아닙니까?(서로 함박웃음)

안성례   그것은 아니고, 정치 생각도 못했는데 그 당시, 풀뿌리 민주주의 시민후보로 꼭 당선이 되어야 한다고 하니까 나왔지.

이용빈   그 시기가 그처럼 지방자치에 대한 역사의 시대정신이 있었던 건데, 제대로 정치가 못 받들었죠. 사실 명노근 교수님에 대해서 많이 배우고 교수님께서 지향했던 철학을 공감하면서 젊은 시절을 보냈습니다. 반려자이셨던 어머니께서 그런 길을 선택하셨던 것은 당연한 일이었다 생각합니다. 저 역시 23살 젊은 나이에 아내와 함께 살기 시작했는데 제 아내가 무슨 생각을 했겠습니까. 그때 당시 저는 수배 중이었고요. 그래서 "변혁의 시대에 함께 헌신해보자"라고 하는 동의가 있어서 같이 살아온 셈이죠.

안성례 그런 좋은 뜻을 가지고 용기를 내어 정치 일선에 나오는 것을 나는 환영해요. 보통 사람들은 당락이 걱정되어 그런 용기를 못 내잖아요.

이용빈 저는 그런 문제점을 정당 제도하고 선거제도에 문제가 있다고 봅니다. 정당 활동이나 선거제도가 기득권을 지키는 데 편향돼 있기 때문에 시민사회로부터 늘 외면 받고 혐오의 대상이 된다고 생각합니다. 그것을 바꾸는 것도 우리들 몫인데 그 안(국회)에 들어가지 않고서는 바꿀 수가 없잖아요.

안성례 그 안에 들어가면 다들 변해버리는데 어떻게?

이용빈 제도적인 문제이기도 할것입니다. 촛불 시민 혁명 때 우리가 주장했던 것 중의 하나가 "시민의회"아닙니까. 국회를 믿을 수가 없고 국회의원 스스로가 변혁할 의지가 없기 때문에 시민들이 나서서 한번 헌법을 바꿔보자고 했던 거잖아요. 그것이 바로 정치혁명이고, 그러한 것을 바꾸기 위해서는 저희 같은 사람들이 더 늘어나야 가능하다고 봅니다.

안성례 　맞아.

이용빈 　제가 87년 6월 항쟁 세대잖아요. 그때 함께 했던 동지들이 이인영, 우상호, 그리고 김승남, 광산구청장 김삼호, 최영호, 강기정. 이런 사람들인데 강기정, 최영호는 6월 항쟁 때 감옥에 있었어요. 모두가 저랑 같이 했었던 사람들이죠. 이 사람들이 청년시절에 품었던 뜻을 이제 다시 꺼내나야 한다고 봅니다. 왜냐하면 이 시대, 이 사회를 이끌어 가야 할 핵심 주체들이기 때문에. 이 사람들이 20대 때 외쳤던 것을 외면하면 우리들에게는 너무나 불행한 일입니다.

안성례 　어려운 여건 속에서도 뚫고 나가 줘야지.

이용빈 　그렇죠. 시대적 과제가 자기들이 정말 떠맡고 싶어 했던, 어깨에 올려놨던 짐을 이제는 풀어 현실화해야 하거든요. 그렇게 해야 본인들이 외쳤던 것에 대해 배신하지 않은 거고, 스무 살 때 동지들과 외쳤던 약속을 저버리지 않는 거죠. 저는 이제 그런 기회가 오고 있다고 봅니다. 이인영 의원 원내대표 됐잖아요. 그래서 송영길 당대표도 되었으면 좋겠다는 생각을 했었던 겁니다.

안성례 　나도 송영길을 굉장히 아끼는 사람이야. 우리 교수님(故 명노근 교수)도 인천에서 송영길이가 처음 나왔을 때 이런 젊은이를 키워야 된다고 하시며 인천까지 가서 선거운동까지 해줬지.

이용빈 　너무 감사합니다. 개인 송영길이 아니라, 아까 말씀드린 것처

사사로움을 떠나, 소명의식과 사명감을 가지고
모든 것을 정면돌파하라고 당부해주신 안성례 어머님

럼 시대의 아픔을 함께했던 동지들이 이제 뜻을 펼쳐서 사회 공익에 헌신해야 되는데 우리가 힘을 실어주지 않으면 어떻게 하겠습니까. 어머니께서 서두에 말씀하신 것처럼 의사만 해도 잘 살 수 있을 텐데, 왜 어려운 길을 나서느냐고 물으신 것은 굉장히 중요한 질문이라고 생각합니다. 이 부분은 말로 답변을 해서는 안 될 것 같고 행동으로 보여드려야 되겠죠.

안성례   이번에 신임 EU 집행위원장(우르줄라 폰 데어 라이엔, 독일 최초 여성 및 민간 출신 국방장관)된 여자, 그분도 정계 입문 전 직업이 의사인데 아이를 7명이나 낳았데. 여성으로서의 여러 가지 벽을 많이 느꼈었나 봐. 그분의 남편도 의사인 것 같은데, 아무튼 나는 그런 대단한 용기, 뜻이 있는 곳에 길이 있다고, 우리 이용빈 위원장도 뜻을 단단하게 갖추고 있기 때문에 반드시 길이 열리리라고 믿소. 내가 좀 전에 말한 정치가 변해야 된다고 하는 것은 나도 백번 동감하지만, 그렇게 시민들 편에서 외쳤던 사람들이 국회에 들어가면 초심을 잃고 나쁜 쪽으로 변해버리더라고. 그게 정치인들을 바라보는 통념이 되다시피 했어. 그 점을 꼭 명심해서 당선되면 "이용빈은 다르다"라는 것을 몸소 보여 주시라는 당부를 하고 싶소.

이용빈   그것은 내가 당선이 되었을 때 이야기인데, 내가 현실 정치에서 느낀 것, 원외 지역위원장으로서 지역의 정당문화를 바꿔보려고 노력해 왔던 지난 3년, 대통령 선거, 지방선거를 지역위원장으로 경험한 기간 동안에 느꼈던 지역 정치의 문제들이 정말 중요하고 변화되어야 한다고 생각합니다.

안성례   지역 주민과 함께 간다는 태도가 되어야지. 지역 주민들에게 나는 이런 정치행로를 가겠다고 구구절절 아침·저녁, 밤잠 안 자고 호소를 해서 지지를 받아야제.

이용빈   그렇죠. 막상 당선이 되면 사람들이 변하더라 하는 의구심에 대해서도 책임감을 가지고 그렇지 않게 하려면 어떻게 해야 될까? 하는 고민을 지난 2016년 총선 때 심각하게 했었습니다. 저는 시민들의 정치 참여를 계속 외쳐오면서 살아왔습니다. 그 당시에도 느꼈던 것이 시민사회가 기본적으로 정치 중립적 태도를 취한다는 것이 굉장히 큰 문제라고 봅니다. 시민 스스로가 정치 참여로 가야 되는데 "좋은 시민들이 좋은 정치를 만든다."라는 이런 말도 있잖아요. 그러나 시민단체가 극소수거든요. 대다수의 시민들은 별로 정치에 관심이 없어요. 관심을 받지 못한 이유가 정치 혐오 문화가 계속 되고 있기 때문이라고 봅니다. 저는 그런 정치혐오가 아니라, 실제 많은 시민들이 정치에 따뜻한 관심을 가지고 변화에 동참할 수 있도록 시민단체가 적극 노력해야 한다고 봅니다. 그래서 시민 플랫폼 '나들'을 만들었습니다. 본인들은 멀어 떨어져 관망자적 위치에 있으면서 정치인들을 비난만 하는 태도는 정치혐오를 양산하는 결과로 나오기 때문에 결국에는 주체로서의 시민으로 서게 되기는 어렵게 되겠죠. 저는 결국 중요한 것은 '정책'이라고 말하고 싶어요. 한 사람, 한 인물이 어떤 정치적 과업을 완수하는 것은 사실상 불가능합니다. 그래서 시민사회가 나는 어떤 정책을 이야기하는 정치 지도자를 선호할 것인가에 대해 결정해야 되는데 우리나라 정치 구조는 그렇게 선순환되지 않고 있습니다. 시민들 한 사람, 한 사람이 정책을 만드는데 참여하자는 게 시민정치 참여의 핵심 주제입니다. 정치꾼들 주변에 몰려다니면서 편 가르는 것은 정치 참여가 아닙니다. 그래서 시민 사회가 공익적으로 요청하는 정책을 누가 지지하는지, 어떤 정치인들이 지지하는지를 공유하는 것이 중요하다고 봅니다. 저도 시민들을 받드는 정치를 해 가겠다는 말씀을 드리는데 그때 당시 총선에 나서면서 내 공약도 시민들이 만들어 주고 거기에 힘을 실어주면 시민을 위한 정치를 하려고 하는 사람이 "바로 이 사람이구나"라고 자연스럽게 느끼게 되겠죠. 시민단체 몇 군데에서 이 사람을 지지한다고 해도 큰 힘이 되지 않을 뿐만 아니라, 분열만 조장하는 경우가 많습니다.

이용빈 문재인 대통령을 잘 만들어 냈는데 대통령을 지키는 방법도 이런 맥락이라고 봅니다. 오늘 뉴스 보셨습니까? 《포춘지》에서 문대통령이 "세계를 이끄는 지도자, 위대한 지도자" 1위에 선정되었다고 합니다.

안성례 그래요. 정말 소식이오. 나는 문 대통령님이 당선되면 평양에 가겠다는 의지가 아주 내 마음에 들었어요. 우리의 민족 문제를 해결하겠다는 의지가 김정은을 감동시켰다고 봐. 이용빈 위원장도 당선이 되면 무엇을 꼭 하겠다는 의지를 시대정신에서 찾았으면 해요.

이용빈 어머니, 오늘 얼굴 뵈니까. 정말 건강해 보이세요. 전에 허리가 많이 안 좋으셨잖아요?

안성례   그래서 요즘 무통주사를 맞고 통증이 없으니까 좋아요.

이용빈   어머니를 뵈니까. 오월 어머니들이 생각나는데 지금까지 30여 년 넘게 "광주의 어머니"로 불리셨는데 그동안의 소회나 당부의 말이 있으시면?

안성례   저는 시대적으로 부당한 압박을 많이 받고 여기까지 성장해 온 사람이기 때문에 이런 당부를 하고 싶어요. 어떤 일을 할 때 사사로움을 떠나야 해. 어떤 일을 결정할 때도 그렇고, 내 명예나 욕심에서 행하는 일이냐를 그때마다 스스로 성찰 해야 해. 내가 하는 일에 대해서 "대의를 세우고, 주민들을 위해, 나라 발전을 위한 일이다"라는 철학적 확신이 섰을 때 어떤 어려움이 닥치더라도 헤쳐나가는 소신정치를 펼쳐주기를 바라네. 언제나 정면 돌파하세요. "성공과 실패를 불문하고 내가 해야 할 소명의식이 있기 때문에 나는 한다."라는 신념을 가지고 하시면 천하무적일 거예요. 내가 요즘 심리학자 '알프레드 아들러(Alfred Adler, 오스트리아 정신의학자이자 심리학자)'의 "미움 받을 용기" 책을 읽으면서 인간의 모든 것은 '관계'다라는 생각을 했어. 그래서 이용빈이 국회의원에 당선된다면 "아, 진짜 이용빈 의원은 소신 있는 정치인이다." 이렇게 평가가 되면 주변에 정의로운 사람들이 저절로 모여들어요. 제일 중요한 것은 정의로운 사람들이 모여드는 것이고, 모든 일은 '정의' 위에서 세워져야 한다는 것을 내가 부탁을 드립니다.

이용빈	평소에 제가 그런 생각을 가지고 있었어도 그 생각의 꼭지가 단단한 느낌이 없었는데 오늘 어머니 말씀 들으니까. 아주 제대로 자리를 잡은 것 같습니다. 절대 잊지 않겠습니다.
안성례	꼭! 뜻을 세우시고, 그 뜻을 함께하는 사람들과 언제나 공유를 하시고, 그리고 광주가 어떤 도시여, "광주사람"으로서의 긍지와 성공을 빕니다.
이용빈	잘 준비하겠습니다.

009 이용빈이 만난 사람들

내 마음의 영웅!
- '김사복 선생'을 떠올리며

김 승 필
故 김사복 선생의 장남

　2017년 여름 대한민국 극장가를 뜨겁게 달궜던 영화 '택시 운전사', 이 영화의 실존인물이자 5·18광주민주화운동의 숨은 영웅! 김사복 선생의 뒷이야기를 듣는다.
　독일 출신 외신기자 위르겐 힌츠페터를 태우고 5·18 광주 참상을 전 세계에 알린 호텔 소속 택시 운전사로 그간의 행적이 묘연했는데 이 영화가 개봉되면서 김사복의 장남 김승필 씨가 나타났고, '내 아버지가 김사복이다'라며 그 존재를 알리며 세간의 화제가 되기도 했다. 영화 이후 5·18 당시 아버지와 힌츠페터의 특별한 관계에 대해 김사복 선생의 장남 김승필 씨를 통해 되돌아보았다.

<u>이용빈</u>　저에게 1980년 5월 18일은 고등학교 1학년이었는데 교련복을 입고 자전거를 타고 금남로를 다녔어요. 역사의 현장을 잘 지

켜보는 것도 필요하다는 생각 때문이었죠. 그때 만약에 스마트폰이 있었다면 그런 일도 생기지 않았겠지만, 그것을 역사에 기록하고 SNS에 열심히 올렸을 것 같은데 제 망막 속에 역사의 현장을 담고 싶어서 열심히 자전거를 타고 다녔어요. 그 와중에 인상 깊게 봤던 장면이 제 기억에 금남로 4가, 5가 정도가 될 텐데, 외국인 외신기자 지금 돌이켜보면 '위르겐 힌츠페터'라고 생각되는데 카메라 가방을 메고 현장을 사진에 담는 모습을 봤어요. 아마 그 사진 중에는 저도 찍혔을 것 같아요. 나중에 제가 80년대 학생운동을 하면서 5·18이라는 역사의 진실을 알리고자 할 때 가장 중요한 자료가 되었던 것이 그 현장에 계셨던 분들의 사진이었잖아요. 특히, 동영상으로 담긴 역사의 현장 모습들, 그러한 현장 사진·영상이 세계인에게 알려지고 광주를 향한 세계시민들의 연대를 가능하게 했던 거죠. 영화 '택시운전사'에서 독일의 외신기자 힌츠페터를 광주에 모시고 온 택시운전사를 보면서 감동을 받았거든요. 혹시! 그 영화를 보셨어요?

김승필   그 영화가 2017년 8월 2일 날 개봉을 했고, 이틀 후 영화를 봤어요. 그런데 평소 아버님(영화 '택시운전사' 실존 인물 김사복 선생)이 이야기하셨던 역사적인 내용이었고, 엇비슷한 스토리가 진행이 되길래 상당히 감동이었죠. 그런데 마지막 다큐 인터뷰에서 힌츠페터 씨가 김사복 씨를 찾는다고 했을 때 깜짝 놀랐어요.

이용빈   아버님 성함이 '김사복'님이신 거죠? 혹시 '택시운전사' 영화가

현대판 독립 운동가, 5·18 광주민주화운동의 숨은 영웅!
김사복 선생의 아드님 김승필님과 함께

개봉되기 전에 아버님이 '힌츠페터'라는 독일 기자하고 그런 역사적인 인연에 대해서 알고 계셨나요?

김승필　그건 알았죠. 대학시절 때 아버님이 저의 손을 잡고 광화문 프레스센터에 가서 힌츠페터 씨가 촬영한 동영상을 독일·일본 기자들과 함께 봤었거든요. 그 이후에도 독일·일본 기자들이 집에 자주 왔다 갔다 했었어요. 그런데 동영상 속에 머리가 벗어진 헤밍루머 녹음 기자는 머리가 벗어졌으니까 정확하게 기억을 하죠. 그런데 힌츠페터 씨는 여러 독일 기자들 중에 한 사람이니까, 정확하게 그분이다 라고는 기억을 못 하고 있었죠. 하지만 힌츠페터 씨하고 광주를 다녀온 이야기나 정치적인 이야기들을 아버님하고 많이 나눴었죠.

이용빈　지금 말씀하신 것은 1980년대 상황이네요.

김승필　그렇죠. 그래서 영화를 보고 첫 인터뷰 내용의 멘트가 "내 마음의 영웅이 밖으로 나왔다는 기분이었다"라고 말을 했죠. 늘 내 마음 안에 아버님이 영웅으로 자리하고 있었는데 영화로 인해서 국민들과 같이 이렇게 공유할 줄은 몰랐습니다.

이용빈　영화 '택시운전사'를 보기 전에 저희들도 학생 시절 경험을 통해서 김사복이라는 인물에 대해 힌츠페터를 광주에 모시고 온 택시기사라고는 알고 있었거든요. 또 그 분을 찾지 못하고 있다는 사실도 알고 있었고, 그것이 영화화되면서 대중들에게 널리 알려진 거잖아요. 지금 말씀 들어보면 힌츠페터가 살아생전에 김사복 선생과 함께 80년에 제작해서 독일에 방송되었던 영상을 보셨다는 거잖아요? 그러한 역사적인 사실들이 있지만, 지금 돌이켜 보면 전두환 군사독재정권의 서슬 퍼런 시기였고, 광주 민주화운동에 대해 대중들에게 알려지는 것도 조심스러웠던 상황이었던거죠.

김승필 조심스러울 정도가 아니라 말을 못 했죠.

이용빈 제가 87년도에 전남대학교 5월 행사 준비 위원장을 했어요. 그때 그 행사를 준비하는 것만으로도 경찰의 수배를 받고 행사가 끝나면 당연히 구속이 될 것이라고 생각을 했거든요. 그렇게 우리가 암울한 시대를 살았어요. 아버님의 삶을 언론보도를 통해 느꼈던 것은 큰 감동인데 어떻게 보면 70년대 유신정권 시절부터 함석헌 선생의 '씨알의 소리', 장준하 선생의 독재정권에 맞서 민주주의를 외치며 투쟁하는 길에 함께 해 온 삶의 역사가 결국은 '택시운전사'로 드러났다고 생각해요. 계엄군들이 광주를 완전히 포위하고 있었던 그 어려운 시기, 총을 맞아 죽을 수도 있는 절체절명의 위험을 감수하고 예전의 독립군처럼 실천하는 삶을 사신 거죠.

그 당시 김사복 선생의 마음을 생각해 보면 눈물이 나려고 해요. 내가 만약 그런 상황에 처했더라면 과연 그렇게 행동할 수 있었을까? 그런데 그 영화 속 장면에서는 단 돈 10만 원의 택시비(생활비)를 위해서 힌츠페터를 태운 것처럼 묘사했잖아요. 어떻게 보면 심각하게 역사를 왜곡하고 약간 회화(繪畵)한 내용인데 힌츠페터와 김사복 선생의 그 상황을 다시 재조명되어야 한다는 생각을 해봅니다. 단지 우리가 '택시운전사'의 실존 인물을 발견했다가 아니라 그분이 꿈꿔왔던 세상, 헌신했던 역사, 저는 힌츠페터보다 김사복 선생께 주목해야 된다고 생각합니다. 평범한 생활인으로서의 김사복이 민주화운동의 한가운데 끼어든 것은 단순히 우연하게 생활비를 벌려고 뛰어든 게 아니라 오랜 투쟁 역사 속에서 결정되고 계획된 것이 아니냐, 나는 그렇게 생각합니다. 그 영화가 정확한 고증을 통해 '택시운전사 2'가 다시 만들어져야 한다는 생각을 해봅니다. 아드님도 택시운전사를 보면서 감회가 있었을 것 같은데요?

김승필　영화를 보고 난 후 두 가지 마음이 교차했어요. 하나는 비극의 역사를 대중화 시켰던 영화의 역할, 다른 하나는 아버지의 본 모습과는 다르게 왜곡돼 속상한 마음이 들었죠. 물론 영화의 역할은 인정해야죠. 그러면 남은 숙제가 김사복 선생은 사실은 이런 사람이었다는 것을 알려 줘야 하겠지요. 위원장님 말씀대로 현대판 독립 운동가였다고 생각합니다. 80년대 광주의 참상을 보고 이틀 후 다시 들어갔단 말이에요. 그것은 아무나 할 수 있는 일은 아니죠. 그리고 아들인 저는 청년시절에 아버지와의 수많은 이야기들이 그 당시에는 '그렇게밖에 할 수 없었다'라고 말한 아버지의 마음을 저는 알고 있었거든요. 그야말로 1970년 초반부터 장준하 선생의 《사상계》라는 책을 꾸준히 보시는 모습, 함석헌 선생을 참으로 존경하셨고 《씨알의 소리》를 늘 읽고 계셨던 모습을 지금도 역력하게 기억하고 있죠. 그리고는 '씨알'이라는 것을 활동하고 몸소 행동으로 보여준 거잖아요. 그래서 준비되었던 분이셨죠. 특히 아버님은 외신기자들로부터 일명 주문을 받을 때 보통 한 달 전에 받습니다. 아버님이 보통 16절지에 일정을 풀로 붙여서 병풍처럼 매일 상의 안주머니에 넣고 다니셨어요. 쭈~욱 펼치면 깨알같이 일정이 적혀있는데 일정에 따른 사연들을 적어 놓으신 거죠. 그것을 없앤 건 통탄할 일입니다. 그런데 광주항쟁이라는 사건이 일어난 동기에 대한 부분들, 전두환 신군부의 대한 계략 등을 아버님이 충분히 저게 말씀해 주셨고요.

이용빈   인지를 하고 계셨던 거죠?

김승필   그럼요. 유신정권의 장기집권에 대해서도 민주주의 국가로서는 도저히 있을 수 없다, 민주주의는 피를 먹고 산다 라는 말씀도 하셨어요.

이용빈   제가 중학교 3학년 때 12·26 박정희 암살 시해 사건이 일어났던 시점부터 그 후 시간들이 차곡차곡 기억으로 남아 있는 것 같아요. 그때의 대한민국은 대단한 중요한 시기였고 79년부터 80년의 삶까지 정말 시간이 흐르지 않았던 것 같은 느낌, 하루하루가 역사적인 기억으로 남아 있는데 아마도 그때 당시 아버님은 이미 79년도에 이 시대가 뛰어넘어야 할 여러 가지 사건들을 짐작하고 있지 않았을까?라는 생각을 해보는 거죠.

김승필	짐작할 정도가 아니라, 아버님이 민주화운동을 하게 된 동기는 혈혈단신으로 고모 밑에서 자라난 고아였어요. 그러면서 청년시절부터 인권에 대한 생각을 많이 하셨고요. 아버님이 읽던 책 속 책갈피에 끼워놓은 신문 사설의 내용을 보면 인권에 관한 내용이었어요. 평소에도 자식들에게 인권에 대한 교육을 많이 하셨고, 그러한 의식을 통해 잘못된 정권이 인권을 탄압하는 부분에서 많이 불편해하셨고요. 아버님이 일어를 잘하셔서 일본 외신기자들이 아버님을 많이 찾으셨고, 또한 아버님이 영어도 독학으로 공부해서 잘하셨어요. 그래서 독일, 미국 외신기자들을 소개를 하다 보니 많은 외신기자들을 알게 되셨죠. 또 외신기자들로부터 민주화 운동하시는 분을 소개받다 보니 자연스럽게 네트워크가 형성이 된 거죠. 항간에는 외신기자와 아버님이 하는 이야기들이 보도가 되는 경우들이 충분이 있을 수 있다. 아버님이 국내 사정에 대해 정확히 인지하고 있다 보니까 밖에서 일어난 일들에 대해서 집에 들어와서는 저에게 충분히 말해 주셨죠. 저는 그런 내용을 보고 들으면서 우리나라 현실의 보도 내용을 보면 이것은 완전히 쓰레기에요. 아버지가 돌아가신 후 거의 30년이 넘는 시간 동안 언론과는 접촉을 하지 않았어요. 그래서인지 아버지 영화가 만들어지는 것도 몰랐었지요. 영화 '택시운전사' 극장 상영 후 언론 인터뷰를 하면서 이제야 언론이 많이 바뀌었구나, 그런 트라우마가 있었습니다. 어쨌든 아버님은 그런 식으로 준비되었던 것 같아요. 인권을 바탕으로 민주주의를 열망했으니까요.

이용빈   영화 '택시운전사'라고 제목을 만들기는 했는데 택시운전사 김사복이 아니라 전혀 다른 분을 창조해낸 거잖아요. 김사복 선생 같은 경우 당시 사회적 지위나 역할을 보면 우리가 흔히 말하는 영업용 택시기사가 아니라 그 당시 70~80년대 외신기자들이 출입하는 규모 있는 외국인 전용호텔에 VIP들을 상대하는 인텔리전트(intelligent)한 지식인들을 상대한 거잖아요. 영어·일어도 하지, 심지어는 독일어도 하셨을 거 아니에요.

김승필   인품이 좋으셨어요.

이용빈   말씀을 들어보면 상당히 노력파였다. 독학으로 공부하고, 책도 즐겨 읽으시고. 그때 당시에는 자동차도 많이 없을 때잖아요. 지금의 '택시운전사'라는 직업군을 대하는 것과 그 당시 호텔에 VIP를 상대로 하는 택시, 그건 실제로 일반 택시도 아니죠?

김승필   허가가 난 호텔 택시에요.

이용빈   아버님 사진을 보면 택시라고 부착되어 있는 차량은 아니고 자가용·승용차거든요.

김승필   승용차예요.

이용빈   본인의 자동차를 가지고 택시 업을 하는 것이죠.

김승필   그게 승인이 난 거죠. 허가가 난 호텔 택시…

이용빈   그래서 우리가 영화에서 만난 택시운전사 하고는 많은 차이가 나잖아요. 택시운전사를 비하하는 게 아니라 실제 영화에 등장하는 인물은 실제 김사복 선생을 전혀 반영하지 않은 모습

	으로 보이거든요.
김승필	중요한 사실이 있어요. 뭐냐면 아버님이 운수업을 하신 택시운전사예요. 왜냐하면 손님을 직접 모시고 택시운전사 역할을 하셨던 분이라 아버님의 두 가지 모습이 굉장히 중요하다고 보는 거죠. 왜냐하면 아버님이 스스로 외신기자들을 모시고 어떠한 활동들을 하는가에 대한 부분을 마다하지 않고 본인의 소신을 펼치면서 사업을 할 수 있었던 근간이 되었던 거죠. 아버님을 존경하는 부분이 그 당시 운전사라는 일이 그다지 환영받는 직업이 아니었는데도 불구하고 개의치 않으셨어요. 그리고 늘 당당하게 저희한테 직업의 귀천은 없다 라고 하시면서 자기가 맡은 일에 대해 성실하고 충실하게 임하는 것이 사람 살아가는 본분이다 라고 말씀을 하셨죠. 그래서 김사복 선생의 소신을 잘 훑어보면 민주주의 국가에서 주인은 국민이다. 그 국민은 민주주의가 잘못되가고 있을 때 주인으로서의 역할을 어떻게 해야 하는 것이냐? 에 대해 보여주셨다고 생각하는 거죠. 그야말로 어느 단체에 들어가고 앞에서 선동적이고 대단한 성과를 내야만 민주주의의 지도자가 되는 것은 아니거든요. 지금 맡고 있는 분야에서 자기가 가지고 있는 각각의 주권, 주인으로서의 역할을 철저히 수행했던 분이 김사복 택시운전사였던 거죠.
이용빈	우리 김사복 선생은 평소에도 그러한 일들을 꿈꿔 오셨겠지만 본인의 앞에 그러한 일이 닥쳤을 때 외면하지 않고 온몸으로 안으셨다는 거잖아요. 다른 사람을 소개해 줄 수도 있었던 거

죠. 그러나 김사복 선생 스스로 그 일을 하셨고, 두 번씩이나 사지로 뛰어들었다는 점에서 정말 감동스럽고요.

김승필 광주로 진입하는 과정에서 힌츠페터 씨의 저서를 자세하게 읽어보면 아버님의 마음을 읽을 수가 있어요. 1980년 5월 19일 날 힌츠페터 씨가 광주로 들어오고 아버님이 공항 밖에서 기다리고 있었고, 이런 내용들을 보면 사전에 주문을 받은 것을 알 수가 있어요. 그런데 사전에 주문을 받을 때 광주항쟁 취재 건 이라는 것을 아버님이 정확하게 인지하고 있었다는 거예요. 왜냐하면 19일 김포공항에서 조선호텔로 들어가면서 브리핑이 있었다고 해요. 그리고 20일 날 광주로 들어가시는 건데, 30Km 전방에서 모든 저널리스트들을 차단했었어요. 다른 타 방송 언론들은 그 시점에서 데드라인이라고 생각하고 모든 인터뷰를 하고 마지막 방송 송출을 했었는데 다른 저널리스트들처럼 힌츠페터 씨도 그렇게 마무리를 하고 철수를 했었어야 했는데 아버님이 자의적인 행동을 하신 거예요. 그야말로 광주로 진입하려고 계획을 세웠던 거죠. 사전에 그러한 인식이 없었다면 그렇게 할 수가 없는 겁니다. 그야말로 딱 한 대만 내려가는 텅 빈 광주행 고속도로를 단 돈 10만 원을 받고 가는데 사전에 준비 없이는 할 수 없었던 일들이라는 거죠. 그리고 20일 날 광주에서 집단 사살이 있었다고 해요. 그날 현장에 계셨던 분이 아버님한테 오셔서 '같은 민족을 그렇게 죽일 수 있느냐'하며 울분을 터뜨렸었어요. 22일 날 힌츠페터 씨가 일본 동경에 광주항쟁 참상의 필름을 떨어뜨리고 다시 3시간 만에 들어오서서 23일 날 아버님과 광주를 다시 들어갔어요. 그때 광주 진입의 경로는 우리들이 연구할 부분이 있습니다. 지난번에 노출된 호텔 택시는 재진입할 때 위험할 수 있다는 생각에 제천에서 차를 세우고 영업용 택시를 렌트해서 힌츠페터 씨와 같이 타고 2차 진입한 내용이 있어요. 작년에 힌츠페터 씨 다큐에서 나온 내용인데 더 정확하게 알아봐야 할 사항입니다. 그리고 23일 날 군인이 작전지에 진입하는 것처럼 치밀하게 전술·전략을 세워서 광주로 들어갔던 것이지요.

이용빈　각오가 대단하셨겠네요.

김승필　그럼요. 사전에 모든 의식과 준비가 되어 있지 않으면 힌츠페터 씨를 모시고 들어가기가 어려웠을 겁니다.

이용빈　아무튼 5·18 광주 민주화운동 40주년이 1년 앞으로 다가왔습니다. 40주년을 맞이하는 마음이 여러 가지로 착잡하기도 하고 진상규명에 아직도 미흡한 부분들이 많이 남아 있는데 그 과정 중에서 우리 김사복 선생님이나 안병하 치안감님처럼 5·18 현장에 있었던 사람으로서 여전히 명예나 진실이 밝혀지지 않으신 분들에 대해 광주 시민들, 대한민국이 해야 할 일이 있는 거죠. 그 와중에 김사복 선생님의 영화가 세상에 알려지면서 거기에 대한 여러 가지 오해나 편견들이 만들어진 부분들이 있을 텐데, SNS상에서 아들 진위 논란 해프닝도 있었던 걸로 알고 있습니다. 그러한 일들을 접했을 때 기분이 착잡했을 것 같아요.

| 김승필 | 그때 당시에 확정된 사진 없이 정황으로만 국민들이 알게 되었을 때, 네티즌들의 공격은 상당했습니다. 그래서 네티즌들로 인해서 어떤 사람들이 죽었다고 하는데 그 심정을 헤아릴 정도였어요. 그런데 다행히도 함석헌 선생님과 찍은 힌츠페터 씨와 아버님의 사진이 등장하면서 일단락이 되었어요. 또 우리 국민들은 정이 많아요. 공격했던 분들이 전부 저에게 미안하다고 하더군요. '참! 멋있는 국민들이다'라는 생각을 했죠. |

| 이용빈 | 여러 가지 일들로 김승필 씨가 고충을 많이 받으셨잖아요. 그 중에서 아버님에 대한 명예 문제, 광주 시민들이 이런 사안에 대해 절대로 소홀이 할 리가 없는데 광주시나 보훈 당국에서 이 부분에서 힌츠페터 묘역 관리, 김사복 선생 위장 문제 등이 현재 진행형인 거죠? |

| 김승필 | 이곳에 힌츠페터 씨의 머리카락과 손톱을 상징적으로 모시고 있는 묘소인데요. 조금 애석한 것은 처음에 모신 자리가 빈약했어요. 화장실이 옆에 있고 정화조가 묻혀있는 바로 옆으로 힌츠페터 씨가 모셔져 있는 부분이 마음에 많이 걸렸어요. 작년 12월 달에 아버님을 망월동 묘역으로 모시는 승인이 난 후에 아버님은 유골을 모시는 경우가 되는 거잖아요. 화장실 옆에 모셔져 있는 힌츠페터 씨 묘역 옆으로 모시는 것은 합당하지 않다고 해서 정식으로 건의를 드렸지요. 화장실을 다른 곳으로 옮겨주고 주변 환경조성을 해 달라고. 그런데 그 부분이 녹록치 않았어요. 근래 광주시에 건의한 부분이 오가는 중입니다. 그래서 잘 될 것 같다는 생각이 듭니다. |

| 이용빈 | 지금 우리가 힌츠페터 추모석 바로 앞에 앉아 있잖아요? 화장실하고 저 사이에 차단하거나 기억의 벽 같은 것을 만들어 이곳에 기념물을 조성했으면 훨씬 더 잘 모실 수 있는 상황이 되었을 텐데 그런 세심한 신경을 못 쓴 것 같아요. |

| 김승필 | 지금껏 광주항쟁이라는 시간이 39년이 걸렸어요. 그런데 39년 아직도 많은 국민들이 잘못 인식을 하고 있는 점이 참 애석한 부분인데 힌츠페터 라는 분이 국민들에게 인식이 되어 지고 택시운전사가 영화를 통해 대중화되면서 국민들에게 뭔가 더 많이 알리는 홍보적인 측면이 강하게 전해졌으리라고 믿어요. 그러니까, 처음 뭔가를 준비할 때 영화적인 측면에서의 욕심이 앞서다보니까 그 외 지금 나누는 이야기의 내용들에 대해서는 소홀이 될 수밖에 없다는 생각이 드는 거죠. 비록 그런 실수가 있다 하더라도 지금이라도 온전하게 하면 큰 의미가 있다고 봅니다. |

| 이용빈 | 현재 김사복 기념사업회를 추진하고 계시는 거죠? |

| 김승필 | 추모 사업회가 구성이 되어 있는데 앞으로 기념 사업회로 발전해 나가야겠죠. |

| 이용빈 | 그런 과정에서 저희 광주 시민들도 김사복 선생님을 제대로 알고 그 뜻을 잘 기를 수 있도록 저도 한몫을 할 수 있도록 하겠습니다. 오늘 이렇게 자리 함께 해 주셔서 감사드리며, 그동안 미흡한 점들 용서해 주십시오. 광주시민을 대신해서 제가 사과를 드리겠습니다. |

| 김승필 | 잘 부탁합니다. |

010 이용빈이 만난 사람들

세월호 참사 5년, 그 후

· · · · ·

김 영 오
유민아빠, 세월호 유가족

경천동지 할 세월호 참사가 어느덧 5주기가 지났다. 세상에서 가장 값진 보석 유민이를 가슴에 묻고 살아온 지 5년, 현재 유민아빠 김영오 씨는 광주에서 무안으로 출·퇴근을 하며 농사를 짓고 있다. 세월호 참사 5주기가 지났지만 아직도 속 시원하게 진상이 밝혀지지 않고 있는 현실에서 김영오 씨의 착잡한 심경을 대담을 통해 들어보았다.

이용빈 제가 유민아빠를 알게 된 계기가 2014년 세월호 사건이 일어나면서부터죠. 저에게 세월호는 어느 날 아침에 맞은 정말 끔찍한 충격이었는데 그날도 자전거를 타고 출근을 하고 있었는데 비가 조금 내리고 있었어요. 그때가 봄이라서 중·고등학교 학생들이 영상강 주변 풍엄점천에 빗방울이 떨어질 때 노란·파란·색색의 우산을 들고 소풍을 가는 거예요. 그래서 그 애들이 발랄하고 예뻐서 물에 비친 모습들을 사진을 찍었어요. 그리고 진료를 하러 가서 뉴스를 보는데 세월호 속보가 나오는 겁니다. 정말 처음에는 학생들을 다 구했다라고 보도가 나오자 가슴을 쓸어내리면서 우리나라에 뭐 저런 일이 생기나? 그래도 구해서 정말 다행이다, 라고 생각하며 진료를 하고 있는데 엄청난 이야기들이 들리는 겁니다. 아이들, 부모님들 팽목항(현, 진도항)에 다들 모이시고 의료진이 필요하다해서 제가 의료진을 구성해서 팽목항으로 달려갔어요.

그때의 일로 인해 4.16 세월호 참사와 인연을 맺게 되었는데 유민아빠를 TV에서 볼 때 제 가슴속에서 늘 그 당시의 장면들이 도저히 말로는 풀어낼 수 없는 아픔과 슬픔들을 느꼈는데 아마 우리 국민들 마음속에 유민아빠의 모습, 함께 아파했던 모습들이 마음속에 새겨져 있을 것 같아요. 그 이후로 유민아빠가 광주에 내려오셨다는 소식을 듣고 야! 내가 마음으로만 느꼈던 분을 실제 만날 수 있는 거리까지 오셨구나라고 생각하면서 제가 좋아하는 공동체 사람들 하고 관계를 맺고 계신다는 소식을 듣고 저도 언젠가는 같이 소주도 한잔을 기울이면서 그때의 어떤 마음들을 이야기할 수 있겠다는 생각을 했었는데 오늘 이렇게 시간을 내주셔서 정말 감사합니다. 다만 그 아픈 이야기를 다시 꺼낸다는 게 정말 쉽지 않은데 마음을 내주셔서 고맙습니다. 아픈 곳을 만질 것 같아 조심스럽습니다.

김영오 제가 광주에 정착하기 위해 내려와 위원장님을 '싸목싸목' 에서 뵙고 소개받고 만나게 되잖아요. 그리고 '근로정신대 시민

모임'에서도 위원장님이 참여하고 계셨고, 민족문제연구소에서도 뵈었는데 참 어려운 곳에 도움을 주시는 분이구나, 그러면서 위원장님을 다시 알게 되었어요. 광주에서 몇 번째 뵈었는데 정치적인 것을 떠나 아픈 사람들을 위해서 굉장히 애쓰시는 분이구나 하는 생각을 했습니다.

<u>이용빈</u>   저도 늘 누군가를 돕는다는 생각보다는 누군가와 함께 해야 될 사람들이 있는 곳에 같이 한다는 것만으로도 큰 의미를 두고 있습니다.

<u>김영오</u>   아픈 사람들은 손이 그리워요. 누군가가 뻗어주는 손! 저는 종교단체의 손을 그리워했어요. 처음에 세월호 사건이 일어나면서 정부가 삭제하고 은폐할 때 일베, 보수들… 우리들에게 욕을 했어요. 특례입학, 의사자 지정해달라고, 보상금 더 받으려고 한다며 손가락질을 할 때, 과연 우리에게 손을 내밀어줄 수 있는 사람들이 누굴까? 저는 먼저 종교를 믿었었어요. 일반 사람들이 저희를 욕할 때 종교를 믿는 사람들은 첫번째로 사랑을 먼저 실천하시는 분들이라는 생각에 그 손을 잡으려고 했는데 뻗어주는 종교가 없었어요. 그게 현실이더라고요. 그래서 위원장님처럼 곳곳에 아무 말 없이 도와주는 의사 분들이 많았습니다. 이런 분들이 우리 손을 잡아줄 때 정말 고마웠어요.

<u>이용빈</u>   제 기억 속에 세월호 참사 과정에서 제일 화두가 되었던 것이 진상규명이었다고 생각합니다. 구할 수 있었는데 왜 구하지 못했느냐? 또 세월호 참사가 발생했던 원인이 명확하지 않다.

어떤 음모, 이러한 이야기가 떠돌며 많은 말들이 있었잖아요. 우리 유민아빠가 그 과정들을 거쳐 오면서 진상규명을 위해서 너무 답답한 마음에 단식도 하시고 그랬던 걸로 알고 있습니다. 40여 일 단식을 했던 걸로 기억이 되는데?

김영오   죽을 지경이었지요. 정말 힘들었던 게 변호사님께 눈을 뜨면 물어봐요? 오늘도 무슨 연락 없었어? 청와대에서 답변 없었어? 특별법 제정이 되어야 진상규명을 할 수 있다는 것을 알기 때문에 특별법 제정이 저한테는 정말 중요했거든요. 유민이의 억울함을 풀어줄 수 있는 마지막 수단으로 믿었으니까요. 처음에는 배고파서 힘들었어요. 너무 배가 고프니까. 근데 시간이 흐르다 보니 배고픔을 잊어버리고 몸 육체가 아파오더라고요. 장기까지 녹아내리고 하니까. 몸이 지쳐가고 머리 아프고 온 사방이 다 아파요. 하루라도 멈추고 싶으니까. 눈만 뜨면 오늘도 답변 없었냐? 로 시작해 힘들게 버텼죠. 40일째 단식을 하면서 쓰러져 병원에 실려 갔고 6일 동안 더 버티다가 어머니와 유나(김영오 씨 둘째 딸)가 너무 많이 울고 말리는 바람에 더 이상 단식투쟁을 할 수가 없었어요.

이용빈   그 당시 문재인 대표(2014년 민주당 전 대표 시절)께서도 동반하시기도 했지요. 저도 정치에 뛰어들게 된 계기중 하나가 세월호 문제였습니다. 우리 사회가 안고 있는 많은 부조리, 부정적인 모순들이 있지만 다 견디고 감내할 수 있는 정도일 수 있어요. 그런데 세월호에서 죽어간 사람들의 모습은 정말 견딜 수 없는 사안이었습니다. 국가를 부정할 수밖에 없는 상태, 어쩌면

세월호 참사 5주기를 넘기고 있는 시점, 유민아빠 김영오 씨와 이야기를 나눴다

세월호를 경험한 우리나라가 또 한 번의 세월호를 경험한다면 정말 대한민국은 존재할 가치가 없는 그런 나라일 것이라는 생각을 합니다.

저는 대한민국의 역사를 세월호 이전과 이후로 나눌 수 있다고 생각합니다. 벌써 2014년에 세월호 참사가 발생했으니까 벌써 5년의 세월이 흘렀는데 유민 아버님께서 느끼실 때 세월호 이전과 이후가 어떻게 변화되었는지 혹시 그런 것을 느끼고 계시는지 묻고 싶네요?

김영오   변화된 것도 있고 없는 것도 있어요. 박근혜 정부까지는 아무것도 변화된 것 없었어요. 정말로 없었어요. 그래서 단식을 할 수밖에 없었고요. 우리가 권력도 없잖아요. 가진 돈도 없고 할 수 있는 게 오직 맨몸으로 목숨을 바쳐 싸우는 일밖에 없었습니다. 그래서 하소연하고 호소하는 것 밖에 없었죠. 박근혜 정부까지는 단식도 하고 광화문에서 계속 집회·투쟁하면서 진상 규명 해달라고 호소했습니다. 왜 죽었는지, 침몰 원인도 모르고 왜 구조하지 않았는지가 제일 중요하잖아요. 5년이 지나는 동안에도 아직까지 모르고 있어요. 그 이후에 정권이 바뀌었어요. 정권이 바뀌고 나서 일부 시민들이 이런 얘기를 많이 해요. 문재인 대통령이 됐으니까 세월호 진상 규명해줄 거다, 그리고 하고 있지 않느냐? 또 어떤 분들은 촛불 혁명정부를 만들어냈는데 세월호 진상규명을 안 하고 있느냐? 전 정부와 똑같이 하고 있느냐? 이러한 질문들이 많아요. 제가 직접 겪은 당사자로서 대통령이 어떤 분으로 바뀌더라도 진상 규명하기 힘들다는 것을 저도 알아요. 왜? 박근혜 정부 때 조사해야 될 증거 자료들 모두 삭제하고 폐기했잖아요. 그리고 조작까지 했잖아요. 그 자료를 가지고 현 정부가 어떻게 할 수 있겠어요. 아무리 똑똑한 대통령이 와도 힘들다는 거예요. 다만, 세월호 진상 규명에 있어서 현 정부와는 소통이 된다는 겁니다. 박근혜 정부와는 불통이었거든요. 박근혜 정부에서는 저희들을 선거·정치적으로 이용했어요. 날짜별로 정확히 하자면 2014년도 5월 17일 날 비공식적으로 유가족을 청와대로 초빙을 해요. 집행부도 갔었는데 왜! 초빙을 했냐? 5월 19일 담화문 발표를 하기로 결정을 해놨거든요. 이틀 전에 유가족들을 만나본 거였죠. 당신들이 원하는 게 뭐냐? 그걸 다 일일이 적은 거예요. 그래서 결국은 담화문에 나왔던 내용들이 5월 17일 날 유가족들과 나눴던 대화였어요. 이러 이렇게 해달라고 한 것이 담화문에 쫘~악 나온 겁니다. 선거로 이용한 거죠. 그리고 6월 4일 날 선거가 있었잖아요. 그래서 거의 한나라당이 휩쓸었지요. 또 7월 30일 재·보궐선거 4명도 한나라당이 압승했잖아요. 그 이후로 지금까지 박근혜 정부에서 유가족을 단 한번도 만나주지 않았어요.

이용빈 오직 정치에만 활용한 것이네요?

김영오 선거에서 이기고 나니까. 유가족은 정말로 찬밥 신세가 됐습니다. 저는 그래서 단식하면서 청와대 앞에 가서 면담신청서까지 써봤어요. 그러나 'NO'라는 답변밖에 없었어요. 그게 바로 불통인거죠. 그리고 정권이 바뀌었어요. 변한 것이 있다면

현 정권과 소통과 대화는 됩니다. 그리고 진상규명을 하겠다는 의지들은 있어 조사하려고 하는데 '특별조사위원회'에 압수수색 권한도 없고 청와대 국민청원 조회수 20만 명이 넘어가면 특별수사팀을 만든다고 하는데 그게 쉽지 않다는 것을 저도 알고 있습니다. 세상이 바뀌었다는 것은 조금은 느끼고 있어요. 저희가 세월호 참사 이후 영화 '다이빙 벨'을 비롯해 다큐 독립 영화를 상영하려는데 정부 방해가 많아 상영할 수 없었던 세상이었어요. 다이빙 벨도 첫날 매진이 되었거든요. 그런데 막상 상영관에 들어가 보니 사람이 몇 명 없어요. 정부에서 표를 거의 사들인 거죠. 지금은 다큐 영화, 독립영화든 개봉관에서 마음 놓고 상영하고 있다는 거… 이런 것을 봐도 많이 변화되고 있다는 것을 느낍니다.

국민들한테 알릴 수 있는 역할은 정부나 언론이 알렸을 때는 늦어요. 왜냐하면 언론이 알리는 것은 정해져 있어요. 극우·진보 언론 중에 내가 보는 신문·방송만 보기 때문이죠. 또 내가 안 보는 방송에서 하는 것은 거짓말, 가짜 뉴스라고 하고 있고 그러다 보니 문화계 쪽에서 한 번씩 해주는 것은 어느 누구나 보고 많이 믿거든요. 문화계 쪽에서 영화 상영 만이라도 할 수 있어도 정말로 진실을 알릴 수 있는 제일 좋은 홍보물이 될 것입니다.

이용빈   유민아빠가 40여 일 동안 생명을 위협받았던 단식의 과정에서 이 사회가 조금은 바뀌었으면 하는 열망에 조금은 변화가 있었다고 말할 수 있겠군요?

김영오   소통의 측면을 봤을 때, 유가족들이 말하고 싶은 것을 할 수 있다는 점에서 민주화로 가는 첫걸음이 아닌가? 라는 생각을 해봅니다.

이용빈   최근에 헝가리 부다페스트 다뉴브 강에서 유람선 침몰 사고가 있었잖아요. 한국인들도 포함되어 있어서 헝가리 정부가 대처하는 방식이 예전 박근혜 정부의 세월호를 보는듯한 느낌이 많이 들었어요.

김영오   거의 똑같지요.

이용빈   지금 세월호 참사도 우리 사회가 가지고 있던 많은 트라우마 중에 최근의 트라우마이기도 하지만 사회가 늘 그런 일들에 대해 잊어버리는 망각하는 사회를 많이 탔거든요. 세월호 관련해서 우리 사회 공동체가 잊어가고 있는 것은 아닌지 그런 생각도 해봤을 것 같은데요?

김영오   현재 트라우마 치료도 마찬가지고요. 유가족과 지역 주민들과의 갈등을 국가가 해결해 줬으면 하는 바람입니다. 특별법에는 유가족들에게 트라우마 치료기간을 1년으로 했었는데, 과연 1년 가지고 트라우마 치료가 될까? 라는 의구심을 지울 수가 없었어요. 1년은 안 된다. 처음에는 논문을 많이 구해 보려고 했어요. 아픈 사람들이 트라우마를 치료하는 데 몇 년 정도 걸릴까? 저도 궁금했거든요. 세월호 참사 당시 대한민국 박사·석사, 정신과 선생님들의 논문을 찾아봤지만 논문이 없어요. 그만큼 관심이 없었다는 거죠. 지금은 몇 권의 논문이 나와 있는데 진정한 트라우마 논문이 아니라는 생각이 들어요. 외국의 논문을 읽어본 적이 있어요. 20년 후까지 평생 동안 정신적인 트라우마가 나타난다고 하더군요. 그래서 정부에 바라고 싶은 점은 아픈 사람이 더 이상 고통을 받지 않도록 1:1 매뉴얼 관리를 해줬으면 좋겠다는 생각을 합니다. 20년 걸리니까 그 시간에 해당하는 보상을 해달라는 얘기가 아니라, 오랜 시간을 거쳐 치료를 해서 극복하는 과정을 연구하는 것이 진정한 논문이라는 겁니다. 우리 유가족들이 길거리에 나오지 않도록 국가가 알아서 조치를 해주었으면 하는 호소, 투쟁하고 시위하지 않았으면 하는 세상을 만들어 달라는 얘깁니다.

이용빈   사실 '트라우마'라는 용어도 세월호 때문에 접하게 된 말입니다. 그전에 국가폭력이라는 의미로 희생자들에 대한 트라우마 정도로 의미 자체도 잘 몰랐던 시절이었던 것 같아요. 예전 동학혁명 때 전라도 사람들이 30만 명 정도가 국가폭력에 의해 희생이 돼요. 그냥 집에 가만히 있다가 영문도 모른 채 끌려 나와 죽창에 죽임을 당하고 일본 놈들의 칼에 맞아 죽은 숫자가 30만 명이나 되었던 시절이었죠. 또 잘 아시겠지만 제주 4·3 사건, 여순사건, 6·25 한국전쟁, 보도연맹 사건, 전쟁기간 동안의 양민학살사건 등이 전형적인 국가폭력이잖아요. 이승만 정부에 의해 자행된 학살로 죽어 간 사람들이 100만 명이 넘어요. 그런데 그 사람들에 대해서 우리가 한 번도 트라우마에 대해 얘기해 본 적이 없어요. 국가가 자행한 폭력에 대해서는 그냥 참으면서 살아왔던 거죠. 한 개인의 심리적인 아픔을 잘 보살펴 주는 것도 중요한 복지인데 그만큼 개인이 국가로부터 존중받고 있다는 것인데 그게 4·16 세월호 참사가 큰 기여를 했다는 생각을 합니다. 개인의 삶에서 당하는 피해에 대해서 국가가 책임져야 한다는 것은 굉장히 중요한 것 같아요. 지금까지 5년이 지난 시점에서 여전히 답보상태에 놓여있는 측면이 많이 있는데 최근 김기춘(박근혜 정부 대통령 비서실장)하고 김관진(전 국가안보실장)이 무죄선고를 받았더라고요. 그것을 보면서 국가권력을 잡는다는 것이 얼마나 무상했는지에 대해 생각해봤는데 그것을 보면서 어떤 생각이 들었는지요?

김영오　5년 동안 뉴스를 보면 화병이 나요. 빵을 하나 훔쳐도 저렇게 형을 안 때리는데 아직도 사법부가 정말 이승만 정권에서부터 이어 온 그런 적폐 세력이라는 것을 뼈저리게 느끼게 됐습니다. 제가 현재 영화 출연을 하고 있는데 보도연맹 사건 말씀하셨잖아요. 그때 당시 6·25를 겪었던 치안대라고 이승만이 남로당을 보도연맹으로 끌어들여 블랙리스트를 만들기 위한 작업이었습니다. 그 당시 경찰과 치안대를 구성해서 우리가 우리 국민들을 죽였잖아요. 그 당시 할아버지·할머니를 만나 뵙고 인터뷰를 하고 있어요. 1949년의 일이니까 70년이 넘었잖아요. 이분들이 저보다 더 많은 트라우마를 겪고 있는 거 아세요?

이용빈　트라우마라는 관점에서 역사를 다시 되짚어 보는 거군요?

김영오　저도 5년밖에 안 되었는데 그렇게 오랜 세월이 흐른 뒤에도 어르신들을 만나는 과정에서 빨갱이라는 말이 지금도 얼마나 두

러운지, 또 연좌제까지 겪었던 사람들이라 말 꺼내는 것 조차 두려워해요. 인터뷰를 안 하려고 해요. 세상이 바뀐 지가 언젠데 아직도 말을 못 꺼내는 겁니까? 그런게 바로 평생 트라우마라고 생각해요. 억울하죠? 인터뷰 한번 하시죠? 라고 하면 안 한데요. 무서워서. 빨갱이로 낙인찍혀 살아왔던 세월 때문에. 그러면서 그 분들의 손을 잡아 주면서 저는 이해합니다. 우리 빨갱이 아닙니다, 이렇게 말해주면 울어요. 어쩔 때는 할아버지가 통곡을 하고 울어요. 본인들의 말을 들어준 것만으로도 고맙다는 겁니다. 트라우마 치료는 정신과 의사든, 석·박사든 아무것도 필요 없어요. 억울한 거 밝혀주는 것이 제일 큰 치료 요법입니다. 70년이 지난 후에도 트라우마에서 벗어나지 못하고 있는 그분들을 매일 보고 있어요. 저는 그분들에 비하면 세발의 피죠.

이용빈   말씀 들어보니까. 역시 세월호 참사 관련해서 책임져야 할 최선은 국가가 진실을 밝혀 유가족들이 앓고 있는 트라우마를 극복할 수 있도록 해주는 일이겠군요.

김영오   평생의 한이 되어 있는데 그 사람들의 말을 들어주는 것만으로도 치료가 되더라고요. 세월호 참사 진상 규명하는 것은 힘들 거예요. 그 어르신 평생 동안 눈물을 삭혀왔을 거 아닙니까. 들어주는 거 하나에서부터 치유가 되는 겁니다. 밝혀줄 수 없다면 들어줄 수 있는 공간을 만들어줬으면 하는 생각이 드는 거죠. 그리고 지역주민들과 갈등도 겪잖아요. 제가 광주로 내려온 이유도 그겁니다. 안산에 있으면 지금도 손가락질하는 사람들이 있어요. 아픔을 겪었던 도시였는데 세월호 때문에 경제 핑계대면서 너희들 때문에 망해가지고 문 닫았어 하는 사람도 있었어요. 원래 경제 안 좋았잖아요. 저희가 안산에서 팽목까지 걸어서 행진을 하면서 광주를 들렀는데 다른 도시 사람들에 비해 분위기가 달랐어요. 광주시민들이 제일 많이 나와서 따뜻하게 안아주었고 내 일처럼 반겨주는 도시가 광주가 유일했어요. 광주시민들에게 그런 얘기를 했어요. 세월호 진상규명 끝나면 광주에 내려와 살래요. 다른 아픔에 대해 광주 시민들과 함께 싸울래요 라고 말을 했지요. 그래서 지금은 광주에 내려와 활동하고 있습니다. 광주가 엄마 품이라고나 할까요. 편했어요. 그 아픔을 안아주고 들어줬기 때문이죠. 지역주민과 갈등 해소 같은 경우도 국가가 나서서 해줘야 합니다. 아픈 사람이 자신의 병을 치료하기도 힘든데 지역 주민하고 1년만 지나면 갈등까지 벌어지거든요. 우리가 어떻게 해볼 수가 없죠. 국가가 나서서 해줘야 한다는 겁니다. 지금 안산에서 하고 있는데 전부 행정적이고 형식적이에요. 그런 보여주기 식 치료가 아니라 같이 아우르고 손잡고 같이 갈 수 있도록 하는 것이 정책인데 그게 잘 안되니까 그곳 안산을 벗어날 수밖에 없었죠. 지역 주민들과의 갈등 때문에 안산을 떠난 유가족들이 많아요. 이러한 정책은 지역주민과 유가족들이 못해요. 국가가 나서서 섬세하게 디테일하게 해줘야 합니다.

이용빈　어찌 보면 제2의 트라우마를 만들어내는 상황이죠. 가슴 아픈 이야기네요. 제가 광주에서 세월호 참사 시민상주 3년간 활동에 참여하면서 시민들이 체험하고 아픈 이웃과 함께하는 방식을 굉장히 독특한 과정으로 새롭게 만들어냈던 것 같아요. 저도 함께 참여했었는데 우리 사회가 안고 있는 많은 부조리·모순들을 해결하는 방법을 찾아가는 것을 정치권이 해결해줘야 하는데 가만히 두면 안 합니다. 시민의 목소리가 그것을 가능하게 하는데 시민상주 활동 하면서 답답하게 느꼈던 것은 정작 정치를 변화시키는 것은 시민들의 참여가 수반되어야 합니다. 그러한 점에서 시민들이 정치를 혐오하고 관망하고 소모적인 일이라고 생각하는 편이잖아요. 그러나 상주활동을 했던 사람들은 적극적으로 정치를 변화시켜야 하고 시민이 주체로 나서야 한다는 것을 강조했었거든요. 정치 이야기로 들어와 보면 결국 이 사회를 변화시키는 것은 정치의 변화가 선행되어야 한다는 얘기를 할 수밖에 없는데 그래서 굉장히 어렵습니다. 어떻게 보면 정치는 룰의 경기이기 때문에 현재 정치구조 속에 존재하는 많은 정치의 룰들이 시민의 편에 서지 못하게 하는 경우가 많아요.

김영오   저는 정치인들 욕하고 싶지 않아요. 처음에는 정치인들 욕을 많이 했었거든요. 야단도 치고 정치를 이렇게 해? 정치인이 직업으로 변하고 있는 측면, 국민을 위해서 앞장서 발 벗고 나서겠다는 사람들이 결국은 직업으로 변하고 있더라고요. 당을 따라가야 하니까. 처음에는 배고프게 싸우다가 국회의원 되면 내가 모두 고쳐놓겠다고 하던 사람들도 당선되면 자기 목소리는 없어지고 당을 따라갑니다. 그런데 5년을 지나면서 곰곰이 생각해보면 국민들이 더 문제가 있다는 것을 알게 되었죠. 국회의원 욕하지 마세요. 시민의식이 낮으니까 그럴 수밖에 없다고 대답을 해요. 보통 유권자들이 사람을 보고 찍는 게 아니라 당을 보고 투표를 하잖아요? 우리(시민들) 잘못이다 라고 하면서 우리가 끝까지 채찍질하면서 가면 되는데 채찍질을 못하게 해요. 세월호 진상 규명 의원 중에는 유가족 편인데도 불구하고 조금 잘못 가고 있으면 의원님, 저것 보다는 이렇게 하면 낫지 않을까요? 지적의 글을 올리면 아버님, 글을 내려주세요 라고 바로 연락이 와요. 정치인이 아니고 SNS 페친들이 말이죠. 의원 지지자들의 전화가 오는 겁니다. 글 좀 내려달라고. 아! 우리가 문제구나, 하는 생각이 들었습니다. 광팬들 때문에 의원들이 잘못 가고 있는 것을 감춰주는 현상, 그러니까 정치인들이 잘하는지, 잘못하고 있는지에 대해 느끼지 못하고 있는 겁니다. 세월호 유가족도 마찬가지예요. 전 시민들을 탓하고 있어요. 유가족 중에 갑질, 특권의식을 가지고 있는 분들도 있습니다. 누가 그렇게 만들었어요? 시민이 만들어놓은 거죠. 처음에 세월호 참사가 일어나고 난후 유가족 온다고 하면 시민들이 황제처럼 떠 받들어주니까 기고만장하고 특권의식을 가지는 유가족들이 더러 있었어요. 이렇게 세월호가 흘러온 겁니다. 똑같은 국민이고 유가족들은 단지 아픔만 가졌던 것이지, 똑같이 했어야죠. 황제처럼 만들어 놓고 유가족들이 말 한마디 하면 갑질한다고 그러잖아요. 이것을 누가 만들었는데요. 여러분들이 만들어 준거 아니냐고요. 여러분! 세상을 바꾸고 싶으면 똑같이 대해 주시고 단지, 유가족들은 아픔을 가졌으니까. 안아만 주시면 되는 겁니다. 더 이상 황제처럼 대우해 줄 필요가 없어요. 저는 그렇게 말해요.

이용빈 세월호도 5년이 지나며 역사 속의 하나의 이야기 정도로 치부되는 경향이 생긴 것 같습니다. 아직 해결되지 않는 미봉으로 남아 잊혀져 갈 수도 있는데 우리 민주당에 바람이 있다면 말씀 좀 해주실래요?

김영오 눈치를 안 봤으면 좋겠어요. 참사 당시에는 문재인 민주당 대표였기 때문에 제 옆에 앉아 말도 들어줬는데 정말 큰 힘이 되었어요. 프란치스코 교황과 문재인 대표께서 제 옆에 앉아주었기 때문에 그만큼 세월호가 이슈가 되었고 세계에 알릴 수 있었기 때문에 민주당이 잘못 가고 있을 때도 말 한마디 안 했고 정도 정치를 하리라 저는 믿습니다. 지금 시민들, 민주당 욕 많이 합니다. 그래도 저는 끝까지 믿으려고 하는데 어쩔 때는 한숨이 나올 때도 있어요. 실질적으로 자유 한국당이 하는 것처럼 가고 있지 않나, 눈치를 너무 보는 것 같아요. 한국당이 같이 협치를 하고 국회에 들어와야 뭐가 이루어지는데 또 우리가 생각해주는 대로 해주다 보면 한국당은 더 보이콧할 테니까. 저는 그것을 이해해요. 그래서 눈치 볼 수 있다는 것도 알고 있어요. 그래서 답답한 겁니다. 민주당을 욕하고 싶은데도 세월호 문제에서는 보수에서는 아킬레스건이거든요. 한국당 특조위 위원들 올리라고 하니까 말도 안 되는 의원들 올리고 있잖아요.

이용빈   최근에 무안에서 농사 짓고 계시죠? 한 1년 됐나요?

김영오   올 봄부터 농사를 짓기 시작했습니다.

이용빈   요즘 농사짓는 인구가 늘어나고 있다던데 그중에 도시 삶에 찌든 사람들에게 힐링, 웰빙, 이런 의미에 가치를 제공해준다고 생각돼서 귀농하시는 분들이 늘어나고 있다고 하던데 우리 유민 아버님도 농사를 지으면서 트라우마를 줄여 가는데 도움이 되지 않을까 싶은데 어떠세요?

김영오   농사를 지으면 트라우마 치료는 100% 된다고 봅니다. 그렇지만 환상에 젖어서 귀농은 절대 하지 말라는 말을 드리고 싶어요. 귀농은 환상이 아니라 현실입니다. 제가 트라우마를 벗어날 수 있는 이유는 농사를 지으면 굉장히 땀을 많이 흘리고 다른 생각할 시간이 없어요. 진상규명, 아이 생각 때문에 잠을 못 잤는데 농사를 짓다 보니 불면증도 없어졌어요. 그리고 제가 막상 해보니까 귀농에 대한 국가 정책이 잘못되었다는 점을 느꼈어요. 솔직히 귀농하시는 분들이 돈이 어딨어요. 돈 있으면 도시에서 좋은 자리에서 장사를 하잖아요. 저 같은 경우는 세월호 진상 규명을 위해 길거리에서 5년을 싸우다 보니 나이가 50세가 넘어가더라고요. 50이 넘으면 갈 곳이 없어요. 대한민국 어떤 회사든지 40이 넘으면 안 써요. 40살 먹은 사람을 쓰느니 외국인 노동자를 써요. 아웃소싱해서 쓰는 게 더 편하거든요. 직장 들어갈 때는 없고 그렇다고 먹고 생활비는 들어가야 하는데 답이 안 나와 농사나 짓자 하고 내려온 겁니다. 그래서 농사일을 선택했었고 귀농을 하면 정부에서 2억 대출,

2천 보조를 해준다는 시스템이 되어 있더군요. 그래서 대출까지 받아서 무안에 땅을 샀어요. 땅을 1,000평 정도 사서 귀농교육을 받는데 막상 교육을 받아보니까. 귀농교육 받는다고 해서 2억 다 주는 게 아니래요. 그럼 어떻게 해요? 물어보니까. 귀농인구가 많아 10명 신청하면 6명 정도는 안 되고 4명 정도만 되는데 순번제로 기다려야 한다는 겁니다. 그러면 2,000만 원 보조해주는 것은 내가 기계를 사면 보조해 줄 수 있느냐? 물어보니까. 그것도 좀 시큰둥하더군요. 트랙터 같은 경우는 사려면 힘들어요. 보통 큰 것 같은 경우는 1억 가까이 가고, 작은 게 4,000만원 입니다. 그것도 내 돈이 있어야 사는 겁니다. 트랙터가 너무 비싸니까, 경운기라도 사려고 보조해줄 수 있느냐고 물어보니까 그것도 안 된다는 겁니다. 왜요? 그건 위험해서 안 된데요. 그렇다면 무엇을 보조해주는데요? 다시 물어보니 관리기 정도 해주는데 사업계획서 써야 돼서 그래서 포기했습니다. 제가 바라는 것은 귀농정책을 하더라도 이렇게 하지 마시고 노숙자 안 되려고 최후 수단으로 국가에서 지원해 준다고 하니까 간 거예요. 그래서 귀농교육을 받잖아요. 돈을 달라는 게 아니고 귀농하는 사람이 정착하고 포기하지 않고 떠나지 않을 수 있는 정책, 2억을 지원해 주는 게 아니라, 몇 천 명 내려오는 것도 아니고 군 단위 따져보면 100명 미만입니다. 그런데 1:1 관리가 안돼요. 1:1 관리를 해서 밭에 무엇을 심을 것인지, 영농방법을 가르쳐 주고, 농산물 판매처도 만들어 주고 그래야죠. 처음에 내려오는 사람이 판매처를 어떻게 알아요. 우리 보고 알아서 하라는 겁니다. 2억 대출 조건이 아니라, 1:1관리를 해서 귀농한 사람이 정착할 수 있는 지원체계를 만들어 주는 것이 필요하죠. 돈 보다도 관리를 잘 해 주면 되는 거 아니에요. 돈은 안 줘도 되니까 농사 전문가들한테 농사짓는 방법을 알려주면 되는 겁니다. 예를 들어 콩을 심으려고 한다면 콩은 어느 시기에 갈고 농약은 어떻게 주고, 수확해서 수매까지 책임져 줄 수 있는 정책, 솔직히 이런 매뉴얼 관리 1년만 해주면 됩니다. 그다음부터는 본인이 다 할 수 있잖아요.

이용빈 국가 정책 관점에서 정책이 반영될 수 있도록 노력해 보겠습니다. 앞으로 계속 만나면서 제가 처음 정치에 뛰어들었을 때 가졌던 생각, 세월호 이전과 이후의 국가는 이렇게 달라져야 한다는, 정치는 이렇게 변해야 된다는 신념을 정치 현장에서 실현할 수 있도록 최선을 다하겠다는 약속을 드리면서 오늘 너무 귀한 시간 내주셔서 감사드립니다.

김영오 고맙습니다.

011 이용빈이 만난 사람들

길 위에서
살다가 죽으리라

· · · · ·

문 규 현 신부
'평화와 통일을 여는 사람들' 상임대표

정의롭지 못한 공권력 행사에 맞서면서 '깡패 신부'가 됐고, 통일을 말하며 분단의 상징인 휴전선을 넘어 귀환해 '빨갱이 신부'로 불리기도 했으며, 박정희 유신 독재정권에 희생당한 인혁당 사건 유가족들에게는 '인혁당 당수 신부'이기도 한 문규현 신부.

어머니 말씀대로 낮은 곳, 더 낮은 곳으로 향하고자 했던 문규현 신부는 박정희 반독재 민주화 투쟁의 현장에서부터 제주 강정마을까지 언제나 성당 밖 거리는 일터였고 삶터였다. 물론, 천주교 정의구현 전국 사제단 공동 대표를 맡으면서 1975년 김지하 시인의 양심선언 공개, 1980년 광주 민주항쟁의 진상 발표, 1981년 부산 미국문화원 방화사건 관련 성명 발표, 1987년 박종철 고문치사 조작 사건 폭로, 1989년 방북한 임수경 씨의 무사귀환을 위해 스스로 멍에를 짊어지기도 했다. 특히 사제단은 1987년 5월 박종철 군 고문치사사건의 진상을 파헤치는 데 결정적 역할을 했다. 그리고 이러한 민주화 운동으로 문규현 신부를 비롯한 4인의 사제단 소속 신부들이 옥고를 치루기도 했다.

2005년 2월 평택시 팽성읍 대추리로 주소를 옮긴 뒤 미군기지 이전 반대운동을 했으며, 2009년 10월 22일 서울 신월동 성당에서 용산 참사 해결을 촉구하며 11일째 단식을 하던 중 의식을 잃고 쓰러져 여의도 성모병원에 입원하기도 했다.

지난 2019년 7월 27일 휴전협정 체결 66주년 및 문규현 신부 방북 30주년을 맞이해 '평화와 통일을 여는 사람들(이하 평통사)'의 서울 광화문 집회에 앞서 문규현 신부님을 만나 그 간의 소회를 들었다.

문규현 이번에 출마하는 당이 더불어민주당이십니까?

이용빈 더불어민주당 광주 광산구 갑 지역위원장입니다. 2016년 문재인 대통령 영입제의를 받아서 출마를 처음 하게 됐어요. 제 나름대로 각오는 단단히 하고는 있는데…

문규현 2016년에 출마 안 하셨는가?

이용빈 그때 했었어요. 2016년 총선 당시 우리 광주가 전부 낙선했었잖아요.

문규현 민주평화당(구, 국민의당)에 참패를 했지?

이용빈 그랬지요.

문규현 이번에 민주평화당이 다 깨지겠던데?

이용빈 지금은 민주평화당과 바른미래당으로 나누어져 있잖아요? 워낙에 지지율이 낮아서 아마 광주에서는 한 석도 힘들 겁니다.

지난 2019년 7월 27일 휴전협정 체결 66주년 및 문규현 신부 방북 30주년을 맞이해
'평화와 통일을 여는 사람들(이하 평통사)'과 함께 대담을 마치고
문규현 신부(우측 맨 앞 첫 번째)님과 서울 광화문 집회에 참석하며 행진하는 모습

문규현	더불어민주당이 얼마나 지지율을 받을 수 있을지?
이용빈	민주당은 늘 정신 차려야 되고요. 당의 혁신이 굉장히 중요한 것 같아요. 결국은 촛불민심을 등에 업고 탄생한 정권인데 그것을 배신하면 안 되죠.
문규현	촛불 민심을 헤아려야지. 촛불의 근원이 되었든, 세월호 특별조사위원회(이하 특조위)의 조속한 조사를 통해 한 점 부끄럼 없이 진상이 밝혀져야 되겠지.
이용빈	내년(2020년)이 5·18 민주화운동 40주년이잖아요? 이 부분을 정부차원에서 어떻게 다루냐가 굉장히 중요할 듯싶습니다. 5·18 진상 관련도 그렇고요.
문규현	그거 하나 제대로 못하고 있잖아. 근데 개혁은 물 건너간 것 같아.
이용빈	그래서 다음 총선이 중요한 것 같은데요.
문규현	개혁을 제대로 했어야 총선에서 승리할 수 있는 거지.
이용빈	제가 정치를 하면서 항상 느끼는 것은 가난한 사람들 편에 서는 게 정치의 본분이라고 생각하는데요. 이것을 어떻게 가난한 사람들 앞에 바로 설 것인가? 그런 성찰이 중요하다고 생각을 해요. 신부님께서 저희들에게 보여 주셨던 모습들을 정치의 영역에서도 헌신하고 싶은데 그러한 것들이 어렵다는 생각을 합니다.
문규현	난! 김대중, 노무현, 문재인 정부에서도 다 당했지. 저는 정권

	에 진 빚이 없습니다.
이용빈	제가 평화와 통일을 여는 사람들(이하 평통사) 회원이 된 것도 신부님 모습을 가까이에서 보고 함께 하고 싶어서였거든요. 좀 전에 8층 행사장에 올라가서 학생들이 리허설하는 광경을 잠깐 보는데 가슴에서 울컥하더라고요. 임수경 씨, 같은 세대를 살아온 친구잖아요. 저도 전국 대학생 대표자협의회(이하, 전대협) 1기거든요. 옛날 생각이 나서 눈물이 나오더라고요.
문규현	전대협 1기 시구나.
이용빈	현 더불어민주당 원내대표 이인영 의원하고 동갑이거든요. 그 당시 전남대 총학생회 부회장을 했었어요. 의대 다니면서 제 나름대로 모든 것을 헌신하고자 뛰어들었는데 지금은 어떻게 보면 기득권자가 되어 있는 거거든요. 지금 정치라는 과정을 통해 헌신하고 싶은데 조금 더 진정성이라는 게 뭘까? 다 내려놓고 가난한 사람 편에 선다는 게 뭘까? 우리 신부님, '길 위에 신부님'이라고 하시잖아요. 정치도 그런 길 위에 정치를 보여주고 함께 해야 되겠다는 생각을 합니다. 그동안 20 여년을 의사로서 살았거든요.
문규현	하하하.. 기대합니다.
이용빈	신부님, 늘 건강하셔야 되는데. 지금 건강은 어떠세요?
문규현	뭐, 10년 전에 이미…
이용빈	10일 넘게 단식 투쟁하다가 쓰러지셨지요?

문규현 그렇죠. 지난 시간에 부정맥이 와서 심장마비로 쓰러졌다가 3일 만에 깨어났지요. 아마 할 일을 다 하지 못해서 하나님께서 다시 살려 보내준 것 같아. 그게 벌서 10년이 지났네. 그래서 예수님같이 길 위에서 살다가, 길 위에서 죽는 것이 소망이야

이용빈 정치 안에 들어가 보니 끊임없는 권력투쟁이 있는 거잖아요. 권력을 잡아야 뭔가를 할 수 있다는 것이 있어서 정치가 그래서 어려운 것 같고요. 그냥 순박하고 진정성만으로 되지 않는 측면이 있더군요.

문규현 그런데 이번에 전라북도에 자율형 사립 고등학교(이하, 자사고) 문제를 가지고 정말 정치하는 사람들에게 실망했어요. 자사고가 교육 개혁에는 사실 암적인 존재죠. 대한민국 교육을 획일화 시키고, 통제의 온상으로 옭아매며, 학생들의 자율과 창의교육에 위배되는 또 하나의 교육 독재로 전락해 가고 있거든. 자사고를 변론하고 자사고 폐지를 요구하는 교육감을 지탄하고, 160여 명의 의원들이 서명을 해가지고 교육부를 압박하고, 과연 유은혜 교육부 장관이 어떻게 하는가? 보자 했는데 아니라 다를까, 교육개혁을 위해서 충실한 교육감을 부정을 만들어 낸 또 다른 범죄인으로 만들면서 자사고를 구제하더라고.

그런데 우리 주변에 국회의원 한 사람이 가담을 안했더군. 그래서 그 이야기를 그대로 전해주었지. 그 소식이 나오고 댓글을 달았는데 너희들 아흔 아홉 명이 국민의 대표냐? 아니면 한 명의 대표냐? 내년 4월 총선 투표에서 보자. 내가 그 친구한테

그랬어요. 그 많은 사람들이 정치적 계산에 의해서 사는데 그래도 그들은 끝까지 남아줘서 고맙네. 그리고 소외된 아흔아홉 명의 이름으로 다음 총선을 잘 치르시게.

이용빈 네. 신부님 말씀 중 그게 마음에 못이 박힙니다. 그런 말씀 잘 새기고 잘하겠습니다. 오늘 바쁘신 와중에도 시간을 내주서서 감사드리고요. 조만간 광주에 내려오시면 꼭 전화 한번 주십시오.

문규현 네. 그럴게요.

012 이용빈이 만난 사람들

공동육아 플랫폼
'마을 아이'

· · · · ·

박수미
'마을 아이' 대표

아이를 키우는데 있어 육아가 엄마 한 사람만의 역할이 아닌, 넓게는 이웃과 한 사회가 아이 성장에 영향을 미친다. 특히 성장과 발달에서 가장 중요한 시기에는 아이가 놓인 환경과 양육자의 상황이 가장 중요하다.

최근 광주 광산구 월곡동에는 아이가 자라는 환경뿐만 아니라 양육자를 함께 배려하는 시스템을 갖추고 엄마들의 소통 공간까지 마련한 여성친화마을이 있어 주목받고 있다. '마을이 키우고, 마을을 키운다'는 슬로건으로 공동육아를 펼치고 있는 '마을 아이' 이야기를 박수미 대표를 만나 들어 봤다.

<u>이용빈</u>　뵙고 싶었습니다. 제가 한번은 본량동에 아파트 전셋집에 살다가 처음으로 집을 가져야 할 시기가 왔을 때 본량동에 마을 만들기를 시작하셨잖아요? 그 때가 몇 년이죠?

박수미   제가 들어간 것은 2009년이었고, 이금호 씨가 들어온 것은 4~5년 전쯤 됐을 것 같은데요. 그 이후로 한 명씩 한 명씩 들어오다가 다섯 집 들어오면서 규모가 커졌죠.

이용빈   그동안 해 오신 일들이 공동육아! 처음에 어떻게 이러한 일을 하게 되었나요?

박수미   저는 개인적으로 육아라는 당면한 문제를 해결하기 위해서 알게 됐어요. 큰 아이를 일반 유치원에 보냈는데 유치원에서 너무나 빠른 교육, 놀이도 제대로 안되고, 이런 것들이 너무 안타까워서 여기저기 다른 교육시스템을 알아보는 과정에서 '어깨동무'를 알게 됐는데 알고 보니 승남 형이 학교 선배였고, 어깨동무를 시작 할 때가 3~4년 정도 되었죠. 제 아이를 키우려고 어깨동무 공동 육아 조합원이 된 거죠. 그런데 일을 하다 보니까, 저는 아이 키우는 데는 능력이 없고 사람들 하고 노는 데 능력이 있더라고요. 아이를 키우는 동안 어깨동무에서 조합 활동을 활발하게 했었죠.

이용빈   그쪽 본량에 터를 잡고 아이들의 공동 육아·공동체를 만들어 가셨는데 지금은 몇 명 정도 되나요?

박수미   지금 조합원은 40여 가구, 지금은 교사까지 포함하면 50여 가족이 넘고요. 예전에는 60여 가구 이상, 어른들로 보면 곱하기 2 하니까, 어른들이 100명이 넘고 거기에 딸린 아이까지 합치면 꽤 됐죠.

이용빈   굉장히 많아졌네요. 요즘같이 시골에 인구가 자꾸 줄어드는데

아이키우기 좋은 사회, 아이들을 위한 미래, 그 공동체를 꿈꾸다
'마을 아이' 박수미 대표와 함께

	본량 그 마을을 공동체로 이루고 있는 셈이네요?
박수미	아! 본량 마을 공동체 말씀하신 거예요? 제가 말한 것은 어깨동무 공동 육아 협동 조합원 수를 말한 겁니다. 저희 마을은 11가족이에요.
이용빈	가족들이 본량 신흥마을에 자리 잡고 있다는 것이 든든하겠네요. 공동체 생활하는 모습을 사진으로만 접했는데 아이들이 부모님들한테 귀한 선물을 받은 느낌이 들었어요.
박수미	아무도 없을 때 저희 가족이 먼저 들어갔잖아요. 우리 아이들은 조금은 외롭게 컸죠. 그 이후에 단체로 들어오니까, 아이들이 굉장히 재밌게 잘 놀더라고요.
이용빈	우리 아이들이 컴퓨터, 스마트 폰에만 빠져있고, 유치원부터는 거의 공교육 비슷하게 컨베이어벨트에 올라 탄 아이들처럼 규격화되어 가는 모습이 안타까운데 박수미 대표께서 하고 있는 공동 육아는 우리들의 어린 시절의 동심을 만들어 주시는 거잖아요. 다른 지역에도 이러한 '공동 육아'의 움직임이 있나요?
박수미	있죠. 서울시 마포에 위치한 '성미산 마을공

동체'는 대표적인 마을이잖아요. 그곳에 공동 육아 어린이집만 4곳이 있거든요. 1994년도에 어린이집을 시작해 많은 사람들이 들어오면서 4곳으로 늘어났거든요. 그래서 만들어진 공동체 마을이 성미산 마을인 것처럼 공동육아는 같이 뭔가 아이들을 키우면서 쌓았던 것으로 자신의 삶과 노후의 삶까지도 연결될 수 있는 좋은 계기가 될 것 같아요.

이용빈 우리가 어렸을 때 자주 들었던 이야기가 시골 농·산·어촌에서 태어난 사람들이 훌륭한 인물들이 된다는 말이 있듯이 아이들에게 그만큼 동심이 중요하다는 생각이 들어요. 요즘 아이들은 게임하는 이야기밖에 안 한다고 하데요.

박수미 저희 어린이집 큰 딸을 5살 때부터 키워서 지금까지 가족들과 모임을 하거든요. 그 아이들도 핸드폰 갖고 놀아요.

이용빈 육아를 공동으로 한다는 생각을 할 수는 있어도 쉽게 실천하기가 참 어렵고, 부모들끼리 생각이 다르면 흩어지기 쉬운데 '마을 아이' 경영하면서 어려운 점은 없었나요?

박수미 일단은 공동육아 협동조합 '어깨동무'는 그런 갈등이 많이 있을 수밖에 없는 상황이에요. 재정적, 교육적으로 운영상의 내용들을 계속 합의해 가고 결정을 해나가야 하니까. 제가 경험하고 느낀 것은 그래도 협동조합을 만들었던 선배들의 힘, 선한 에너지가 작동하면서 공동 목표를 지향하고 있기 때문에 결정 과정에서 갈등을 조절하는데 한몫을 하고 있는 것 같습니다. 그리고 이곳 공동육아센터 '마을 아이'는 저처럼 아이를 키웠던 부모 입장에서 이 공간이 다른 곳에 팔리는 것보다는 의미 있게 쓰자는 공감대가 형성되어 공동육아를 경험하지 못한 사람들을 위해 경험하게 해주자, 그리고 육아를 하는 양육자들이 아이들을 데리고 편하게 가고자 하는 곳이 사실상 없어요. 기껏해야 갈 수 있는 곳이 키즈 카페나 문화센터, 아니면 아이를 데리고 쇼핑하는 것, 육아의 스트레스를 풀거나 도움을 받을 수 있는 곳이 없다는 것이 현실이죠. 그래서 이곳을 만들어서 프로그램이나 공간운영은 저희가 결정하고 엄마들은 약간 참여하는 스타일이기 때문에 갈등 요소는 없고 감사해하거나 좋아해 주는 것 같아요. 저희들한테 어떤 의견이나 제안을 제시할 때는 받아주고 엄마들이 아이를 데리고 놀고 가는 것으로 끝나는 게 아니라 참가한 엄마들끼리 커뮤니티를 형성하고 프로그램에 동참할 수 있게 만들어 주는 역할을 하는 거죠.

이용빈   그럼 여기가 어린이집과는 다른 거죠?

박수미   형식적으로 협동조합 '어깨동무'와 공동육아 '마을 아이' 공간으로 같이 쓰는 구조로 이루어져 있는데 실제로는 각기 다르죠. 프로그램에 참여하는 부모님들을 받고 있기 때문에 하루에 10~12팀 정도만 받아요. 특별한 파티를 연다고 할 때는 제한 없이 다 받아서 놀고요. 평상시 프로그램할 때는 10팀 정도로 교육이 이루어지고 있어요.

이용빈   이쪽 월곡동 주변에 계시는 분들이 주로 찾아오는가요?

박수미   월곡동 분들도 계시고 운남·선운·수완 등 광산구에서 많이 오시고요. 심지어는 북구·남구·서구에서도 오세요. 저희들은 홍보를 별도로 하지 않아도 엄마들이 서로서로 정보를 공유해요. 그리고 육아를 감당하는 시기는 정해져 있잖아요. 굳이 어린이집 보내면 여기 올 일이 없습니다. 동네에서 엄마들끼리 만나면 월곡동에 공동 육아 '마을 아이'가 있는데 한번 가보라고 자연스럽게 입소문이 나는 거죠. 그래서 저희가 봄 학기에 프로그램 다하고 방학에 들어가면서 가을학기 모집하잖아요. 가을학기 언제부터 한다고 문자 보냈는데 하루 만에 다 모집이 끝났어요. 기존에 참여했던 분들도 있지만, 대부분 소개받아 신규로 들어오는 경우가 많습니다. 여기가 지리적으로 접근성도 좋지 않고 아파트도 없지만 그런데 꽤 많이 오세요.

이용빈   '공동육아'라고 하면 '아이를 함께 기른다'라는 생각, 하루 종일 아이를 돌보고 가르치는 이런 느낌도 있는데 지금 말씀하시는 거 들어보면 육아의 경험을 나누고 더 진보적이고 더 나은 육아방식을 함께 고민하는 것을 말하는 거죠?

박수미   '아이를 같이 키운다'는 의미는 여러 가지가 있습니다. 엄마들끼리 집에서 모여서 놀아보자는 것도 공동육아이고, 저희 어깨동무가 하듯이 어린이집을 만들어 방과 후 프로그램을 진행하는 것도 공동육아죠. 그만큼 스펙트럼이 넓고 저희가 하고 있는 일은 엄마들이랑 같이 정보도 공유하고 아이들을 쉬게 하는 거죠.

이용빈   저 같은 경우, 육아의 시기가 의사로서 수련하는 과정이었기 때문에 아이들이 다 성장하는 과정에서 저의 처가 고생하고 힘들어했을 것 같아요.

박수미   그랬을 것 같아요. (함께 박장대소…)

이용빈   그래서 아이들의 육아과정을 잘 모르는데, 대다수 부모들에게 육아라는 것을 잘하고 싶어 하는 욕망이 있잖아요. 그런데 그것을 누가 가르쳐 주는 사람도 없고 부모님들에게 육아시기에 받았던 육아방식을 그대로 답습하는 것이 전부인데, 이렇게 함께 하시면서 앞으로 '육아는 이렇게 해야 한다'라는 의제 같은 것이 있으면?

박수미   저희가 4년 차 공동 육아활동을 하고 있습니다. 처음에 시작할 때도 그렇고 지금껏 하면서도 확신을 갖고 이 일을 했지만 보통은 아이의 육아, 돌봄 문제를 이야기하면 아이한테 포커스를 맞춰요. 당연히 그 아이는 행복해야 하고 잘 커야 하고 잘 돌봐줘야 하지만 연령이 어릴수록 아이를 키우는 양육자들에게는 사회적 관심이나 도움이 전혀 없어요. 그냥 10만 원 육아수당 주거나, 아이들을 키우는 데 그 돈으로 해결할 수 없는 부분들이 많잖아요. 정서적인 부분에서도 그렇고. 저는 육아에 있어서 가장 중요한 것은 양육자들이 어떻게 하면 행복해질 수 있고 심리적으로 안정을 느낄 수 있고 아이를 키우는 것이 일이 안되게 하는 것이 초점이라고 생각해요. 그래서 저희가 운영하는 프로그램도 물론 아이들과 놀고 하는 것이지만 아이를 대상화하여 아이들과 놀아주는 것을 하지 않아요. 엄마들이 집에서 아이들과 어떻게 놀 것인가? 엄마들이 아이들을 보는 시선을 어떻게 하면 저희가 만들어 줄 것인가에 대한 고민을 하고 있어요. 그래서 엄마들을 위한 프로그램을 많이 해요. 심지어 장난감을 만드는 것도 프로그램 중의 하나인데 안전하고 좋은 따뜻한 장난감을 만드는 것도 중요하지만 엄마들이 계속 육아에 지쳐있는데 이때만이라도 우리가 옆에서 봐주고 엄마들이 바늘이라도 잡고 힐링할 수 있게 해주는 거죠. 우리가 마당이나 공원에서 놀아주면 잠시나마 아이를 잊고 엄마들이 평온함을 찾아갈 때 이 일에 대해 보람을 느끼죠. 앞으로의 육아의 모든 것들은 특히 아이가 어린 경우 부모에 대해 초점을 맞춰야 한다고 생각해요.

이용빈   아이를 키울 때로 돌아가서 생각해보니까. 지금까지 말씀하신 내용들이 이해가 돼요. 특히 엄마가 행복해야 된다는 것이 무엇보다 중요하다. 우리가 삶을 살아가면서 행복을 나누기위해 늘 시간도 함께 하잖아요. 양육이라는 과정에서 엄마가 행복하지 않았다면 아이들에게는 좋지 않은 기억을 남길 것 같다는 생각이 듭니다. 제가 아들 하나, 딸 하나 키우면서 지금은 성인이 됐는데 아내가 늘 저에게 했던 이야기가 아이를 키우면서 굉장히 우울했다는 거예요. 나는 속으로 나처럼 잘생긴 사람하고 사는데 왜 우울하지? 그런 생각을 했는데⋯ 내가 얼마나 재밌게 해 주는데 우울할까? 그런데 아내는 우울했다는 거예요. 아이를 키우던 시기에는 그러한 것을 못 느꼈던 거죠. 왜냐하면 의사로서 늘 밖에 있었기 때문에. 어쩌다가 집에 들어오면 재밌게 놀아주고 나면 나머지 시간은 온전하게 엄마가 감당해야하는 시간이었던 거죠. 그래서 아이를 키우고 난 다음의 그 시기를 생각하면 눈물이 나더라고요.

이 여자가 혼자 두 아이를 키우면서 우울했다니까 진짜 가슴 아픈 이야기라는 생각이 들었습니다. 남편은 제 잘난 맛에 살고 여자 혼자 힘들게 키우는 동안 아이들이 그 스트레스를 고스란히 받았던 것 같아요. 아이들도 내가 생각할 때 성격이 나를 닮았다면 파이팅 넘치고 표정이 활발할 것 같은데 아이들을 가끔 보면 나를 안 닮은 것 같은 느낌 있잖아요. 지금까지 말씀하신 내용들을 유추해보면 엄마가 행복해야 아이들도 행복해질 수 있다는 것을 느끼면서 비로소 육아라는 것이 얼마나 중요한 것인가에 대해 알 수 있을 것 같네요.

박수미 여기에 와서 내 아이를 바닥에 내려놓을 수 있는 이유는 보는 눈이 많기 때문에 믿고 맡기는 거죠. 젖먹이 때 누가 분유병 하나만이라도 잡아주면 그 시간만큼은 엄마들이 쉴 수 있는 거잖아요.

이용빈 아파트라는 공동 공간에서 공동육아를 극복할 수 있는 움직임이라고 할 수 있겠네요. 이러한 형태가 많이 확산되었으면 좋겠는데 지금 하고 계시는 과정에서 이런 문화가 수용되고 있는 건지? 단지 하나의 모델로만 되고 있는 건지?

박수미 저희가 활동을 해보면 예전 엄마들에 비해 특히 요즘 젊은 세대들은 더 그렇고 갈수록 남에게 간섭받지 않고 폐 끼치지 않게 적절하게 관계를 유지하고 싶은 게 강해요. 자기 공간에 대해 침해를 받고 싶지 않은 겁니다. 어려움이 있지만 그 어려움을 또 다른 수고로움으로 극복하고 싶지 않은 마음이 있어요. 엄마들은 육아만 하는 것이 아니라 살림도 하잖아요. 그래서 더 어려울 수밖에 없죠. 그렇지만 엄마들이 여럿이 같이하는 게 좋기만은 하겠어요? 자신한테 상처 주는 말을 하는 사람도 있고, 자기 아이를 가지고 뭐라고 하는 사람도 있을 거고, 이런 부분들이 생길 수밖에 없기 때문에 뜻 맞는 엄마들을 만나는 것도 쉬운 일은 아닌 것 같아요.

겨우 잘 한다는 엄마들이 아이들 데리고 문화센터 다니면서 다른 엄마들과 사귀고 밥 먹고 헤어지는 정도가 그나마 엄마들의 소통방식인데, 저희가 해보니까 처음에는 엄마들이 그런 부분에 대해 쑥스러워서 잘 못 놀아요. 프로그램을 진행하면서 엄마들과 관계 맺는 것에 대한 어려움이 있습니다. 그러나 4년 차 정도를 하다 보니까 확신하는 것은 엄마들이 이러한 프로그램을 필요로 한다는 것이고 공간을 개인한테 감당하게 해서는 안된다는 사실도 깨달았어요. 요즘 아파트 얼마나 잘 지어요. 진짜 남는 공간 많고 주택단지에도 조그마한 공간에 세 내서 만들어 주면 엄마들이 편하게 올 수 있는 거죠. 엄마들은 처음에는 낯설고 어렵겠지만 하다 보면 익숙해지고 자기를 힘들게 하는 날도 극복하고 힘이 생기고 나중에는 활동하는 데 도움이 될 것이라는 판단을 하는 거죠.

이용빈 이러한 형태를 공공에서 제도화한다든지 자치단체에서 지원하려는 시도들이 있었나요?

박수미 사실은 저희가 민간의 영역에서 이런 공간 자체를 운영한다는 것이 어려운 게 전기세, 냉·난방비 내야 하는 부담감이 많죠. 그나마 저희는 '어깨동무'라는 협동조합에서 조합원들이 낸 조합비로 지원을 해줘서 그나마 좀 나은거죠. 프로그램은 공모사업을 통해서 해요. 그러니까 가능하고 지원비를 찢고 나눠서 저 같은 사람에게 아주 작지만 활동비가 지원됩니다. 이게 뜻이 없고 가치를 공유할 수 없다면 진행하기가 힘든 일이잖아요. 지자체에서는 할 수 있는 게 공모사업 외에는 해줄 수 있는 게 없어요.

공모사업은 강사들을 지원하지만 냉·난방기를 지원한다거나 인력에 대해서 인건비를 주지 못하게 되어 있습니다. 그러다 보니 공동체들이 일을 하다가 지쳐서 떠나요. 지금은 공모사업뿐이고요. 예전에 민선 5기 구청장님은 이러한 공동체 사업을 확산하고자 하셨고, 처음에 광산구에 10개에서 조금씩 늘려나가자고 했는데 여기에 단초가 된 것이 하남동에 '맘 쓰리 센터'인데 청장님 바뀌시다 보니 지금은 약간의 변화가 있기는 해요. 저희가 하고자 했던 부분을 공공의 영역에서 맡아야 한다고 생각해요. 그것을 누가 하는지도 중요하겠지만, 그곳에서 어떤 일을 하는지에 대해 알게 되면 저희가 하는 일을 공공의 영역에서 추진해 준다면 우리는 관심을 가지고 지켜볼 수 있을 것 같고 잘되었으면 좋겠어요.

이용빈   이곳의 아이들 대상 연령은 어느 정도 되나요?

박수미   '마을 아이'는 어린이집에 보내지 않은 아이들이 와요. 시설에 보내지 않고 계속 부모들이 키우는 아이들까지 비율로 보면

만 3세 이하의 아이들이 많고요. 부모들 중에는 4~5살 되는 아이들도 데리고 있는 분들도 계시거든요.

이용빈　'옆집 언니'라는 프로그램이 있는데 소개를 해준다면?

박수미　'마을 아이'의 프로젝트의 일환인데 '이모'라고 불러요. 은하수 이모, 구슬 이모, 이런 식으로 별명을 가지고 부르는데 엄마들한테 '마을 아이' 공간을 잘 설명해줄 수 있는 말이 뭘까? 생각하다가 언니였고, 엄마라고 말하고 싶지 않아서 양육자라고 하는데 엄마라는 말을 깨고 싶어서 양육자라는 말을 쓰는데 거의 99.9%가 엄마들이 아이를 데리고 오고, 가끔 할머니나, 아빠가 데리고 오긴 하는데, 아무튼 아이들에게 옆집언니라고 해주면 '아이들 키우느라 힘들지, 힘든 거 안다'하고 위로도 해주거든요.

이용빈　조금 전에 말한 것처럼 운영상에 어려운 점이 많을 것 같기는 해요? 협동조합 조합원수가 50 가족. 협동조합을 운영하려면 조합원들의 마인드도 굉장히 중요하죠?

박수미　저희가 '마을 아이' 운영하기 전 어린이집과 어깨동무만 하던 시절에 이것을 해보겠다고 나섰을 때는 조합원들은 오해의 소지도 있었습니다. 도대체 무엇을 하려고 그러지, 과연 할 수 있겠어, 지금껏 잘해왔지만 새롭게 민간에서 하는 일을 다른 사람들 도움 없이 할 수 있겠어? 이러한 우려와 갈등들이 처음에는 있었어요. 그런데 저희가 직접 잘하는 모습을 보여주다 보니 마을 아이를 통해 왔던 부모들이 조합원이 되면서 어린이집에 보내고 마을 아이 조합원들이 둘째, 셋째 아이들을 낳아서 마을 아이에 보내고, 잠깐 쉬어가기도 하면서… 이런 구조가 만들어지고 경험이 쌓이다보니 자연스럽게 우려한 부분들이 해결되더군요. 조합원들이 이 공간을 같이 쓰고 있지만 깨끗하게 만들어지고 운영되는데 선배들이 같이해서 좋구나, 마을 아이가 어깨동무의 역사의 과정에서 만들어졌다는 것과 의미 있는 사회활동에 조합회비가 쓰여 지고 있다는 것을 알게 되면서 협동조합 회원들이 보람으로 남을 것이라는 인식을 하리라 기대하고 있어요.

이용빈　이런 형태가 마을마다 자리를 잡아가면 좋겠다는 바람도 있을 것 같습니다. 그런 의미에서 정치가 도움이 되었으면 좋겠고, 제가 잠깐 생각한 건데 육아의 어려움을 가장 크게 느낀 사람들은 결국은 가난한 사람들, 또는 월곡동의 경우는 다문화 가정·이주 여성들, 그런 사람들이 낯선 나라에서 겪는 육아의 어려움이 있잖아요? 혹시 여기에 함께 하시는 분 중에도 그런 분들이 계신가요?

박수미　계셨어요. 중국 동포 엄마로 보이는 분도 계셨고, 저소득층으로 보이는 부모님도 있었고요. 의외로 여유가 있는 분들이 '마을 아이'를 찾아와요. 여유가 없는 사람들은 아이를 일반 어린이집에 맡기고 직장을 나가게 되고 함께하는 부분에서 이곳을 쉽게 받아들이지 못하는 것을 봤어요. 일단 어려우니까, 이곳이 어떤 곳일까? 과연 이럴 수가 있나? 이러한 의문을 품고 보는 거죠. 그러면서 주변에서 경험했던 엄마들이 소개하고 이야기를 들으면서 의문을 푸는 거죠. 이게 지금은 민간의 영역에서 선택적으로 정보를 접한 사람들만 알게 되는 거잖아요. 앞으로 더 나아가 국가가, 지자체에서 관심을 가져줘야 되지 않나 싶어요.

실 예로 공동육아 '마을 아이' 시작하기 전 일본의 배움 연수를 가서 그곳의 공동육아 실태를 파악한 적이 있어요. 일본에서는 아이들 시설뿐만 아니라 집에서 양육하는 부분을 투 트랙 정책으로 국가와 지자체가 공동으로 만들고 운영하면서 저변으로 확산시킬 수 있는 시스템을 이미 만들어 놨더라고요. 그래서 저희도 민간의 영역이지만 이러한 프로그램을 구성해서 공동육아를 하는 사람들이 공동체 맛을 볼 수 있게 하는 여러 가지 정보들, 아이들에게 필요한 교육을 할 예정이라고 엄마들에게 홍보 문자를 전달해 드리면 대개 좋아하십니다. 이러한 점들이 국가적으로 모아져서 당연하게 누릴 수 있는 권리가 되었으면 좋겠다는 생각을 해보는 거죠.

이용빈 지금까지 말씀을 들으면서 저도 관심을 가져야 할 필요성이나 당위성이 있겠다는 생각을 해봅니다.

박수미 그래서 계속 정치인들을 만나서 하고 싶은 이유가 우리 이런 활동을 잘해서 자랑하는 게 아니라, 그 사람들이 할 수 있는 영역이 우리가 할 수 있는 영역보다 훨씬 많아요. 정치인들을 만나서 이렇게 말씀을 나누는 것과 육아 도와줘야지 하는 것과는 완전히 다른 문제입니다. 여기저기 나서는 것도 좋아하지 않지만 그래도 나가는 이유가 이런 이야기를 듣고 피부로 느끼라고 부지런히 다니고 있어요.

광주시에도 아이들 돌봄 센터에 문의도 많이 하고 있거든요. 광주시 역시 공동육아 활동가, 중간 지원 조직에 대한 관심을 가지는데 꽤 오래 걸렸는데 그래서 제가 이런 이야기들을 하고 다니는 거죠. 너네들이 좀 해라! 징하다. 우리도 힘들다. 활동가들도 돈 벌어야 되거든요. 그래서 오전에 마을 아이에서 아이들 돌보고 오후에는 아르바이트하고 이래요. 마을 아이 활동가들 힘들어서 나갈까봐 조마조마해요. 실제로 직장 잡아서 나가기도 해요. 그럼 진짜 미치겠어요. 이러한 공동육아가 경력단절이 아니라 경력으로 인정될 수 있는 육아플랫폼이 정말 필요하다고 생각해요.

이용빈 제가 할 일도 육아라는 과정의 이해, 전통적으로 존재했던 육아 방식이 아니라 부모가 행복할 수 있는 육아, 공동체가 함께 할 수 있는 육아, 플랫폼이라는 말이 어렵게 들릴 수도 있지만 지속가능하고 재생산할 수 있고 어디든지 똑같이 만들 수 있는 장점을 지녔잖아요. 이러한 것들을 잘 연구해서 확산되고 마을 아이 같은 공동육아가 더 많이 생길 수 있도록 저도 거들게요.

박수미 네. 감사합니다. 실제로 마을 공동체들이 많이 만들어졌는데 그러한 공동체를 운영하고 있는 곳은 충분히 공동육아를 지속적으로 할 수 있는 분들입니다. 그 분들이 육아에 대해서 관심을 갖지 않았거나, 이미 아이들을 키워버렸거나 주변에 마을 아이가 없어서 그렇지 공동체, 어르신들 돌봄을 포함해서 전 생애주기에 맞춘 돌봄들이 한 곳에서 이루어지면서 서로가 서

|이용빈| 로를 돌보는 궁극적인 시스템이 만들어졌으면 하는 바람이에요.

|이용빈| 그래서 전에 경로당을 마을 복지 허브로 만들자고 했던 것도 방금 전에 말씀했던 취지로 할아버지·할머니 수용소가 아니라 마을이 함께 돌보는 센터가 되도록 해보자는 거죠. 상상은 하는데 잘 안 되는 경향이 있죠.

|박수미| 쉽지 않아요. 어르신들에게 경로당은 기득권이거든요. 내놓지 않으려고 하세요. 뭔가 같이 하자고 해도 시간도 걸리고, 처음부터 플랫폼처럼 누구나 찾아올 수 있게 그 안에서 각자의 재능을 통해 서로를 돌볼 수 있게 세팅하는 게 중요하다는 생각이 드는데 그 부분에 신경을 써 주셨으면 해요.

|이용빈| 함께 연구하도록 하겠습니다. 오늘 귀한 시간 내줘서 감사드립니다.

|박수미| 네. 고맙습니다.

013 이용빈이 만난 사람들

좋아하는 일에 올인하라

· · · · ·

이 세 형
청년마을 활동가, 이공 대표

　광주광역시 협동조합, 사회적 기업, 마을기업, 자활기업, 장애인 기업, 마을공동체사업 비영리단체 등 사회적 경제기업의 활동을 지원하는 마을 카페 협동조합 '이공'의 이세형 대표.
　청년의 무기는 각자 원하는 목표에 거침없이 도전하고 새로운 것을 창조하는 데 있다. 그러나 현실은 어떤가? 사회가 만들어 놓은 청년 이미지에 다가가기 위한 노력을 하지만 혼란스러울 뿐이다. 마을 카페를 운영하고 있는 협동조합 이세형(이공 대표)씨는 '혁신'의 꼬리표를 달고 다니는 청년이다. 하지만 그는 스스로를 혁신가보다는 '에너자이저'라고 생각한다. 새로운 것을 내놓는 것보다 좋아하는 일을 열심히 하는 것이 중요하다고 말한다.
　그녀의 마을 사업에 대한 현장 이야기를 들어보았다.

이용빈 평소 주거라고 하는 공간이 틀에 박힌 생각에서 벗어나기 힘든데 청년들과 함께 공유하고 싶은 상상을 했잖아요. 어떻게 보면 사회혁신의 과정이라 볼 수 있는데 원래 그런 삶을 좋아했었어요?

이세형 제가 광주로 다시 돌아온 게 2013년도였습니다. 그전에 5년 동안 '정토회' 법륜스님 제자로 있으면서 '공동체, 사회문제'에 관심을 가지게 되었어요. 5년의 시간 동안 2년 6개월은 인도에서 살았었는데 그렇게 5년을 공동체 생활을 하면서 인도에서 건강이 악화되어 광주로 오게 되었죠. 광주에 머무는 동안 경제적인 부담도 덜고 혼자 살면 외롭잖아요. 그러한 부분도 공동체 안에서는 해소가 될 수 있다는 생각을 하면서 청년들의 공동체 생활에 관심을 가지게 된 거죠.

이용빈 저 역시 정토회 법륜스님의 '즉문즉설'에서 자주 접했던 부분이 개인의 삶의 해탈보다는 공동체 안에서 어떻게 함께 살 것인가? 에 대해 많이 말씀하신 것 같아요.

이세형 실제로 정토회에서 공동체 생활을 하는 동안 소유하는 게 없고 물건을 비롯해 모든 것을 공유해서 사용했습니다. 쓰레기를 만들지 않고 자급자족하면서 생산적인 삶을 살 수 있어서 가장 좋았던 것 같아요.

이용빈 평소에 본인이 좋아하는 일을 하면서 사는 삶을 추구하는 것을 정토회에서 많이 가르쳤던 것 같아요. 다른 사람 눈치 보지 말고 싫어하는 일은 끊고 자신이 좋아하는 일만 해라는 거잖아요.

이세형 뜨거운 것을 쥐고 괴롭다 하지 말고 탁! 내려놓아라' 이런 가르침을 주었죠.

이용빈 지금 하고 있는 일 가운데 대표적인 게 '이공 협동조합'인데 지난 2016년 총선 당시 1년 전쯤 시작되었던 걸로 기억을 하는데 저도 풍암동에 '싸목싸목' 협동조합 카페를 2014년부터 했으니까 거의 비슷한 시기에 서구에는 싸목싸목, 광산구에는 이공, 이런 동일체와 같은 느낌이 있었어요. 그러나 이런 공동체 카페를 운영한다는 게 굉장히 어렵잖아요. 그래서 서로가 모델을 만들어 가고 배우려고 했었는데 결국은 이공 카페가 어려움을 겪고 중간에 뭔가 새롭게 혁신을 추구하면서 들어오신 거잖아요?

이세형 아마 2016년 12월 말까지 광산구에 '아름다운 성장 씨 협동조합'을 운영하는 플랫폼 공간이 있었죠.

이용빈 제가 그분들 하고도 가까웠는데 뭔가 모색하려고 하는 과정에서 이세형 씨가 이곳을 맡아서 길게 운영해 오고 계시는데 이공 카페가 지역에서의 어떤 역할이라고 해야 하나요? 결국엔 청년들의 마을 플랫폼 공간인데 어떻게 생각하는 대로 잘 되어가고 있나요?

이세형 제가 2014년도에는 광산구 공익활동 지원센터를 다니고 있었고, 그때는 광산구에 대해 알고 공부했던 시기였습니다. 그러던 과정에서 내가 공동체, 협동조합을 직접 해보지 않았기 때문에 주민들을 만나고 이러한 것들을 해보시라고 이야기하는 게 맞지 않다라는 생각이 들어 2015년도에 직장을 그만두고 협동조합을 만들었습니다. 그 사이에 '아름다운 성장 씨 협동조합'이 계약기간이 끝나서 그만두게 됐는데 이 공간을 이용해 청년 일자리를 만들어 보자며 2017년 3월 31일부터 다시 운영하게 된 거죠.

어차피 저희가 송정동에 들어온 자체가 청년들의 공동체, 마을살이에 대해 고민하면서 들어왔기 때문에 셰어 하우스, 일터, 놀이터로써 공간을 다양한 문화·교육 프로그램을 운영하면서 실제 청년들이 많이 찾는 공간이 됐죠. 주변에 이사 오신 분들도 생겨 확대되어 가는 모습을 보면서 이 공간이 있어서 '좋다, 잘했다'라고 생각을 하고 있어요.

이용빈   여기는 음주는 안 하죠?

이세형   술도 팔고 있어요. 일반음식점입니다.

이용빈   '싸목싸목' 거기는 청년들보다는 50대 중년들의 공간! 이곳 '이공 카페'는 청년들을 위한 공간을 지향하고 있는데 요즘 청년들을 보는 시선이 대체로 무기력함입니다. 최근에 민주당 정치인들도 청년들에게 비하 발언을 한 수위가 문제가 됐습니다. 우리 때는 안 그랬는데 많이 다르다는 말을 해서 기존 정치인과 청년당원과의 마찰이 있었지만, 어찌 되었든 어느 시대를 막론하고 청년들이 바로서야 우리 사회의 미래가 있는 거잖아요. 거기에 대한 일종의 질책내지는 바람이 담겨있다고 봐야 되는데 절대적으로 청년들의 숫자가 줄어들었다는 것도 중요

청년들의 마을 플랫폼 공간, 미래와 정성을 담은
소중한 청년 공동체의 오늘을 함께 읽다

한 측면인 것 같습니다. 우리 세대에는 지금보다는 숫자가 많았잖아요. 지금은 사람 숫자가 많이 줄어든 상태에서 경제적인 측면에서 차지하는 청년세대들의 역할도 많이 축소될 수밖에 없다는 생각이 듭니다. 이공을 중심으로 모인 청년들이 지역에서의 역할이 분명 있을 텐데 계획하고 있는 게 있나요?

이세형 사실은 정치적으로 사회가 변화해야 하는 부분이 있는 것 같습니다. 다양한 청년들을 만나봤는데 어떤 마음가짐을 가져야 되는지에 대해 많은 고민들을 하고 있는 것 같아요. 최근에 광주광역시에서 '드림 청년'이라고 청년정책 일환으로 3년째 하고 있는데 카페 이공도 드림터여서 매칭하는 면접인데 하루에 8명 정도 인터뷰를 해서 만났는데 청년들한테 "꿈이 뭐야?, 하고 싶은 게 뭐야?"라고 이런 질문을 하기가 미안할 정도라고나 할까. 그런데 "드림 청년 안 되면 뭐할 거예요? 혹은 드림 청년 5개월 기간 끝나면 뭐할 거예요?" 물어봤을 때 만났던 청년들 80% 이상이 공무원 시험 준비한다고 해서 조금은 안타까웠어요.

공무원이 되겠다는 꿈이 안타까운 게 아니고, 공무원을 하고 싶어서 하는 것이 아니라 안정적인 직업이기 때문에 해야 한다는 답변을 들으면서 안타까운 마음이 많이 들었어요. 이공에 모인 청년들은 어떻게 보면 다른 청년들 보다 사고가 달라요. 하고 싶은 일 하면서 살자, 적당히 벌면서 다른 시간에 내가 좋아하는 일을 하자. 소비적인 삶보다는 생산적인 삶을 살자. 이런 이야기들을 하고 있기 때문에 주변에 그런 친구들이 모여서 내년엔 뭐 할까? 이거 어떻게 할까? 어떤 거 하고 싶어 등등 얘기를 많이 나눕니다. 현실적으로 혼자서는 못하지만 서로 의견을 공유해서 같이 해볼 수 있을까? 이런 이야기를 항상 하거든요.

그렇지 않은 청년들을 만나서 약간 놀라기도 하고 그렇다 해서 사회가, 미래가 불안정한데, 너희들 하고 싶은 거 하고 살아, 돈을 많이 번다해서 행복한 삶이 아니야 라고 단정 짓기에는 어려운 것 같아요. 그러면서 자꾸 이런 생각을 하게 됐어요. 이공이 여기 있고 이러한 이야기들을 많이 해야겠구나. 그 전에는 어떤 특정 모임에 잘 나가지 않았어요. 우리가 한 게 없는데 좋아하는 일하면서 사는 거지, 뭔가 사회 운동하는 것도 아닌데 어디 가서 이야기하기가 그렇다는 생각을 했었죠. 그런데 조금씩 바뀌어 가는 게 이렇게 사는 사람도 있어, 하고 싶은 일 하면서 살아도 괜찮아 라고 말할 수 있는 자리를 많이 만들려고 합니다. 실제로 주변에 청년들에게 소개해 주고 싶다는 마음이 들어요. 저희는 우리와 공감할 수 있는 청년들이 많았으면 좋겠다는 생각을 해요. 지금까지는 청년들의 바람이고 정치가 이에 발맞추어 변화해야 되지 않을까 싶어요.

이용빈 예전에 비해서 다양성이 풍부해지는 그런 과정에 있는데, 특히 이쪽 광산지역은 인구형태 자체가 다문화 이주민들이 많아지고 있는 상황이잖아요. 잘 아시겠지만 도시와 농촌이 만나는 공간에서 청년들이 좋아하는 일들을 하면서 살았으면 하는 바람을 가져보는데, 그런데 '이공'이 무슨 뜻이죠?

이세형 제가 법륜스님께 가르침을 받고 광주에 내려오면서 그런 생각을 했습니다. 처음에는 '이공'이 '이상한 공간'이라는 뜻를 이(異)에 빌 공(空) 자를 썼어요. 그래서 제가 사실은 인도에서 2년 반 살면서 느꼈던 게 내가 어렸을 때 꿈꿔왔던 일들에 대해 꿈을 실현한 거예요. 학교 선생님 되고 싶었는데 공부는 하기 싫었고, 제가 인도에서 맡았던 역할이 교장 선생님이었거든요. 아! 그래 사람들이 누구나 뭐가 하고 싶은 게 있는데 생각할 시간조차 없게끔 이 사회가 바쁘고 그 어떤 역할을 해야 돼요. 결혼을 하면 아빠·엄마 역할을 해야 되고, 그러다 보면 자기가 하고 싶은 일을 잊고 살 수밖에 없는 구조잖아요. 그러면서 광주에 가면 이상한 공간의 게스트하우스를 만들고 싶었어요. 그게 송정동으로 자리를 잡은 계기이기도 하거든요. 아직 게스트하우스는 못하고 있지만, 이상한 공간! 게스트하우스에 사람들이 오면 그동안 꿈꿔왔던 것들을 이 공간에서 해소하고, 소통하는 장을 마련하고 싶었어요. 예를 들면 본인이 시인이 꿈이었다면 자기의 시를 이곳 사람들 앞에서 낭송회를 한다든지, 나는 피아니스트가 꿈인데 직장을 다니고 있어 못하고 있어 그럼 그곳에서 연주회를 한다든지… 이런 식으로 뭔가 그 꿈이 이루어지고 내 마음속에 그 꿈을 이루고자 하는 욕망을 비워낼 수 있는 공간이라고 해서 철학적으로 이름을 썼어요. 그것을 셰어하우스, 협동조합 만들면서 썼는데 요즘에는 그 뜻이 설명하기 어렵잖아요. 그래서 '이로운 공동체'라는 또 하나의 뜻으로 사용하고 있어요.

이용빈	요즘 청년들이 '오포 세대' 이런 말을 하는데 결국에는 꿈을 포기한다는 거잖아요. 우리 청년들에게 꿈을 주는 프로그램들을 기획하고 있는 것이 있으면 소개 좀 해주세요?
이세형	제가 2016년도에 셰어하우스를 처음 만들고 그때 SNS에 송정동에 있는 작은 아파트를 누가 무상으로 임대를 하겠다며 아버지가 오랫동안 사시던 집인데 돌아가시면서 3년 동안 누군가에게 무상으로 임대하라고 유언을 남기셨다는 겁니다. 한 청년이 그 유언을 받들어 그런 사연을 올린겁니다. 그 당시 송정동 셰어하우스에 살면서 '송정동'이라는 곳이 구도심이고 고령화된 이미지라서 청년들이 들어와 살면 이미지가 달라지지 않을까? 라는 생각에 셰어하우스를 더 만들자, 우리가 돈이 있어서 집을 살 수는 없지만 무상임대로 받아서 하면 어때? 저희가 신청을 했고 10:1 경쟁을 뚫고 우리가 된 거예요.

1년 동안 그 집을 고치면서 자재비용은 지역에서 사백만 원의 펀드를 받아서 자재비를 충당하고 청년들을 입주시켰어요. 1차 연도에 3명이 살고, 2차 연도에 1명이 살면서 무상임대니까 수익금이 발생했어요. 저희가 펀드 조성을 해서 수익금이 생기면 지역에 돌리겠다는 리워드 내용이었기 때문에 이 수익금이 생기니까 1차 연도에 어디에 쓰지? 생각하다가 이공이 뭔가를 하고 싶은 일이 있다고 말하면 주변에서 도와주는 거잖아요. 그래서 청년들이 자신의 꿈을 이야기할 수 있는 프로젝트를 해보자. 그래서 2017년도에 처음으로 '꿈으로 가는 노잣돈'에서 지원하는 프로그램으로 '꿈 잣 돈'이라는 프로젝트

를 만들었어요. 그래서 꿈을 공유할 수 있는 사람 중에 오랫동안 해보고 싶은 것이 있었는데 '내년에는 꼭 할 거야' 하는 청년에게 지원하자고 결론을 내리고 1차 연도에는 70만 원, 2차 연도에는 80만 원, 또 올해도 할 건데, 그것을 2회에 걸쳐 진행을 했었죠. 지금까지 총 11명의 청년들이 자신의 꿈을 공유하고 와주셨던 분들에게 공감 받고 그래서 대개 그 경험이 좋았데요. 그 중에 공감을 가장 많이 받은 분께 돈을 몰아주거든요. 1차 연도에 70만 원인데 이곳 송정동에 사시는 치과의사 선생님께서 이름을 밝히지 말라면서 "70만 원인데 내가 30만 원 더 보태서 100만 원을 꿈 잣 돈 해라" 해서 1차 연도에 100만 원을 꿈 잣 돈에 지원을 했고, 2차 연도에 저희가 만든 것이 80만 원인데 또 그 치과의사 선생님께서 올해도 30만 원 지원하겠다고 해서 그렇게 꿈 잣 돈을 2년 넘게 지원을 했죠. 또 그 친구들이 카페에서 전시회를 한다든지, 또 어떤 청년은 빵을 만드는 게 꿈이다 해서 그 돈으로 빵 만드는 수업을 다녔어요. 올해 송정동에 빵집을 오픈할 계획을 세우기도 했고요. 이런 작은 씨앗이 누군가의 무상임대로 준 아파트가 꿈 잣 돈 프로젝트로 연결되고 그게 무슨 전시회가 되어 이야기로 이어지면서 실제로 일자리로 만들 수 있는 네트워크로 형성되는 놀라운 경험, 저는 기적이라고 생각해요. 어쨌든 저 혼자 할 수 있는 일은 아니고 많은 사람들의 마음이 모이고, 시간들이 모이고, 돈도 모이고 하면서 자기가 하고 싶은 일들이 실험 무대에 올라 꿈을 펼칠 수 있는 기회가 되었으면 좋겠어요.

이용빈   전에 시민 플랫폼 '나들'에서 했던 사업 중 하나가 청년들 대상으로 한 여행 프로젝트에 본인들이 여행 계획을 세워서 응모하게 하는 것과 비슷한데 힐링이라 할까? 마음이 행복해진 사람은 그 당시 응모했던 청년들도 좋은 경험을 했겠지만, 지켜본 사람들이 더 많은 생각들을 하게 되었던 것 같아요.

이세형   실제로 참여하신 분들 중에도 '꿈 잣 돈' 한 명에게만 몰아주거든요. 돈이 많지 않기 때문에 비록 돈을 받지 못한 친구들도 뭔가 자기의 꿈을 이야기할 수 있는 기회, 사람들이 경청해줄 수 있는 기회, 계획을 세웠으니 내년에는 추진을 해야 될 것 같은 분위기들, 꿈 잣 돈을 받지 못했더라도 실행하려는 친구들, 그리고 여기에 참여하신 분들도 40~50명 정도가 오시는데 그분들도 나도 지금껏 꿈에 대해 생각을 못했는데 다시 생각할 수 있는 계기가 되었다는 청년들도 계시고, 돈이 아니더라도 너와 함께 하겠다며 자연스럽게 네트워크가 형성되고 확장성이 생기는 것에 더욱 놀라웠어요.

이용빈   방식 자체가 경쟁보다는 다 함께 할 수 있다는 느낌이 청년들의 마음을 움직이지 않았나 싶네요.

이세형   맞아요. 분위기 자체가 '떨었다. 안됐다'는 것보다는 다 함께 그 꿈을 위해 나아간다는 의미로 받아들이기 때문에 서로 좋은 것 같아요.

이용빈   저는 늘 그런 이야기를 해요. 쿠바 혁명을 이야기하면서 독재자의 나라에서 시민이 주인이 되는 나라로 바꾸는데 많은 시민들이 필요하지는 않았다. 군인들이 피를 흘리는 과정에서 어려운 점도 있었겠지만 세상을 바꾸는데 많은 사람이 필요하지 않다는 것이죠. 누군가가 마음을 움직이면 세상은 의외로 쉽게 변화될 수 있다. '모든 사람이 다 참여할 때까지 나는 안할 거야'가 아니고, 마음을 먹으면 누군가는 늘 시도하면서 세상이 바뀌어지는 것인데 우리 이공 이세형 대표님이 그런 일을 하고 있는 것 같아요.

제가 느끼기에 송정이라는 이 지역의 문화가 가지고 있는 슬픔이나 어둠들이 있어요. 특히 군 공항, 여기가 미군기지였잖아요. 미군기지의 배후도시로서의 가지고 있는 역사가 깨끗하게 우리지역 공동체의 밝음, 이런 것으로 완전히 바뀌는 과정에 청년들이 해야 할 일들이 있을 것 같아요. 청년들의 문화가 자꾸 꽃을 피우면 그동안 송정이 가지고 있었던 여러 가지 시대의 아픔을 담았던 그런 부분들이 씻어지고 그것이 해원(解冤)하는 거잖아요. 특히 새로운 세대들.. 물론 이세형 대표께서 앞장서 주시면 좋겠다는 생각을 하면서 대화를 마치도록 하겠습니다.

이세형 네. 열심히 노력하겠습니다.

014 이용빈이 만난 사람들

청년 농부로 산다는 것은

· · · · ·

정 성 범
청년 농부

　전남 무안이 고향인 청년 농부 정성범(39세)씨는 왜 농부가 되었을까? 그리고, 청년 농부로서 현재의 일에 만족하고 있는가? 농부의 길에서 농업인들과 함께 배송, 판매 시스템을 기계장치로 유통망을 확보할 수 있다는 '무인 로컬 푸드 시스템'을 정부기관에 제안했지만 반응은 싸늘했다. 그러나, 청년 농부는 포기를 모른다. '흙 땀 기술' 정신으로 진심을 다해 농사를 짓고 싶다는 정성범 씨의 농사 이야기를 들어봤다.

| 이용빈 | 젊은 나이에 농사를 짓겠다고 결심하기가 쉽지 않았을 텐데 평소 농업에 대한 동경이 있었나요? |
| 정성범 | 처음에는 부모님이 시골에서 어렵게 농사를 짓고 있는 게 싫었어요. 그래서 서울에서 사업으로 성공한 아는 지인 밑에서 일을 배우는 데 경쟁이 너무나 치열했어요. 소셜 포지션 안에 |

서 적응하며 살아간다는 것이 전혀 나로선 일 속에서나 인간관계면에서도 행복하지 않았습니다.

이용빈　하루하루가 고통스러웠나요?

정성범　그렇죠.

이용빈　대체로 농민들의 연령이 고령화되는 현상이 오래전부터 제기되어 왔는데 요즘 들어서 귀농 인구도 늘고, 청년 농업인들도 늘고 있다고 하던데 맞나요?

정성범　현실적으로는 그렇게 많이 늘지는 않고 있어요. 전국적으로 청년에 대한 정책이 2018년~2019년까지 각각 연도별로 1,800명씩 농림축산부에서 육성 지원하고 있는데 장기적으로 5년 계획으로 10,000명을 육성하여 정착할 수 있도록 도움을 준다고 하더군요. 그러나 정부 조차도 청년 농업을 바라보는 시각은 20%는 살아남고 80%는 도태하지 않겠는가? 그리고 2천명의 인력들이 5년 이상을 버틴다면 그 친구들이 대한민국의 농업을 이끌어 가는 주역이 될 것으로 생각하고 있습니다.

이용빈　사회가 점차적으로 서비스 위주로 일자리가 창출되는 상황인데 농업은 서비스업은 아니고 1차 산업이잖아요?

정성범　그렇지만은 않다고 생각합니다. 4차 산업에 걸맞게 농업이 이루어지고 있거든요. 현재 농업에 스마트 폰, 인공지능을 결합해 농사를 짓기 시작하면서 많은 발전을 이뤄가고 있습니다. 예전에는 농약 통을 짊어지고 손으로 방재를 했었는데 요즘에는 드론을 띄어 스마트 폰으로 제어하면서 넓은 땅에 방재

청년 농부의 길을 꿋꿋하게 걷고 있는 이 시대 광산농부 정성범

를 합니다. 거기에서 접목된 것이 뭐냐면 스마트 폰에 인공지능을 탑재할 수 있습니다. 네덜란드, 독일의 경우 이미 로봇이 농산물을 수확하고 있거든요. 한국도 충분한 기술력이 있기 때문에 머지않아 로봇이 한국 농업에 접목되리라 생각합니다. 그리고 서비스산업과 관련해 농촌 융·복합 산업이라고 있는데 서비스업이 되었던, 1차 산업이 되었던 더불어서 모든 것을 할 수 있는 시스템을 갖춰가고 있습니다. 농업이 생산에만 멈추는 것이 아니라, 유통, 판매, 서비스, 문화, 예술까지 시스템화돼가고 있는거죠.

이용빈 지금 본인이 그렇게 하고 있어요?

정성범 올 가을쯤이면 위에서 말한 시스템을 구축할 수 있을 것 같아요. 아이들이 맘껏 뛰어놀 수 있는 드론 체험관도 만들고요.

이용빈 아이들이 첨단 시스템으로 농약도 하고 그러는 건가요?

정성범 그러지는 않고요. (서로 한바탕 웃음) 드론 축구가 있어요. 체험관에 농업의 생산물들을 디스플레이 해주고, 아이들이 체험농장에 방문했을 때 딸기, 토마토, 무, 사과, 수박 등을 함께 체험하면서 그 시간외에는 드론을 활용해 노는 거죠. 어차피 향후에는 드론이 농업을 지배할 것 같거든요. 스마트 폰과 드론, 로봇을 접목해 농업이 생산만 하는 것이 아니라, 서비스업까지 확장될 수 있는 체험관을 개장할 계획입니다.

이용빈 좀 전에 청년들의 농업 인구 증가에 대해서 이야기했던 것은 우리나라 농업정책연구소에서 전반적인 통계를 가지고 변화의 추이를 보는 건데, 청년 농업 인구가 점점 늘어 가는 것은 일단 좋은 소식이라고 봐야겠죠? 성범 씨도 청년 농부라고 생각되는데 우리가 대체로 39살을 청년이라고 하지는 않아요. 일반적으로 20대를 청년이라고 하죠. 그렇게 봤을 때 대학을 졸업하고 일자리를 과연 농업에서 찾으려고 할 것인지에 대해 묻고 싶네요?

정성범 연령대로 봤을 때 청년의 기준이 만 29세, 만 34세, 만 39세. 그리고 정당에서는 만 45세로 보고 있습니다. 농업에서는 만 39세 이하로 봅니다.

이용빈 아마도 청년농업 지원책 차원에서 행정 편의상 그렇게 구분을 해놓은 것 같습니다. 혜택 자격이 있는 연령을 정해야 하니까요. 농업에서는 만 39세로 되어 있다는 말이죠?

정성범 네. 맞습니다.

이용빈 우리가 '청년 일자리가 없다'라는 말을 곧잘 하는데 농업이 향후 청년 일자리를 창출할 수 있는 기반 산업인가에 대해 성범 씨는 어떻게 생각하세요?

정성범 미래 먹거리를 책임지고 있는 농업이 어느 분야보다 우선순위에 오를 것이라 생각됩니다. 우리나라는 네덜란드, 스웨덴, 스페인식의 작은 땅에서 강한 농업으로 성장할 것이라고 믿고 있어요. 문재인 정부의 농업정책이 첨단 시스템으로 가고 있는데 차기 정부에서 지속적으로 지원해 준다면 우리나라 농업이 세계를 지배하고 우주로 가서 식물을 키울 것이라고 생각합니다.

이용빈   상당히 과대망상적인 생각 같은데(서로 마주 보며 웃음), 어떻든 대단합니다. 대체적으로 대한민국 농업분야의 전망은 좋은 편은 아니잖아요. 국가 기간산업에서 농업의 비중이나 농업 생산력도 작은 편이다 보니 결국은 식량 자급률이 중요할 텐데 대한민국은 여전히 낙후돼 있잖아요. 특히, 식량 면에서 대외 의존도가 높다는 생각이 드는데 광산구를 국한하여 보았을 때 자치분권시대에 걸맞은 지역 농산물의 정책들이 중요한 역할을 해야 한다고 생각합니다. 청년 농업인으로 가지고 있는 여러 가지 아이디어가 있다면 말씀해 주세요?

정성범   3년 전 농촌진흥원에 생산에서 배송까지 이뤄지는 "무인 로컬 푸드 시스템"에 대해 발표를 했는데 공무원들이 이해를 못하더라고요. 정부에서는 어떤 투자를 하던지 "현재 보이는 시스템에 투자를 원 한다"는 게 지원 거절 사유였습니다. 판매 시스템을 활용하면 유통망까지 확보할 수 있다는 것을 강조했지만 끝내 설득이 안됐습니다.

이용빈   그게 정확히 어떤 시스템인가요?

정성범   소비자가 어느 특정한 장소 즉, 지하철이나 모바일, 홈페이지, 전화를 통해서 농산물 구매를 요청했을 때, 예를 들어 '토마토'를 구매하기 위해 특정 지역을 선택하면 그 지역의 토마토 생산자가 뜹니다. 정보를 확인한 구매자가 클릭을 하거나 말을 하면 토마토 생산 농가와 자동적으로 연결이 되는 거죠. 이에 따라 농가는 포장을 하고 택배시스템에서 구매한 고객에게 배송해주는 시스템인데 농촌진흥청에서는 현실적으로 적용하기에는 부적합하다는 판단을 내리더군요. 가장 큰 문제는 직거래가 아닌 상태에서 여러 가지 시스템을 거치다 보니 이윤창출이 어렵다는 겁니다. 보이는 것은 투자가 가능하지만, 지식이나 이론, 가치에 대해서는 실용신안이 안되는 측면도 있고요. 또한 사회적 동의가 필요한 문제인데다 대한민국 유통망의 도매시장이 굳건하게 자리 잡고 있기 때문에 어떤 특정한 유통망을 생성시킨다면 기존 유통망을 유지하고 있는 사람들의 생존권을 위협할 수도 있기 때문에 큰 문제가 발생할 수도 있다 하더군요.

이용빈 방금 설명한 부분은 특허 관련한 지적 재산권 문제이기 때문에 정책으로서는 지원해주기는 힘들다?

정성범 그런데, 그 이후에 패스트푸드점을 가보면 무인 포스가 설치되어 있고 내가 제안한 비슷한 시스템이 다 갖추어져 있었습니다.

이용빈 지역 농산물이 지역에서 소비될 수 있도록 해주는 것이 소위 말하는 "로컬 푸드"잖아요? 지역에서 농사짓는 분들이 로컬 푸드라는 명칭에 익숙한지 궁금하긴 합니다. 어떻든 지난번에 광산구 평동에 있는 로컬 푸드 창고를 가보니까. 창고 관계자 얘기로는 광산구청에 로컬 푸드 판매장이 있다고 하던데 지금도 활발하게 운영 중인 가요?

정성범 네. 평동에 로컬 푸드 열었을 때 광산구청이 지원에 나서면서 운영을 시작했습니다. 그런데 많은 문제점이 발생했어요. 생산품을 내놓는 투자자가 부족했고, 물건을 갖췄어도 소비자의 인식 부족이 큰 걸림돌이 됐습니다. 마트나 백화점에서 구입하면 되지 굳이 로컬 푸드 매장을 찾을 이유가 있느냐는 심리가 있었던거죠. 그런데 지금은 로컬 푸드가 신선하고 가격도 저렴하다는 인식이 확산되는 것 같아요. 구 단위 농협들이 매장을 늘려가는 추세입니다. 전국에서 가장 활성화되어 있는 로컬 푸드는 화순 도곡 로컬 푸드 매장입니다.

광주 사람들이 특히 화순 도곡 로컬 푸드를 많이 찾습니다. 근방에 골프장이 3~4군데가 있고, 주변으로 여행지, 놀이시설을 갖추고 있는 게 매출신장에 큰 역할을 한 것 같더군요. 교외에서 여가를 즐긴 사람들이 지나가면서 신선도가 좋으니까, 물건들을 구매하는거죠. 하루 매출이 최고 3,000만원을 넘을 때도 많습니다. 그럴수록 제품은 더 신선해지는 거죠. 구매자들로선 신선한 농산물을 살 수 있어서 좋고 농가들 입장에서는 기대 이상의 판매가 이뤄지니까 서로 좋은거죠.

이용빈 최근에 본량, 삼도, 평동에 로컬 푸드 마켓을 하는 곳을 몇 군데 방문한 적이 있습니다. 저만의 생각인지는 모르겠지만 이런 걸 로컬 푸드 마켓이라고 할 수가 있나? 그런 의문이 생기던데…

정성범 5일장 수준의 일시적인 이벤트성으로 급조된 측면이 있습니다. 지금은 로컬 푸드에 근무하는 분들은 일년에 두 번씩 교육을 시키고 관리지침을 철저하게 인지시킵니다. 신선도를 떨어뜨렸거나, 날짜가 3일이 지났는데 제품을 빼지 않으면 컴퓨터 상에 자동으로 리스크가 떠버려요. 점심때 한 차례 팔린 양이 문자로 전송되기도 합니다.

이용빈 　대부분 농협 매장에서 현재 시행되는 것을 말하는 거죠.

정성범 　네.

이용빈 　농협에서 하는 로컬 푸드 매장은 지금도 활발하게 운영되고 있어요?

정성범 　너무 활발하다보니 경쟁이 치열해진 게 문제가 되고 있습니다. 조합원들의 연합체인 농협이 농민들을 위한 경제사업을 해야 되는데 도·농 복합지역이다 보니 농민들보다는 도시민들의 수가 더 많아요. 그래서 이 분들에게 정부에서 퍼센트에 따라 예를 들어 1,000억 원이라는 자금을 지원할 때 농민들에게 대출을 해주고 농사를 짓는데 힘을 보태 줘야 하는데 그것을 어느 특정한 곳에 집사는데 쓰거나 정부 지원금을 타지역으로 돌려 돈장사를 해요. 다시 돈을 팔아요. 정부가 1%~2% 저리로 융자해준 지원금이 돈 장사 밑천으로 둔갑하는거죠.

이용빈 　개념적으로 보면, 지역에서 생산되는 농산물을 '우리 동네 농산물'이라고 했을 때 로컬 푸드에 잘 어울릴 것 같은데 영역적 개념을 조금 더 확장해보면 "호남에서 생산되는 농산물은 모두 로컬 푸드냐" 그리고 좀 더 광의적으로 "대한민국에서 생산되는 농산물도 로컬 푸드 아니냐"는 이런 말들도 나올 것 같은데 어떻게 생각하세요?

정성범   제가 바라보는 것은 그러한 문제점 때문에 로컬 푸드의 개념을 명문화시키고 브랜드화 시키는 것이 전부가 아니라 생각합니다. 가까운 일본, 홍콩, 중국에 오전에 상품을 주문하면 오후에 비행기로 도착해 버리는 시대가 됐어요. 관세가 많이 완화됐고요. 그렇다면 우리 지역의 농산물을 어떻게 보호할 것인가? 에 대해 고민해야 하는 거죠. 물론 유통정책도 그 곳에 집중해야 합니다. 예전에는 "우리 농산물을 애용합시다"라는 표어를 썼지만 지금은 "지역 농산물을 많이 애용합시다"라고 로컬 푸드를 홍보합니다. 그 이유는 교통이 원활해졌기 때문이죠. 서울·경기도 일원에서 가드(guard)를 치고 타 지역의 농산물을 안 받고 서울·경기 근교에서 생산되는 농산물로 학교 급식을 공급해 주는 이유가 바로 그 때문이죠. 지역이 너무 가까워지다 보니 그 지역 농민들이 살 수 있는 방법들이 고안되는 거죠. 또 하나는 브랜드 파워를 일으켜야 합니다. 양파 하면 '무안 양파', 배는 '나주 배', 이런 식으로 로컬 브랜드로서의 품질을 약속해 주는 것이죠.

이용빈   청년 농부의 길을 꿋꿋하게 가기를 바라면서 미래에 대한 포부를 밝혀 주신다면?

정성범   예전에는 생산하고 내가 판매하려고만 했거든요. 1년 동안 토마토 만 주를 심으면 첫 줄에 심어진 토마토부터 마지막 줄의 토마토까지 아침 5시부터~8시까지 매일 보고 혼자서 수확한다는 개념이 맞지가 않더라고요. 소득 창출이나 소득 증대를 위해서는 인력이 필요하고 그 사람들을 어떻게 관리하고 조직화하여 판매하고 원하는 상품으로 브랜드화 시키고. 또 여기서 머무는 것이 아니고 서비스가 필요하다는 생각이 들었습니다. 농업을 하면서 판매 유통망을 구축하기가 쉽지 않다는 것을 뼈저리게 느꼈습니다. 수확한 과일이 당도도 높고 크기도 커서 시장에 판매를 하려고 갔는데 제 브랜드 파워가 없다고 10,000원 받을 것을 1,000원을 주는 겁니다. 박스 값이 580원, 운송비가 600원이 들어갔는데 말입니다. 남는 게 없어 공짜로 주는거나 다름이 없죠. 이런 경험을 하다 보니까, 너무 힘들었습니다. 공부는 다른 생각 안하고 열심히 하면 끝나는데, 농업은 환경이 어떻고, 내가 키운 작물이 경쟁력이 있는지? 또한 유통망의 변화 추이도 봐야 하고 신경 쓸게 한두가지가 아닙니다. 그러나 가장 중요한 것은 여전히 농업은 '흙 땀 기술'(피와 땀이 섞인 선배님들의 농업의 마음을 이해하는 것)의 결실이라는 진리를 마음속에 담고 성심을 다해 농사를 짓고 그 결과물을 판매하고 싶어요.

이용빈　농사일에 바빠 시간이 없을 텐데 대담에 성실하게 임해 주셔서 감사합니다.

015 이용빈이 만난 사람들

의지와 신념으로
살아온 농부의 삶

유경순
어머니

광주광역시 광산구 동곡면은 도시 속의 농촌마을이다. 그곳에서 한평생 농사를 짓고 촌부의 삶을 살아온 유경순(76세) 어머니가 나를 반갑게 맞아 주었다. 영산강과 황룡강이 인접한 동곡은 그 옛날 농사짓기에는 그만이었다고 한다.

곤궁한 집안 살림에 비빌 언덕도 없었던 젊은 시절, 스스로 벌어서 시집을 가야 했고, 그때나 지금이나 의지와 신념으로 살아왔다는 유경순 어머니. 뭐든지 열심히 하면 안 될 것이 없다는 생각은 지금도 변함이 없다고 한다.

평범하고 소박한 농부의 삶이지만 진한 향기가 묻어 나오는 이야기에 푹 빠져들었다.

이용빈 　70년 넘게 동곡 지역에서 살아오셨는데 살기 좋아요?

유경순 　내가 살기 좋으면 좋은 거고, 살기 거시기하면 안 좋은거고 다 사람 맘에 달렸지.

이용빈 　농사짓고 살기에는 괜찮았어요?

유경순 　예. 인자, 농사에 취미가 있는 사람은 괜찮고, 일하기 싫어한 사람은 거시기 하겠지요. 농사라는 것이 파묻히게 되면 중독이 돼요.

이용빈 　'동곡'하면 동녘 '동'자를 쓰는 거죠?

유경순 　예.

이용빈 　'곡'은 '계곡'할 때 '곡'자. 이쪽에 계곡이 있었어요?

유경순 　계곡 없었어요. (서로 박장대소)

이용빈 　옛날 조선시대에 농사로 먹고사는 시대에는 영산강이 있고, 황룡강이 있어서 '동곡'이라는 땅이 비옥하고 기름진 땅이었다는 생각이 드는데?

유경순 　이 마을은요. 옛날에 무를 많이 갈았어요. 비닐하우스에서 겨울에 무를 갈았는데 처음에는 괜찮았는데 제주도에서 무 생산을 대량으로 하다 보니 이쪽 무 농사에 타격을 받았지요.

이용빈 　미나리 농사도 많이 하잖아요?

유경순 　유림부락 사람들이 주로 하는데 욕심들이 많아서 개인이 5단지까지 하는 사람들도 있어요. 우리 마을은 호박 농사 위주로 한 사람당 1단지, 1단지 반 정도로 해요.

평생을 농업에 종사하며 부끄럼 없는 삶을 살아오신 유경순 어머니,
어르신들의 소중한 일상과 행복에 대해 다짐하다

이용빈	주로 밭농사를 많이 하시네요? 어때요? 청년들도 농사지으러 와요?
유경순	전혀 없어요.
이용빈	어머니가 생각하시기에 농사짓는 삶을 젊었을 때부터 시작해 50년 이상을 하신 거잖아요? 농사짓는 것이 조금씩 나아진 거 같아요? 아니면?
유경순	그런데 하우스고, 뭐시고 간에 '농사에 미친다' 해야 작물도 많이 하고 농가 소득에도 도움이 되고 그래요. 뭐냐… 거시기, 우리가 처음에 하우스 농사를 2천 300평 정도를 했었거든요. 우리 아저씨가 돌아가시면서 작년까지 2동 정도 하다가 올해 낙상으로 어깨가 빠지고 뼈가 부러져 몸에 물의가 생겨 농사를 못 짓고 있어요.
이용빈	어디 다치거나 아프면 안 되는데… 여기가 비행기 소리가 나는데 비행기 소음 피해도 있으시죠?
유경순	주기적인 비행기 소음피해로 인해 보상을 해줬는데 여자들은 743만 원 받고, 남자들은 730만 원 받았어요. 돌아가신 분들도 이곳에 거주했던 근거 자료를 제출하면 430만 원 받았고요. 그런데 뭣을 물어보려고 오셨소?
이용빈	어머니 제가 이곳 민주당 광산구 지역위원장이에요. 2016년에 국회의원 출마했었잖아요.
유경순	광산구면 노래교실도 오셨겠네요?

이용빈　네. 봤죠. 여기서 보니까 잘 모르시겠죠? 어머니 오래된 앨범이 있는데 흑백사진에 있는 모습이 젊었을 때의 어머니 맞죠? 참 곱네요?

유경순　옛날 처녀 때는 양장을 배워서 강사도 한 3년 정도 했어요. 동곡 동사무소에서도 양장 교육도 하고.

이용빈　어머니는 자녀를 몇 명 두셨어요?

유경순　1남 3녀요.

이용빈　우리는 3남 1녀인데…

유경순　3남 1녀면 거시기 했겠네요. 부모님이 힘드셨겠네. 아들들이 순리적으로 잘 풀리면 다행인데 안 풀리면 부모 등골 빼먹어.

이용빈　맞아.

이용빈　어머니 요즘 사시는데 뭐가 불편하세요?

유경순　나는 불편한 거 없는 것 같습니다. 동네 모임도 잘 다니고.

이용빈　교통은 불편하지 않아요?

유경순　차가 55분마다 한 번 오니까, 어디 가려고 하면 차 시간 맞춰 가니 아무 불편함이 없소. 그래서 내가 차 시간표를 열 개를 복사해서 마을 사람들을 주니까, 그렇게 좋아하데. 그 이후에 하다 보니까, 80개를 더 복사해서 동네 사람들한테 나눠 줬어.

이용빈　어르신들이 이런 집(유경순 어머니 집은 외부는 옛날 방식 그대로 두고 내부만 천정을 높이고 도시형 주거형태로 리모델링한 형태)에서 다들 살면 얼마나 좋겠습니까?

유경순	싱크대 쪽 일부만 손보라고 하면서 어디 잠깐 갔다 온 사이에 사위하고 아들이 전체 내부를 다 뜯어 나서 할 수 없이 전체 내부를 손 본거죠. 목욕탕 타일도 사위 아는 사람이 있어서 빨리빨리 징 하게 잘합니다.
이용빈	요즘에 100세 시대라고 하잖아요. '지금 사시는 분들이 100세 시대를 누릴 것이다' 이런 얘기들을 하는데 말하자면 어머니 같은 경우에 앞으로 20~30년 더 사신다는 이야기거든요.
유경순	10년만 더 살라요. 왜 그냐면 우리 자식들한테 피해를 주니까, 우리 아저씨가 오토바이 타고 가다가 낙상해서 식물인간이 되었는데 1년 병원 생활하면서 병원비로 9천만이 들어갔어. 나도 저번에 낙상했을 때도 자식들 모르게 나 혼자 자빠져 버리려고 했는데. 그런 마음이 있습디다. 자식들 피해 안주고 사는 것이 좋을 것 같습디다.
이용빈	부모들은 자식들 먼저 생각하는 것이 다 그렇죠.
이용빈	아침식사는 어머니께서 직접 준비하세요?
유경순	그냥 한 번에 밥을 많이 해놓고 먹어요.
이용빈	우울하거나 그런 것은 없으세요?
유경순	인자, 예전에 우리 아저씨 돌아가시고 얼마 동안은 그랬는데 지금은 괜찮아요.
이용빈	좀 전에 100세 시대 이야기했는데. '살날이 아직도 많이 남았다' 이런 생각이 들잖아요. 어머니께서 느낄 때 주변에 어머니

보다 나이가 비슷하거나, 많은 분들이 이렇게 살았으면 좋겠다고 생각해 본 적이 있나요?

유경순   가만히 경로당에 가보면 희망이 없어 보이는 노인들이 더러 있어. 자식들도 찾아오지도 않고, 용돈도 주는 사람이 없고, 정부에서 주는 노령 연금도 못 다 쓰고 하루하루 맥없이 살아가는 노인들 보면 조금은 안타까워. 나이가 많아서 그런 것도 있겠지만, 우리들 또래 밑에 60~70대 사람들은 또 얼마나 열심히 일을 하는지 몰라.

이용빈   일을 해야 즐거움이 더 있잖아요. 농사일은 더 그럴 것 같아요.

유경순   그런 것도 있고, 하우스는 뭔가 일에 파묻혀서 해야 성공 하제. 들락날락하고 한참만 비워도 식물이라는 것이 주인 발자국 소리를 듣고 자란다고 하잖아요. 안 할 라면 몰라도 할 것 같으면 열심히 해야겠습디다.

이용빈   농촌에 청년들이 돌아온다고 하던데.

유경순   없어, 없어.

이용빈   없어요. 어떻게 하면 청년들이 돌아올까요?

유경순   그런데 청년들이 힘든 일을 안 하려고 해. 촌에 돌아올 때는 자기가 하고자 하는 생각이 명백해야 돼. 대충 생각하고 뛰어들었다가는 빚만 지고 나가 부러. 하려고 하는 의지와 열정만 있으면 사는 데 아무 문제가 안 되고 이곳에서 하우스 재배만 열심히 하면 성공도 할 수가 있어요.

이용빈　어머니, 젊었을 때 재미난 에피소드 있으시면 듣고 싶네요?

유경순　나는 처녀 때부터 의지가 강한 것 같아요. 우리 아버지가 서른두 살에 형제들 여섯을 낳고 돌아가셨거든요. 논이 있어서 논농사를 잘 지었다 해도 소작 일꾼들 품삯으로 다 가져가니까. 늘 곤란했어요. 그래서 나도 양장 학원 강사 일도 하니까, 이미지는 좋았지만은 워낙 집이 가난해서 빈부 차이가 심했어요. 그런데 파일럿 조종사가 내게 청혼을 했는데 그 수준에 맞춰 혼수를 준비해야 되는데 가난해서 할 수가 없어서 포기하고 내가 벌어서 시집도 갔어요. 그때나 지금이나 의지와 신념이 강했던 것 같아요. 뭐든지 열심히 하면 안 될 것이 없다는 생각은 지금도 변함이 없어요.

이용빈　우리 어머니, 오늘 저희들이 갑자기 찾아왔는데 제가 2016년 당시 민주당 문재인 대표에게 영입을 받아서 국회의원 출마를 처음 했고요. 내년 2020년 다시 총선에 출마합니다. 제가 이곳 광산을 살기 좋은 곳으로 바꿀 뿐만 아니라, 젊은 사람과 우리 어르신들이 행복하게 살 수 있는 마을 만들려고 꿈꾸고 있으니까요. 잘 지켜봐 주시고요. 오늘 좋은 시간 내어 주셔서 감사드립니다.

유경순　수박 있으니까, 수박이나 잡수고 가.

016 이용빈이 만난 사람들

광산형 주민자치기구가 필요하다

· · · · ·

김 기 순
광산구 주민자치위원회 회장

광주 광산구 주민자치위원회 협의회(회장 김기순)는 주민 자치 자원 조사를 비롯해, 의제 발굴, 총회 개최 등으로 마을에 긍정적인 변화를 만들어 가는 '행복어울림 마을 계획단'이 지난 7월에 발대식을 가졌다. 주민공동체에 새로운 변화의 바람이 불 것으로 기대된다. 계획단은 주민 자치 교류 사업 및 마을 공동체 공유 문화 거점 활동을 지속적으로 꾸려나가기로 하고, 구체적인 방안을 마련해 진정한 주민자치의 꽃을 피울 수 있도록 많은 주민들과 함께 하겠다고 포부를 밝혔다.

이용빈   김기순 회장님 요즘 날씨도 더우신데 불철주야 지방자치 활동에 노고가 많으시죠?

김기순   지방 분권에 관한 법이 국회에서 통과가 되지 않았잖아요? 행정안전부 자치법을 구·동에 시행하기에는 현실하고 너무 동

떨어진다는 점에서 무리수가 있어요. 그래서 제가 무슨 말을 했냐면 일명 '광산형 자치회 법'을 만들어 보자. 공병철, 박현석 의원이 자치위원장 출신이니까 2020년 4·15 총선 전에 광산형 자치법을 만들어 보자고 주문을 몇 번 했어요.

이용빈 모델을 만들어 보자는 이야기죠.

김기순 광산구 '투게더 나눔 재단' 모델처럼 자치회 법도 새로운 모델을 만들어 보자는 제안을 많이 했었거든요. 그래서 광산구 서장훈 과장님이 '주민자치의 정책 전달'을 만들어서 처음으로 주민들과 상견 회의를 했거든요. 어룡동, 첨단지구, 수완동이 하고 있던 자치회를 올해 추진했던 동들과 함께하는 과정에서 모순이 많이 발생했어요. 먼저 자치회로 가는 과정이 6개월 이상 걸리는 데 절차가 너무 복잡해서 간소화 하자. 또 제로에서 생각하지 말고 기존에 사회단체에서 열심히 일할 수 있는 사람 50명을 선거 기획단으로 모집하자, 세트로 돌아가면 일이 뒤죽박죽 되거든요. 물론 장기집권도 문제가 있지만 장기집권 속에서도 쓸 만한 것은 쓰자, 그런 것들을 제가 제안을 했죠. 광산형 자치를 만들어가자는 게 공론화가 되고 지원단을 만들었습니다. 투게더가 너무 활성화되다보니 다른 사회단체에서 불편함이 많아요. 왜? 후원이 안 되니까.

이용빈 먼저 투게더로 왔다가야 되니까요?

김기순 그리고 후원금이 투게더로 가면 우리 자치회에는 공급을 안 해줘요. 갈수록 자치위원회를 운영하기가 정말 힘든데다 현재

자치회에서는 후원금 모집을 못하게 되어 있거든요. 공모사업만 가지고는 자치회를 운영하기에 너무 힘들다보니 동마다 자치위원장을 서로 안 하려고 합니다. 자치활동을 하는데 기본적인 재정 지원이 필요한데 아이디어와 능력은 있는데 돈이 없어서 자치위원장 못하겠다 하는 이야기를 들었을 때 너무 아쉽다는 겁니다. 그래서 그러한 부분에서도 신경을 써주셨으면 하는 바람이죠.

또 광산 을의 경우 권은희 현역의원이 있지만 자치회와 교류가 없다보니 관심도 없고 위원장님께 하고 싶은 말은 많지요. 어찌 되었던 김대중 전 대통령께서 만들어 놓은 주민자치가 심벌마크가 있는지를 6대가 지나도록 몰랐어요. 자치회 심벌마크가 있습니다. 행정자치부에 가서 제가 가져왔어요. 1992년도부터 자치회 배지가 만들었는데 광주시, 구청도 그것을 모르고 있었어요. 그래서 제가 위원장님께 말씀 드리고 싶은 것은 민주정부가 만든 것이 '주민자치회' 거든요. 심벌마크도, 국기도 없다는 게 말이 안 되죠. 사실 전국 자치회를 다 다녔는데 자치회 깃발, 배지가 있었다는 것을 회원들이 전혀 모르고 있었어요.

이용빈   중요한 지적이시네요. 그동안 형식적인 자치회였다는 것이죠?

김기순   전국의 자치회 깃발을 새마을운동중앙회보다 더 앞세우고 싶다는 겁니다. 서울 쪽은 자치회 배지, 깃발이 있다는 것을 다 알고 있는데 민주의 성지라는 광주, 우리가 만든 김대중 대통령께서 만들어서 전파했는데 광주가 그런 것을 모르고 있었다

내실있는 주민자치를 고민하다

는 게 통탄할 일입니다.

이용빈 그럼 지금은 자치회 배지를 다 착용하고 다니시는 건가요?

김기순 다 착용하고 다니지요.

이용빈 오늘 좋은 말씀 해주셨는데요. 첫째로는 광산구가 선도하는 자치분권 마을 공동체로 모범을 만들어 내고 있으니 문재인 정부가 출범하면서 가장 중요하게 생각하고 있는 연방제 버금가는 자치분권국가를 만들겠다는 것이 민주당의 염원이죠. 김대중 대통령이 공약으로 만들어 실현해 냈고 그 과정에서 주민자치회가 중요한 조직인데 그동안 새마을 중앙회, 바르게살기 운동, 민주 평통 자문회의와 전혀 비교가 안 될 정도로 소홀하게 대접해 줬다는 것과 공직사회에서 실질적인 주민자치기구가 아니라 자기들의 동원되는 조직으로 취급해왔다는 것을 광산형 새로운 모델을 만들어 보자는 것은 대단히 중요한 일이라고 생각합니다.

김부겸 전 행안부 장관의 마을혁신, 전국적인 행정혁신과정에서의 자치분권을 어떻게 할 것인가?에 대해 로드맵을 만들고 계속해서 추진해오다가 장관직을 그만두셨지만 그 부분이 더 진행되리라고 보고요. 특히 우리 같은 정치인들이 잘해 내야겠지요. 아주 귀한 말씀 감사드리고요. 좀 전에 투게더 나눔 재단이 지역사회보장 협의체에 후원을 받아서 지역의 어려운 부분에 지원을 해주기는 하는데 주민자치회에서 후원받을 수 있는 통로들이 많이 끊어졌다는 말씀을 하셨습니다. 기존의 주민자치회에 후원하셨던 분들이 투게더 나눔 재단 쪽에 후원을 많이 하는 바람에 실질적으로 주민자치회로 돌아오는 후원이 부족하게 되는 현상이 발생해 어려움을 겪고 있다는 말, 충분히 공감을 합니다.

김기순 이번 10월 26일 날 한마음 축제가 잡혀 있는데 위원장님이 꼭 오셔야 합니다. 우리는 운남·신가동 한동네에요. 신가동에서 '이용빈 위원장님이 최고다' 하면 운남, 송정리까지 함께 가는 거예요. 그래서 우리 행사에 꼭 오셔야 합니다. 선거를 치러보니까. 지금 현재 임곡에 몇 세대 안 되는데 임곡사람들이 부자가 되어 신가동·수완지구에 자리를 잡았어요. 강운태 전 시장님 시절 여성위원장 할 때 왜 굳이 대촌에 신경을 썼느냐 하면 바로 그것이었어요. 대촌 사람들이 진월동에 많이 살아요. 아들·딸·며느리가 모두 살고 있고, 대촌에서 농사만 짓고 아파트는 진월동에 있어요. 여기 역시 마찬가지에요. 임곡·본량·동곡 사람들이 집은 모두 광주에 한 채씩 가지고 있어요. 그래서 광산 을과 갑은 하나다 라는 겁니다. 신가동 사람들이 뭐라고 하면 이용빈 위원장님 질투하는 사람도 있어요. 출마해봤던 사람으로서 그러한 것들이 잠재해 있었던 거예요.

이용빈 맞아요. 감사드리고요. 저를 잘 아시겠지만 주민자치라는 것이 어떻게 보면 대한민국이 출범하면서 궁극적으로 지향하는 것은 시민의 나라를 만드는 거거든요. 시민의 나라 만들기는 관료들의 나라가 아니라, 자치의 나라를 만들겠다는 것이기 때문에 주민자치회가 성장하는 것이 곧 대한민국이 곧 제대로 서는 것하고 같습니다. 방금 전에 말씀한 것처럼 새마을의 깃발이 펄럭이고 있는데 자치회는 찬밥신세가 되고 있는 것은 대한민국이 잘못서고 있다는 얘기죠. 제대로 한번 새로운 힘을 불어 넣어 최선을 다하겠습니다.

<u>김기순</u> 감사합니다.

017 이용빈이 만난 사람들

광주지역 대표 '복지 활동가'를 만나다

· · · · ·

박 종 민
하남사회복지관 관장

　광주지역 대표 복지 활동가 박종민(하남 종합사회복지관)관장의 에너지 넘치는 이야기… 비어 있는 영구임대 공실 아파트를 리모델링해 청년활동가들을 입주시켜 다양한 마을 활동을 통해 공동체에 활기를 불어넣는가 하면, 비어 있는 7~8평 규모의 소형 영구임대아파트를 합쳐 자녀를 키우는 저소득층 가구에 제공하는 등 혁신적인 복지 대안을 현장에서 발굴, 실천하는 복지전문가 박종민 관장을 만나 복지활동의 뒷이야기를 들어봤습니다.

이용빈　광주 지역이 정치, 사회적 문제로 어려움을 겪고 있을 때 '복지'라는 화두를 가지고 일관되게 살아간다는 게 어렵잖아요. 더구나 본인의 삶은 뒷전에 두고 주민의 삶을 건강하게 만들어 가는 복지활동에 헌신하는 게 쉽지 않았을 텐데?

박종민   부끄럽습니다만, 주변에서 그렇게 이야기하더라고요. 자원봉사센터가 상대적으로 안정된 곳이긴 하지만 사회적 약자들의 삶을 돕고 싶은 마음이 더 컸기 때문에 하남 사회복지관에서 일을 하게 된 것 같습니다.

이용빈   박 관장께서 이 지역 광산… 특히, 우산동의 '가난, 빈곤'의 문제를 사회가 어떻게 돌볼 것인가?를 화두로 던지셨는데 우리 사회가 흔히 말하는 신자유주의 시대에 양극화가 극단적으로 깊어지는 과정에서 가장 힘없고 빈곤한 사람들이 어려운 시대에 와 있잖아요? 대한민국 국민소득 3만 불 시대라고 하는데 그 과정에서 "양극화 문제를 해결하는 것이 복지의 가장 우선적인 과제"라 생각합니다. 이런 관점에서 우산동의 하남 주공, 시영아파트에 특히 여러 가지 복지문제가 있는데 지금까지 관장님께서 실천하고 추구하셨던 4년 동안의 변화가 있다면 말씀해 주시죠?

박종민   가장 큰 변화를 실감할 수 있는 것은 노인과 장애인들이 많아 예전에는 뭔가 침울하고 우울한 분위기였다면 지금은 사람들이 활력이 넘쳐난다는 것을 피부로 체감할 수 있죠. 그리고 감사하게도 주민들이 복지관 직원들에 대한 신뢰가 높아졌다는 것이 최근의 가장 큰 변화라고 할 수 있을 것 같습니다. 주민들을 만날 때 가끔 이용빈 위원장님 병원 이야기를 하시는 분이 있는데 "이용빈 가정의학과는 말이 길다"라고 하면서 이 의사는 보통 의사들과는 달리 "속마음을 들어주고 같이 공감 한다"를 달리 "말이 길다"라고 표현한 건데, 동네 분들도 그와 엇

비슷한 까닭으로 신뢰를 주고 있는 것 같아요. 제가 한 것은 인사 잘하고 말씀 들어주는 정도인데… 심지어는 "30년 만에 처음이다, 이런 관장 처음 봤다" 이런 느낌들을 갖고들 계시니까 복지활동의 효과가 남다르게 나타나는 것 같아요.

이용빈 제가 2001년도에 월곡동에 병원을 처음 열면서 느꼈던 게 이쪽 지역이 상당히 낙후 되었다는 생각을 했는데 어떻게 보면 광주라는 도시가 개발되면서 정말 소외되고 빈곤한 사람들이 우산동에 많이 이주해 왔잖아요? 그런 과정에서 광주사회가 안고 있는 여러 가지 어려움들이 그 지역에 집중되고 방치되는 느낌이 들어서 제가 처음 시도한 것이 독거어르신들을 돕는 주치의를 시작했습니다. 그러나 혼자 하다 보니까 어려운 형편을 발견해도 어떻게 도와야 할지 너무 막막할 때가 많아 '사회적 손길이 필요하다' 라는 것을 느꼈습니다. 하지만 사회적 손길은 혼자서 할 수 있는 것은 아니잖아요. 공동체 전체가 함께 의논하고 살피는 큰 움직임이 필요한데 지금은 광산구나 지역공동체가 함께 해내고 있구나 라는 생각이 들어 참 느낌이 좋아요. 특히, 박관장님 같은 분이 컨트롤 타워 역할을 해 주고 있어서 고맙게 생각하는데 이러한 것들을 정치영역에서 힘을 받을 수 있도록 법과 제도로서 갖추어 내는 것이 정치가, 정당이 해야 할 일이 아닌가 생각해 보는데 박관장님 견해는 어떻습니까?

박종민 시대가 많이 변했다고 하지만 정치를 하려고 하는 사람이 어떠한 삶의 족적을 가져왔는지… 또, 그러한 측면에서 어떤 가

사회적 돌봄이 사회 정의를 실현하는 차원에서
복지·의료·건강과 마을이 결합되어야 한다고 당부해준 박종민 관장

치라던가, 의미를 가지고 있는지… 아니면 더 구체적으로 말하자면 "누구 편을 들을 것 같은 사람인가?"라는 문제가 중요하다고 생각하는데, 건방진 이야기인지는 모르겠지만 의사라는 족적을 통해서 이분이 누구를 살폈는지? 그리고 그러한 부분들이 실제적으로 시민들을 위한 정책의 영역에서 누구를 살필 것인지를 예견해 볼 수 있는 거잖아요? 그런 면에서 이용빈 위원장님이 우리 동네에 보여주셨던 의사로서의 따뜻한 모습, 그리고 정치를 본격적으로 하신 이후의 행보를 보면 적어도 우리 동네 주민들에게는 기존의 탤런트적인 정치인보다는 다른 인식을 가지고 있다고 생각됩니다. 저 역시 그렇게 생각하고 있고, 의사로서 가졌던 따뜻한 손길, 눈길, 이런 부분들이 포괄적인 정책으로 실현되면 주요한 자산이 될 수 있을 것 같다는 생각을 해봅니다.

이용빈 제 명함에 "풀뿌리 인재영입 1호"라고 쓰여 있으니까 명함을 받으신 분이 그러시더라고요. '아! 우리 위원장님은 풀뿌리 연구하는 전문가이신가요?'라고 말씀을 하시더라고요. 굉장히 재밌는 얘기인데 다시 이것을 뒤집어서 생각해 보니까 "아! 정말 풀뿌리를 연구 해야겠구나"라는 생각이 들더군요. 단지, 이름뿐인 풀뿌리 인재, 상품성만 좋은 화초들이 아니라, 정말 지천에 널려있고 발에 부딪히는 풀뿌리들을 잘 살펴야되겠구나, 그러면 전문가가 되겠구나 라는 생각이 많이 들더라고요?

박종민 물론, 지역위원장님으로서 지역위원회에 수많은 당원들과 정치인들이 있을건데 위원장님도 아시는지 모르겠지만 위원장님과 구 의원님들이 접근하는 시각이 다릅니다. 이분(구 의원)들이 정치운동을 한다는 느낌이 드는 거예요. 일종의 혁신활동을 하는 건데 어찌 보면 위원장님처럼 지역정치운동을 하면서 주민들의 정치적, 정책적 과제라든가 이런 것들을 해결해 보려고 노력하며 힘을 모아가는 흐름들을 볼 때 지속화되었으면 하는 생각이 많이 들더라고요.

이용빈 사실, 광산구가 대한민국에서 주목받는 지역이잖아요? 복지, 자치분권, 정당혁신, 지역혁신의 문제 등등, 그래도 광산이 많이 알려져 있는데 저도 정치에 뛰어들면서 그래도 광산이 상당히 자부심을 느낄만한 지역이다는 생각이 들어요. 민형배 전 구청장님이 많은 일들을 해 오셨지만, 광산 주민들이 스스로 그러한 일들을 많이 했다. 또한, 민선 7기 김삼호 구청장님이 애를 쓰고 계시는데 주민들은 더 앞서갑니다. 제가 정치인으로는 초보잖아요. 광산 주민들보다는 여전히 제가 가지고 있는 것들이 부족하여 박관장님 처럼 지역 풀뿌리 속에서 열심히 노력하는 분들과 잘 소통하고 단지 정치가 뒷받침해 주는 것만으로도 좋은 정치를 하고 있다는 소리를 들을 수 있을 것 같아요. 최근에 하남 주공·시영아파트 공실 문제를 청년 주거문제로 전환시킨 거잖아요. 제 기억에는 박종민 관장님 이곳에 취임하시면서 제게 청년 주거문제를 하나의 화두로 던지셨던 기억이 나는데 그게 이렇게 현실화되는 모습을 보면서 한사람의 리더가 바뀌면서 지역이 어떻게 변화될 수 있는가에 대해 많은 공감을 했어요. 최근에 청년 주거문제 해소에 앞장서서 계시는데 그에 대한 소회와 앞으로 생각하고 계시는 계획이 있다면 말씀해 주시죠?

박종민 　영구임대주택으로만 본다면 다양한 세대가 살 수 있는 조건들을 형성하는 주거 공간이 반드시 필요한 측면이 있고, 실제적으로 영구임대아파트 공실이 많은데 주민들 입장에서 보면 젊은 사람들이 들어와서 활력도 주고, 서로 돕기도 하며, 마을문화도 변화시킨다는 의미에서 좋을 것 같다는 판단을 내렸습니다. 청년들 입장에서는 저렴한 가격에 마을에 거주만 해도 그 지역에 의미가 있는 양자가 좋은 모양이 되겠죠. 중요한 문제는 영구임대아파트가 90년대 초반에 지어졌기 때문에 주거 효율이 지금과 비교하면 많이 떨어지는데 그래서 LH공사, 도시공사에서 실제 주거가 청년들의 욕구에 맞는 변화가 있어야 이 사업 자체에 의미가 부여되고 확산시키려는 노력이 있어야 될 것이라고 봅니다. 사실 위원장께서 큰 정치를 한다고 했을 때 주거문제 자체가 청년들에게는 어떤 부모를 만났느냐에 따라 차별이 되는 세상은 되지 말아야 하잖아요. 그래서 청년들이 집 걱정 안 하고 청춘을 살 수 있도록 정책을 펼쳤으면 하는 생각을 많이 하게 되는 거죠.

이용빈 　아무래도 아파트 공실의 문제는 임대아파트 외에도 기존 고가의 아파트 공실도 사회적 문제가 될 가능성이 많잖아요? 그런 것들을 사회적 자원으로 활용할 수 있을까? 라는 아이디어가 상당히 중요한 화두를 던지고 있다는 생각이 됩니다. 사실은 의료·교육·주거의 문제는 국가가 책임져 주는 것이 바로 복지인데, 복지의 문제를 마을이 스스로 돌보는 형태에 대해 실마리를 제공해 주신 점에 대해 굉장히 환영합니다.

박종민   사실, 위원장님이 의사라는 면에서 저희 복지 측면에서 보면 굉장히 중요한 부분이 있거든요. 사회 돌봄에 대한 일종의 사회 정의를 실현하는 국가적 과제들이 결국은 마을에서 어떻게 하면 의료, 건강, 복지를 통합시킬 것인가? 에 대한 부분이 굉장히 중요한 화두입니다. 평소 위원장님께서 강조하셨던 마을 주치의 제라든가, 만성질환의 부분이라든가, 가정의학이 일종에 사람에 대해서 통합적 건강으로 보자. 우스갯소리로 '마을이 보약이다, 내가 의사다'라는 생각을 가지고 살자는 이야기를 하셨지요. 복지·의료·건강의 영역이 구체적으로 마을에서 결합될 수 있도록 해보는 분(이용빈 위원장님)이었으면 좋겠다는 생각이 마을 주민들의 바람입니다.

이용빈   마지막으로 마을과 복지관, 정치영역이 함께 새로운 비전을 만들어 갔으면 좋겠다는 생각을 해보면서 앞으로 '꼭! 이것만은 해보고 싶다'라고 생각한 것이 있으시면 간단히 말씀해 주시기 바랍니다.

박종민   이곳에서 관장을 하고 있는 이유도 복지관에 대한 관심보다는 영구임대아파트 주민들에게 더 관심이 있습니다. 광주광역시에 12개 단지가 있는데 하남의 방식을 적용하겠다는 것이 아니라, 누군가는 12개 단지에 살고 있을 텐데 그분들에 대한 권리, 그분들의 행복한 삶을 위해서 노력하는 사람이 꼭 있어야 되지 않겠느냐? 라는 생각을 합니다. 또 내년에는 하남을 비롯해 전체 영구임대아파트에 대한 법, 제도적인 개선이 실질적인 서비스를 제공하는 것을 목표로 하남을 기반으로 과감하게 행동도 하고 여러 가지 구상도 해볼 생각입니다.

이용빈 박종민 관장님이 늘 추구하신 것처럼 빈곤의 영역에서 정치가 어떻게 작동할 것인지? 함께 고민하면서 제대로 정치를 해볼 생각입니다. 오늘 함께해줘서 고맙습니다.

박종민 감사합니다.

018 이용빈이 만난 사람들

대한민국 웹툰으로 세계시장을 주도하다

• • • • •

공 성 술
웹툰 작가

누적 판매 1,000만 부를 자랑했던 인기 만화 '도시정벌' 공성술 웹툰 작가는 광주 5·18 소재를 다룬 웹툰 '메이 피플'을 비롯, 근로정신대 이야기를 다룬 만화 '두 소녀의 봄'을 출간하는 등 의식 있는 작가로 불린다.

전남 나주가 고향인 그가 서울에서의 활동을 접고 광주에 작업실을 차렸다. 대한민국 고유 브랜드 웹툰으로 세계시장을 휘어잡을 그날을 생각하며 큰 그림을 그리고 있는 공성술 웹툰 작가를 만났다.

이용빈   어린시절을 떠올려보면 만화에서 세계관이나 인생을 바라보는 태도를 많이 배웠던 것 같습니다. 국가관 같은 것도 만화책에서 많은 영향을 받았던 것 같아요. 예를 들어 독고탁의 만화를 보며 독립군의 활약상을 알게 됐죠. 만화에서 보고 느끼는 것들에 대해 한 말씀해주시죠?

| 공성술 | 만화에 인생이 담겨 있고요. 만화 독서만큼 사람들한테 흡인력도 빠르고 생각이나 느낌을 많이 받게 되는 장르는 없는 것 같아요. 요즘에는 스마트 폰으로 만화를 많이 보잖아요. 보편적으로 만화 보는 세대들이 정서적으로 꿈을 더 크게 가지고 갑니다. |

| 이용빈 | 광주에 새 작업실을 꾸렸는데 어떤 일을 계획하고 추진하고 싶은지? |

| 공성술 | 광산구에 향후 몇 년 안에 '만화 빌리지 센터'를 조성하려고 합니다. 미국의 DC코믹스나 마블처럼 젊은이들이 꿈과 희망을 가질 수 있는 회사를 만들어 가기위해 이미 시작을 했고, 앞으로는 우리 회사를 들어오기 위해서 젊은이들이 그림도 더 열심히 그리고, 우리 회사를 입사하게 되면 작가로서 성공이 보장되는 그런 브랜드를 만들려고 진행하고 있습니다. |

| 이용빈 | 저희들 시절에 만화로 성공하신 분들을 보면 스케일이 조금 작았다는 생각이 드는데. 물론, 이현세 만화가도 있지만 태권V를 만들었던 김영배 선생 같은 경우는 상당히 만화계에서는 새로운 시도로 센세이션(Sensation; 반향, 선풍)을 일으켰던 분이잖아요? 광주 출신의 작가들이 그런 새로운 시도 속에 성공한 작가들이 나왔으면 좋겠네요. |

| 공성술 | 어떤 사람들은 제게 가끔 물어오죠? "왜, 본사를 서울에 두지, 광주에 두는지 묻곤 합니다." 지금의 네트워크 시대에서는 중앙·지방에 대해 큰 문제가 되지 않거든요. 광주·전남에 내려

와 보니 만화 발전도 안되어 있고, 광주·전남에 인재들도 많고. 이 지역에 회사를 설립해 인재들을 발굴하고 키워 세계적인 작가로 만들어 놓으면 우리 회사도 자동적으로 세계적인 회사가 될 것이라는 생각이 들었죠. 특히, 광주지역에는 창작지원실이 없기 때문에 작가들이 모여들 수 있는 토대가 마련되는 게 급선무일 듯싶습니다.

이용빈　도시재생과 함께 하게 되면 큰 효과를 거둘 수 있겠네요.

공성술　만화마을도 만들고, 주변에 먹 거리도 조성하면 어린이·청소년들의 새로운 놀이터가 되는 거죠.

이용빈　광주·전남지역 대학에는 만화 관련학과가 있나요?

공성술　호남대학교가 처음에는 애니메이션학과가 있었는데 지금도 개설되어 있는지는 확인해 봐야 할 것 같은데 애니메이션은 조금은 포괄적이라 작가가 되기에는 힘들어요. 광주지역에서는 조선대학교가 만화 애니메이션학과로는 가장 활성화되어 있고, 순천대학교에도 만화학과가 있어서 광주·전남에서는 두 곳의 대학이 규모가 큰 편입니다.

이용빈　공 작가님의 대표작품 '도시정벌', '메이 피플', '두 소녀의 봄'의 내용을 보면 놀라운 게 있어요. 흥행성을 떠나서 그 시대의 정신과 같이 가고 있다는 것을 느꼈습니다. 혹시! 학생 시절에 어떤 영향을 받은 적이 있나요?

공성술　어린 시절, 종이에 끄적끄적 그림을 그리고 있는데 "동네 어르신들이 너는 그림을 잘 그리니 훌륭한 화가가 되어라"는 말

대담을 끝내고 공성술 웹툰 작가와 기념촬영을 하는 모습

을 곧잘 듣곤 했어요. 그때 당시 만화의 개념은 없었고, 그 당시 어르신들의 말 한마디가 지금의 만화가의 길로 접어들 게 했다는 생각이 듭니다. 다른 곳 보지 않고 만화 외길 30여 년이 지났는데 마지막 나의 꿈을 펼칠 곳이 광주라고 보는 거죠. 그 전까지는 작가로서의 역량을 발휘했다면 이곳 광주에서는 후배들을 위해 인재 양성과 청소년들이 꿈을 펼치는데 자리를 잡아주는 역할을 하고 싶은 거죠.

이용빈 지난번 근로 정신대 시민모임 자문위원회 행사장에서 뵙고 굉장히 놀라웠습니다. 만화를 통해 표현해 주신 점에 대해 감사하다는 생각을 했습니다. 말씀하신 내용 중에 공감되는 부분이 저도 전남대 의과대학을 졸업하고, 서울에서 7년 정도 생활하다가 광주로 다시 내려오면서 굳이 광주로 내려가야 하나? 수도권에서 개업해서 하고 싶은 일들을 할 수도 있었는데 광주가 자꾸 당기더라고요. '나는 다시 광주로 돌아갈 수밖에 없다' 그런 운명적인 생각들이 있어서 광주로 왔는데 공 작가님 말을 들어보니 저한테도 그런 느낌이 있었다는 생각이 드네요.

공성술 광주가 타 지역과 다르게 브랜드 가치가 있는 게 뭐냐 하면 전라남북도를 통 털어서 광역시는 광주밖에 없어요. 모든 시대 흐름이 광주에서 시작되고 만화의 메카로 충분히 자리매김할 수 있다는 확신이 들기 때문에 자부심을 갖고 하고 있어요.

이용빈 말씀하시는 것을 듣고 떠오르는 곳이 월곡동 고려인 마을이 있거든요. 그곳에는 30여 명 국가의 사람들이 살고 있는 곳인데 저는 그 고려인 마을을 '세계인의 도시'라고 이야기를 하죠.

제가 광주를 내려온 시점이 20년 전인데 그때는 지금의 모습이 없었거든요. 제가 그곳에서 이주민 건강센터를 설립해서 이주민들에게 무료진료를 해준 시간이 14년 정도 되었죠. 그러는 과정에서 외국인들이 점점 많이 들어온 거예요. 월곡동이 세계인의 마을이 되었죠. 만화는 국경을 초월하는 거잖아요. 언어는 몰라도 그림만 보고 느낄 수 있는 장르이기에 월곡동이 언어를 초월한 세계인의 감성을 표현하는 만화도시로 어울릴 것 같지 않습니까?

공성술   괜찮네요. 시간 되면 답사도 하고 사람들과 만나 간담회도 해야 될 것 같네요. 요즘에는 벽화식으로 많이 하잖아요. 만화 표현해놓은 곳이 가장 인기가 좋아요. 전주에도 벽화마을이 있는데 광주·전남 지역에는 그런 게 없어요.

이용빈   그래서 도시재생 뉴딜 사업으로 월곡동 고려인 마을을 중심으로 200억짜리 사업이 선정되어 있어요. 도시재생에 온 행정이 집중되어 있습니다. 사업비는 오는데 그것을 어떻게 창의적으로 만들어 낼 것인가? 에 대해 같이 의논하면 좋을 것 같아요.

공성술   최고 인기 있는 '만화마을' 이 될 것입니다. 진짜로 자신합니다. 해외 일본이나 프랑스를 가보더라도 만화 콘텐츠로 조성된 곳은 관광객들이 넘쳐나니까.

이용빈   '어등산'이 광산의 중심이고, 향후 미래 광주의 중심이거든요. 어등산 주변에 황룡강과 영산강이 있는데 그 사이에 광산이 자리잡고 있습니다. 옛날부터 강 주위에서 문명이 발생하는데 어등산 주변에 농업 생활권이자 광주라는 지역 문명의 발생지거든요. 지금은 무등산 아래 구 도청 중심으로 이루어진 문화가 쇠퇴하면서 상무지구로 갔다가 광산 쪽으로 다시 돌아오고 있습니다. 사람들이 그 흐름을 느끼고 있습니다. 결국은 어등산 문화권이 '항일의병항쟁'의 중심이라는 것에서 답을 찾을 수 있다고 생각합니다. 그러한 역사적인 가치를 만화를 통해 하나의 문화로 접목시키는 과정이 필요할 것 같다는 생각이 드네요.

공성술   그렇죠. 공감합니다. 만화로 표현해서 책자로 발행하고, 스토리텔링이 잘 되어 있다면 웹툰으로 제작해 광산구와 잘 협력하여 이루어진다면 좋을 것 같습니다.

이용빈   '웹툰 드림 소사이어티'를 광주광역시와 함께 하셨나요?

공성술   올해도 하반기에 개최하자고 논의 중이고요. 나주 동신대학교와 만화교실도 한 5년 정도 했습니다. 광주 쪽에서는 웹툰 교육과정 중심으로 많이 활성화 될 것 같습니다.

이용빈   요즘 50세가 넘어가니까 웹툰 분야에 관심도가 많이 떨어지더군요. 뉴스 접하는 게 좋고, 웹툰 쪽은 흥미에서 멀어져 가는 느낌입니다.

공성술   50대 이후의 사람들은 만화에 대한 관심도가 떨어지지만 그것보다는 문화·예술의 콘텐츠로 봐야겠지요. 제가 대학 강의를 나갔을 때 만화를 접했던 학생들 손들어 보라고 하면 거의 100%가 손을 들어요. 그리고 부모님들을 만나 제가 만화가라고 하면 "우리 딸도 만화에 관심 있다고, 우리 아들도 만화 좋아한다고" 그런 말씀들을 하십니다. 잠재 문화 콘텐츠 중에 가장 활성화된 분야가 '웹툰'이거든요. 그것을 50대 이후 세대가 만화를 보고, 안보고 하는 부분이 중요한 게 아니고 그런 젊은 세대들이 꿈과 희망을 펼칠 수 있는 공간을 어른들이 만들어줘야 한다고 생각합니다. 그래서 정치 쪽에 계신 분들이 조금 더 신경을 많이 써서 '터'를 만들어 주고, "누가 먼저 시작을 하느냐"가 중요합니다. '광주의 역사'를 "어느 누가 먼저 만들어 가느냐"에 대한 말과도 일맥상통한 거죠. 저 같은 경우 꿈이 뭐냐고 묻는다면 "제가 죽은 후에라도 '이 회사의 설립자는 누구다', '이 회사는 어떤 회사다'라는 그런 개념을 남기고 싶습니다. 미국의 마블이나 DC, 디즈니 같은 기업의 경우, 최근 '픽사' '토이스토리' 같은 콘텐츠를 디즈니에서 50조를 주고 사 갔잖아요. 가치가 그 정도로 어마 어마 합니다. 웬만한 대기업 자산가치보다 콘텐츠가 더 크다고 볼 수 있죠. 국내 대기업들도 대한민국 고유 브랜드 '웹툰'의 성장 가능성을 보고 기웃거리고 있습니다. 향후 5년~10년 이내 세계적으로 엄청나게 활성화된다고 봅니다.

이용빈 마지막으로 광산구에 꼭 하고 싶은 말이 있으시면?

공성술 광주에서 광산구가 제일 규모가 크잖아요. 또한 낙후된 곳도 있는데 한 군데를 선정하여 '만화 비즈니스 센터' 건립하는데 의논을 함께 했으면 좋겠습니다, 좀 전에 말씀드린 '만화 마을' 조성사업과 청소년들을 위한 '만화 웹툰 교실'도 추진했으면 합니다. 만화를 위해 뭔가를 하다보면 광산구가 청소년 유입뿐만 아니라, 광산구가 보다 발전할 수 있는 계기가 되리라 믿고 있습니다.

이용빈   보통의 경우, 오래된 폐 공장을 도시재생의 일환으로 창작소나 문화공간으로 많이 개조해서 사용하는데 광산구에는 소촌 공단을 '소촌 아트팩토리'로 이미 조성하여 공연, 전시 등 다양한 문화 공간으로 활용하고 있는데 그런 방식의 논의도 필요하지 않을까요?

공성술   네. 저야 어쨌든 만화 센터가 조성되면 청소년들이 따로 학원을 다니지 않고 센터에 와서 배울 수 있는 토대가 마련되었으면 합니다.

이용빈   하여튼 청소년들의 꿈과 마을, 광산, 광주 전체가 뭔가 새롭게 방향을 세울 수 있는 희망을 주셔서 감사드립니다.

공성술   네. 만화에 신경 좀 써 주십시오. 고맙습니다.

019 이용빈이 만난 사람들

미리 온 통일세대의 현 주소는?

· · · · ·

장미희

북한 이탈 주민, 광주광역시 하나문화교류센터 회장

 통일부 통계 2019년 6월 기준 한국에 정착한 북한 이탈 주민은 총 3만3천여 명, 이 중 2만3천 786명이 여성으로 72%를 차지한다. 현재 그들은 한국사회에 적응하고 잘 살아가고 있을까? 지난 7월말 북한이탈주민 모자(母子)의 죽음소식이 마음을 무겁게 하기도 했다. 2009년 하나원을 수료한 한 씨 모자가 서울 봉천동의 13평짜리 임대아파트에서 숨진 채 발견되었다. 당시 냉장고에는 먹을거리라고는 찾아볼 수 없었고 단지 고춧가루만 있었다고 한다. 수도요금이 밀려 물도 끊긴지 오래고 잔고가 0원으로 찍힌 통장도 발견되어 그들의 안타까운 현실을 실감했다. 올해로 탈북 8년차가 된다는 장미희 씨. 그녀가 한국으로 오기까지의 과정과 광주광역시에 정착하면서 살아 온 이야기, 북한이탈주민들이 한국사회에서 오롯이 정착하고 살아갈 수 있는 현실적인 시·정부 정책에 대한 바람은 무엇인지 직접 만나 들어봤다.

이용빈　장미희 선생과 만나게 된 것은 대단한 인연입니다. 제가 지금 더불어민주당의 광주 광산구(갑) 지역위원장을 맡고 있지만, 그 전에 스무 살 때 했던 일이 전남대학교 총학생회 부회장 하면서 자주통일 일꾼이었어요.

장미희　운동권이었네요.

이용빈　줄여서 말하면 '통일일꾼' 아닙니까? 전국대학생 대표자 협의회(전대협) 1기고, 잘 아시겠지만 임수경 씨를 북쪽에 1988년도 청년축전에 대표로 보냈잖아요.

장미희　제가 그때 몇 살이었더라! 어릴 적 기억이 나는데 임수경 씨가 평양에 온 것을 TV로 많이 방영된 것을 시청했으니까. 저도 그때 처음으로 남한 사람들도 머리에 뿔이 안 달렸네. 그런 기억이 어렴풋이 나네요.

이용빈　혹시 북쪽에서도 만화책 봤었어요? '똘이 장군'에 북쪽 사람들 머리에 뿔났었잖아요.

장미희　북한에서는 남쪽 사람들이 뿔이 났다고 했으니까.

이용빈　만화책에 보면 북쪽 사람들 머리에 빨간 뿔이 났었잖아요. 하여튼 탈북이라는 역사가 가슴 아프잖아요. 그런 과정에 계신 분들과 만난다는 것도 특별함으로 다가오는데 제가 처음으로 탈북 동포들을 만난 게 제가 병원을 운영하면서 이주 노동자 사업을 했었는데 탈북 동포들의 무료 진료 사업을 좀 해달라고 해서 그때 처음 접하게 되었어요. 지금으로부터 10년 전의 일이네요. 그 당시 탈북자들도 많이 늘어나던 시기였거든요.

장미희   그때가 많이 내려오던 때였어요.

이용빈   8년 전에 오셨다고요. '하나원'이 지금보다는 그 당시 상황이 좋지 않았던 것으로 기억되는데 이탈주민들을 쉽게 만나기도 힘들었고 의료지원을 제게 부탁을 했는데도 시민단체 활동가들이 이탈주민들과 연계해서 적극적으로 이용하지 않았던 것 같아요. 젊은 사람이 많아서 그런지, 아픈 사람이 없어서 그런지.

장미희   그 당시에는 적십자에서 이탈주민을 대상으로 의료봉사를 주관했었거든요. 그 사람들도 냉정하게 보면 여러 가지 봉사 기준이 맞지 않아서 이탈주민들이 아프면 의료시설에 모시고 가는 의료서비스는 없었어요.

이용빈   장미희 씨, 원래 사시던 곳은 어디에요?

장미희   무산(茂山; 함경북도 두만강 중류 연안에 있는 군)이 고향이에요. 부모님이 제가 탈북하기 1년 전에 돌아가셨는데 그때 제 나이가 18세였거든요. 부모님도 안계시고 해서 알고 있던 언니가 두만강을 건너자고 했어요. 제가 두만강을 건널 때만 하더라도 국경이 따로 없었고 길잡이 해주는 사람만 있으면 마음대로 중국을 오고갈 수가 있었어요. 밤에 3시간 정도 군대 트럭을 타고 중국 연길(延吉)로 갔던 것 같아요. 연길에 도착해서 다시 고향 무산으로 가고 싶은 생각이 없었어요. 부모님도 이미 돌아가신 상태여서. 그 당시 연길은 그렇게 개방적이지는 않았지만 자유롭다는 생각이 들면서 같이 넘어왔던 아는 언니는 북한에 가족이 있어서 다시 북한으로 되돌아갔지만 저는 그곳에 남았지요. 연길에서 아는 할머니 댁에서 6개월 정도 머무르면서 할머니가 중국 조선족 남자를 소개해줘서 7~8년 정도 살면서 한국과 약재 무역하는 것을 보고 장사하는 방법을 배웠어요. 사는 동안 급변하게 변화는 과정을 겪으면서 중국에서 더 이상 못살겠다는 결론을 내린 후 남편과 합의하에 목숨을 걸고 남한 행을 결정하고 2011년 5월 9일 중국 연길에서 출발해서 베트남 치앙마이, 태국을 거쳐 7월1일 한국에 들어왔어요.

<u>이용빈</u> 한국에 들어올 때 혼자 오셨어요?

<u>장미희</u> 넘어올 때 일행을 6명씩 짝을 지어줘요. 함께 한국에 도착할 때 까지 서로를 도와야 해요. 상대방이 돈이 없으면 빌려주고, 돈이 없으면 아무것도 할 수가 없으니까. 중국과 베트남 국경에서는 돈이 없으면 내보내주지를 않아요. 우리 팀 같은 경우에는 한국에서 연결된 분들이 브로커들에게 안전한 탈북까지 책임져달라고 미리 조치를 해주었기 때문에 별 문제는 없었어요. 저 같은 경우는 탈북 붐이 일어났던 시기고 많은 탈북이 이뤄졌던 때이기도 했죠.

<u>이용빈</u> 현재 대한민국에 들어오신 북한 이탈주민이 대략 3만 3천여 명이 넘는다고 하던 데요?

<u>장미희</u> 네. 한국에는 사회적 지지기반이 있잖아요. 북한 이탈주민들이 사회관계를 원만하게 하고 다양하게 사회봉사도 하면서 하

북한이탈주민 장미희(광주광역시 하나문화교류센터 회장)씨가 8년 전 탈북, 한국에 정착하면서 그동안의 생활에 대한 어려움에 대해 이야기를 나눴다.

나센터에 교류가 있는 분들은 굶어 죽지는 않아요. 여기는 경찰서도 있고 이탈주민 담당 보호관, 하나센터, 재단들이 있어서 스스로 사회활동하면 살아가는 데 크게 불편함이 없는데 집안에서 사회활동을 하지 않는 분들은 힘들어 해요. 한국은 자기가 경제활동을 하지 않으면 못살잖아요.

이용빈　대체로 이탈주민들은 북한의 내륙에 사는 사람보다는 두만강 국경근처에 사는 사람들이 대부분이겠죠?

장미희　그렇죠. 탈북 하는 사람들의 70% 이상이 함경도·양강도 사는 사람들이라고 보시면 됩니다. 아무래도 국경 근처에 거주하고 있으니까요.

이용빈　대체적으로 생활력이 강한 분들이겠군요.

장미희　제가 기억하는 고난의 행군(1996년 중반부터 2000년에 이르기까지 조선민주주의인민공화국의 최악의 식량난을 가리키는 말이다.) 시기에 엄마들이 배낭을 메고 자식들을 먹여 살리겠다고 처절한 생활전선에 내몰리기도 했죠.

이용빈　참! 어려운 길을 선택하셨고, 아직은 젊으시잖아요. 어떻게 보면 한국사회가 통일을 지향하는데 어떤 시대든지 분단의 시대들은 늘 있었는데 예를 들어 고구려·백제·신라처럼, 그러나 결론적으로 통일된 사회로 가고자하는 욕구가 있는 거고, 한국사회는 둘로 나뉘어져 있는데 결국은 언젠가는 통일을 할 것으로 믿어요. 왜냐하면 각각의 존재만으로는 불안정하기 때문에 통일이 되어야 제 백성들이 살기 좋은 나라가 되는 거죠.

그 과정에서 이탈주민들이 할 수 있는 역할들이 굉장히 중요하다는 생각이 듭니다.

장미희   아무래도 이탈주민들이 할 수 있는 일이 중요하지요. 만약에 통일이 된다면 북한의 주민들은 공산주의 교육을 줄곧 받아왔잖아요. 북한에 있는 동안 세뇌교육을 많이 받았기 때문에 자유 대한민국에서 잘 적응할 수 있을까? 라는 의문이 생겨요. 특히, 북한 여성들은 생활력이 강하기 때문에 어디에 내놓아도 굶어죽지는 않아요. 그러나, 북한 남성들은 공산체제의 교육을 뼛속까지 파고들고 있기 때문에 한국 사회에 잘 적응할 수 있을지…

이용빈   통일부 이탈주민 통계자료에 의하면 여성이 72% 정도로 남성보다 많다고 해요.

장미희   북한 이탈주민들이 한국사회에 잘 적응하는 분들도 계시지만 대체적으로 적응하기가 쉽지 않아요. 한국에서 대학까지 졸업 후 본인이 생각하는 일자리와 맞지 않고 하니까. 한국정부·시 차원에서 사회 복지를 더욱 구체적으로 세밀하게 계획해서 골고루 혜택을 주셨으면 좋겠어요. 정부에서는 부처별로 지원을 해준다고 하는데 각 부처가 통일된 생각이 없고 일관성 있게 추진을 못하고 있어요. 저 같은 경우도 대학에서 공부를 하는 과정에서 우리는 '이탈주민은 한국 국민이다' 이렇게 생각하는데 받아들이는 입장에서는 '이탈주민도 다문화다'라고 결론짓고 대학의 교수님들도 학생들에게 그런 식으로 교육을 하다 보니까 마음의 상처뿐만 아니라, 역차별을 받고 있다는 생각이 드는 거죠.

이용빈   그 전에 다른 곳에 계시다가 광주로 오셨어요?

장미희   원래는 서울·경기권을 희망했는데 제 마음대로 안 되어 광주광역시로 오게 되었습니다. 서울·경기권에 계시는 분들보다 광주에서 생활해 보니 더 편한 것 같아요. 경기도 쪽은 임대료가 비싸다보니까 힘들다고 하더라고요. 게 중에는 나쁜 쪽으로 빠져서 일하는 동생들도 있고요.

이용빈   광주지역에는 이탈주민들이 몇 명이나 살고 있나요?

장미희   대략 600여명 정도 돼요. 광산구에 300여명이 거주하고 있어요. 북한에서 부부끼리 탈북하신 분들 중에는 힘들어서 헤어지신 분들도 계시고요. 또 중국에 거주하다가 여성이 먼저 한국으로 들어와 살다가 나머지 가족들을 불러와 같이 사는 경우도 있는데 그 분들 역시 삶이 넉넉하지는 않아요. 둘이 경제활동을 해도 힘든데 혼자서 경제활동을 하잖아요. 물론, 이탈주민이 한국에서 취업하기에도 힘들고요.

기초적인 것보다는 어느 정도 이탈주민들이 정착하고 먹고 살 수 있게끔 정부·시에서 정책적으로 시스템화 해 주셨으면 좋겠어요. 실 예로 다문화가족들은 제대로 혜택을 받고 있잖아요. 그러나 이탈주민들에게는 그런 게 없어서 아쉬워요. 수급비 같은 경우도 예를 들어 내가 회사에 취직을 했으면 그날부터 지원이 끊겨요. 최소한 6개월~1년 정도까지는 지원해 주면서 수급비가 없어도 내가 살아갈 수 있게끔 여유 시간을 주었으면 하는 바람도 있어요.

이용빈　이탈주민·다문화·고려인들이 광주에 들어오면 인간적으로 누리고 살 수 있는 최소한의 정책기반이 마련되었으면 좋겠어요. 지난번에 서울 봉천동에서 북한 이탈주민 모자가 사망한 안타까운 사례가 있었는데 실제로 이탈주민 입장에서 어떤 마음이 들었나요?

장미희　저도 눈물이 나더라고요. 같은 엄마입장에서 대인관계도 잘하고 살았으면 했는데 들리는 소문에 의하면 엄마가 우울증 환자고, 아들도 지능이 떨어져 일상 생활하는데 많은 어려움을 겪으면서 엄마가 비관하여 끝내 아들과 함께 자살을 선택하지 않았나 싶은 생각이 들더라고요.

이용빈　그런 상황들을 국민들이 접하면서 이탈주민들의 복지문제를 비롯해 삶에 대해 관심을 가지게 된 계기가 되었던 것 같아요.

장미희　그래도 광주권은 복지가 찾아오는 서비스잖아요. 서울·경기권은 본인이 찾아가는 서비스로 알고 있거든요. 그래서 더욱 안타깝고 단 한 명도 자기편이 없었다는 점에서 억장이 무너지는 느낌을 받았죠.

이용빈　그쪽에도 가톨릭 단체들이 있었을 텐데.

장미희　실제 전국적으로 가톨릭 단체들이 없는 곳이 없는데 거의 유급 봉사자들이 없어요. 일반 봉사자들이기 때문에 그 사람들이 모자의 생활상을 체크하기는 불가능하죠. 엄마가 수급자 신청을 하기 위해 주민 센터에 가서 상담도 받아봤는데 첨부

서류가 많았다고 해요. 그러니까 이 엄마가 주변에 아는 사람도 없고 우울증 환자다 보니 서류 첨부하는 것을 포기했다고 해요. 이런 경우는 밀착해서 도움이 필요한데 그런 점이 소홀하지 않았나 싶어요.

이용빈   대개 탈북 동포들이 광주라는 도시에 대해서 특별하게 생각하는 것은 없나요?

장미희   어린 시절 북한에 있을 때 5·18이라는 영화를 본적이 있는데 북한 사상에 맞춰진 영화라서 5·18 본질을 왜곡한 거고, 광주에 직접 와서 살다보니 민주화 도시라는 것을 알게 되었지요. 특히, 광주시민들의 말 한마디에서도 따뜻함을 느껴요. 광주에서 정착해서 살고 있는 이탈주민들은 다른 곳으로 가려고 하지 않아요. 나름대로 광주가 살기 좋다고 다들 이야기 하세요.

이용빈   실제로 장미희 씨가 살고 있는 주변은 어때요?

장미희   그나마 지금은 이탈주민이라는 선입견을 가지고 대해주는 분들이 예전에 비해 많지 않아요. 앞으로 통일이 다가오니까. 미리 남한으로 내려 온 사람들이 기대하는 것도 있어요. 남한의 문이 열려서 북한의 친구들, 부모형제들과 교류할 수 있다는 생각을 늘 가지고 있는데 한국의 모습을 TV로 보는 것 하고 직접 현실적으로 남한에서 살아보는 것 하고는 틀리기 때문에 남·북이 서로 교류하면서 고향도 가볼 수 있는 기대감으로 하루하루를 살고 있어요.

이용빈   이제는 광주시민이 되셨잖아요. 우리 이탈주민들에게 광주시가 이런 것은 해줬으면 하는 바람이 있다면?

장미희   북한 이탈주민들의 성향이 직설적인 것은 있어요. 그래도 광주시민으로 정착할 수 있게 일할 수 있는 공간을 마련해 주셨으면 합니다.

이용빈   오늘 저하고 대담하는 주제도 '미리 온 통일세대의 현주소'인데 이탈 동포들이 통일을 대비하는 데 역할이 아무래도 큰 것은 부인 못하잖아요.

장미희   이미 남한에 먼저 내려 온 저희들이 남과 북 중간에서 설득하는 과정이 반드시 필요합니다. 그러기 위해서는 인재들을 키워 통일한국이 되었을 때 북한 이탈주민들의 혼란을 잠재우고 적응할 수 있는 통일대책의 한 부분은 대한민국의 몫이라고 생각해요. 미리 온 북한 이탈주민 스스로가 한국에서 살면서 당당한 모습이 되어야 통일이 되었을 때 발 벗고 나설 수가 있는 거잖아요.

이용빈   지금 현재 하시고 있는 일이 무엇인가요?

장미희   광주에서 8년을 살았지만 사람들과 일상대화를 하다보면 상대방이 제 말을 알아먹지 못하는 경향이 있습니다. 자라나는 아이들도 영향이 커서 지금 호남대학교 상담심리학과 2학년에 재학 중에 있어요. 공부를 하는 동안 많은 도움이 되고 있어요.

이용빈   이탈주민들과의 네트워크는 잘 되시나요?

장미희   네. 활발하게 이루어지고 있습니다. 이번에 하나문화교류센터에서 선운지구 복지관 행사를 했잖아요. 우리 단체 힘으로 했는데 저는 단합이기 이전에 자기 계발에 더 주안점을 두고 이탈주민들에게 어디를 나갔을 때 당당하게 앞에 나서라고 합니다.

이용빈　장미희 씨도 우리 민주당 당원이시죠?

장미희　네네.

이용빈　정당 활동하는데 특별히 제약은 없나요?

장미희　제약은 없어요.

이용빈　예전 박근혜 정부 시절에는 대통령이 속해 있는 당에 입당 하라든지…

장미희　당원 가입할 때 언니들도 민주당에 당원 가입하라고 하면 선뜻 써주시고.

이용빈　혹시! 민중당 이라든지, 정의당 같은 곳에 당원가입 하신 분들도 계시나요?

장미희　1~2명 정도는 있어요. 가끔 보면 언니들이 '나 자유 한국당 지지해'라고 말하는데 그때는 '잘 알겠습니다'라고 대답하고 말죠. 다들 생각이 다르다보니까 한 두 명씩은 민주당이 아닌 다른 당을 지지하는 사람들이 있어요.

이용빈　우리 장미희 씨 하고 민주당 안에서 통일을 바라보는 시각도 있지만 이탈주민 자체에 대한 생각들도 중요하잖아요. 이탈주민은 우리 국민의 한사람으로써 여러 가지로 부당하다면 부당한 대접이 있을 수 있는 상황에서 이렇게 되었으면 하는 측면도 있을 것 같은데 민주당이 도와줬으면 하는 생각이 있으시면 한 말씀 해주세요?

장미희 아무래도 당 차원이라면 법안을 만들고 처리하는 곳이기 때문에 이탈주민에 대한 세부적인 정책을 따로 따로 두지 말고 한 부처로 단일화해 효과적으로 처리해줬으면 좋겠어요. 실질적으로 주관부처가 확실해야 하고 일관성 있게 처리해주셨으면 해요. 그리고 가장 취약한 것은 네트워크가 안되고 있다는 점이에요. 주무 부처가 통일부가 맞긴 맞는데 보건복지부, 고용노동부, 적십자, 경찰청, 종교단체 등, 실질적으로 문제가 뭐냐면 주관 부서가 확실해야 하고, 모든 정책이 일관성이 있어야 해요. 그리고 부처별 네트워크가 잘 안돼요. 광주 같은 경우는 통일부 주관 하나센터가 일임해서 각 천주교, 개신교, 경찰 보안계와의 서로 네트워크를 해서 자기들이 지원해 줄 수 있는 사항, 서로 서로 가능한 사항들을 확립해 디테일하게 지원해 줘야 되는데, 지금 상황으로서는 실질적으로 북한이탈주민 정책이 이미 실패했다고 봐요.

통일의 가교역할을 해야 하는 미리 온 북한 이탈 주민들이 북한·중국에 머물고 있는 동포들에게 '한국 오지 마라! 힘들어서 못 산다' 이런 식으로 전화 통화를 해요. 왜 이탈주민들이 한 해 3,000명까지 왔다가 점점 줄어들고 있어요. 중국에 머물고 있는 이탈 주민들이 한국에 들어오지 않아요. 중국에 북한이탈주민들이 10만 여명 정도 있다고 보시면 돼요. 한국에서도 보안 형사들하고 이야기를 해보면 동남아 20만 여명 들어와 있고, 북한이탈주민 3만 여명 들어와 있는데 북한 이탈주민을 관리하는 게 훨씬 힘들고 피로도가 많이 쌓인다고 해요. 또 북한이탈주민들은 원하는 것도 많고, 사회주의에 살다보니까 이익이 되면 하고 손해날 것 같으면 버리고, 좋게 해주면 그때만 잘 따르는 척 하고, 제지를 할 것 같으면 욕하고 대들고, 그래서 한국 사람들이 피로도가 많은데 북한 사람들이 한국에 와서 잘못한 것도 많겠지만, 정부차원에서 전시성 정책으로 국한하여 정확하고 실질적인 계도차원의 정책을 못 만들어서 말 그대로 북한이탈주민들이 한국에 와서 다시 역이탈로 이어지는 사회문제의 악습이 계속되고 있는 겁니다.

제대로 된 통일을 생각하고 대비한다면 맨투맨 관리할 수 북한이탈주민 상담사를 전국적으로 600명 양성했다고 하는데 광주에는 고작 2명밖에 없어요. 그러면 2명이 하루에 한명씩 만난다고 하면 1년 걸리잖아요. 상담사들도 쉬어야 하니까 2년 정도 걸리겠죠. 그래서 귀찮으니까 안 만나고.

이용빈 지금 저희들하고 당 활동을 통해서 방금 전에 말씀하셨던 정책적 접근의 정확한 답을 만들어 가야 될 것 같습니다. 다만 최근에 본인이 경험하고 있는 북한이탈주민으로서의 문제들 중에 해결되었으면 좋겠다는 것이 있나요?

장미희 현재 북한이탈주민을 위한 '하나센터'가 있고, '하나문화교류센터'가 있어요. 하나센터는 국가에서 운영하고 있는데 이탈주민이 광주에 처음 들어와 3년까지는 하나센터에서 관리해준다고 보시면 돼요. 그 다음에는 밖으로 나가서 자립을 해야 되는데 잘 하시는 분들도 계시지만, 그렇지 못하는 분들도 있어요. 그래서 순수하게 북한이탈주민들이 하나문화교류센터를 만들어서 운영을 하고 있는데 하나센터와 서로 견제하는 상황이다 보니 답답한 마음이 듭니다.

이용빈 제가 생각하는 광주라는 도시가 북한 이탈주민들에게 친 이탈주민 도시가 되었으면 좋겠다는 생각, 북쪽에서 나와 광주에서 살다가 다른 곳으로 이주한 북한이탈주민들의 입에서 '광주 가니까, 살만 하더라' 는 말이 나올 수 있도록 광주시장님도 노력해 주셨으면 좋겠고, 저도 자꾸 그런 이야기를 하도록 하겠습니다. 방금 말씀하신 자주적인 하나문화교류센터가 될 수 있도록 세심하게 의논하면서 특히 '광산구가 북한이탈주민들이 살기에는 제일 좋더라' 는 이야기가 나올 수 있도록 만들어 보시게요. 오늘 짧은 시간동안 많은 이야기를 나누기는 어려웠지만 이탈주민의 아픔, 미래에 대한 것들에 대해 공감이 많이 느껴지고요. 우리 지역의 든든한 공동체의 한 일원이 될 수 있도록 노력하겠습니다. 귀한 시간 내줘서 고마워요.

장미희 저도 이런 자리를 마련해 주셔서 감사드립니다.

020 이용빈이 만난 사람들

시대변화에 내몰린 전통시장의 탈출구는 없는가?

· · · · ·

이 송 재
송정매일시장 '목포상회' 대표

　지역의 추억과 역사를 담고 있는 전통시장. 요즘은 전통시장보다는 집 가까운 마트를 더 많이 이용하는 것이 일상화된 지 오래다. 현대인의 기호와 편리성과 생활 방식에 맞는 장보기 형태는 마트가 훨씬 더 편리하게 다가오는 것도 사실이다. 그러나, 중요한 것은 전통시장에는 문화가 공유되는 장이며, 스토리가 있고, 사람 냄새나는 정이 있는 곳이다. 침체국면에 처해있는 전통시장을 살리는 해법은 과연 없는 것일까? 평생을 광주매일시장 터주 대감으로 장사를 해 온 목포상회 이송재 사장을 만나 막걸리 한 잔을 함께 마시며 전통시장 활로에 대해 많은 이야기를 나눴다.

이용빈	이송재 대표께서 송정매일시장에 첫발을 내딛게 된 시기가 언제쯤일까요?
이송재	제가 1981년 8월 21일에 이곳 송정 매일시장에 문을 열었지요. 그때부터 지금까지 이 시장을 지키고 있는 산 증인입니다.
이용빈	1981년도에 시장에 점포를 오픈했다는 거죠?
이송재	그 당시 27살 되던 해 시장의 막내로 들어와서 지금까지 시장을 지키고 있죠.
이용빈	저하고 6년 차이가 나네요.
이송재	그후 30년을 넘게 시장에 몸담고 있다 보니까, 어느 날 갑자기 시장에서도 원로가 되어 버렸어요. 요즘에는 새로운 젊은 사람들이 시장에 많이 들어와서 아기 울음소리가 나는 곳이에요. 그래서 젊은 사람들이 희망을 가지고 사는데 제 나름대로 젊은이들에게 도움을 줘야하지만 세상이 급박하게 변화니까 예전에 제가 가지고 있던 상인으로서 노하우만으로는 경쟁력이 떨어질 수밖에 없죠. 새로운 사람들과 접목을 시켜 시장을 발전시켜야 되는데 그런 면에서 애로사항이 많습니다. 시대가 워낙 빠르게 흐르다보니 옛날에는 10년이면 강산이 변한다고 했는데 지금은 상권 자체도 워낙 빠르게 바뀌니까 오프라인 시장은 이미 한계점에 이른 것 같습니다. 온라인 시장이 워낙 활성화됐으니까요. 그리고 지금은 가정집에서 밥을 해먹지 않은 시대예요. 1인 가족들이 너무나 많다 보니까 인스턴트 문화가 널리 확산되고 아무래도 예전처럼 전통시장을 자주

찾지 않는 경향이 있는 거죠. 그러다보니 우리들 스스로가 변화에 적응하지 않으면 안 되는 시기가 온 거죠. 위원장님은 우리 시장에 여러 번 오셔서 막걸리 잔을 기울여 보셨으니까 시장에 대해 너무 잘 아시잖아요. 상인들 입장에서 마음을 헤아려 주셨으면 좋겠습니다.

이용빈　여쭙고 싶은 게 1981년도 스물일곱의 나이로 시장에 첫 발을 내딛으셨으니까 그때 하고 지금하고는 많은 변화가 있을 수밖에 없는데 그 중에서 가장 큰 변화가 된 것을 뽑으라고 한다면?

이송재　시장 주변에 KTX 송정역이 생겨서 외지인들의 접근성이 용이하다는 점이 있죠. 그래서 우리 송정 매일시장의 경우는 평일에는 잘 못 느끼는데 5일 장날이 되면 외부 사람들이 이곳에 물건을 사려고 오시는 분들이 의외로 많아요.

이용빈　외지라고 하면 어디를 말하는 거죠?

이송재　서울을 중심으로 한 수도권에서요.

이용빈　오! 수도권에서 이곳에 주로 무엇을 사러 와요?

이송재　야채, 생선, 해물 같은 것을 이곳에서 사가요. 많이 사시는 분은 택배를 통해 매일 올라갈 정도예요. 그래서 방문객들은 예전보다 많아졌는데 매출 면에서 그 당시보다는 많이 늘지는 않고 있죠. 그 부분에 대해서는 감안해야 돼요. 온라인 시장이 너무나 폭발적이다 보니 상대적으로 전통시장은 위축이 되는 거죠.

이용빈　보통 명절 때 보면 시장이 들썩들썩하잖아요. 그런 제수시장

수요 말고 일반적으로 5일장에 사람들이 많이 오기는 하는데 오시는 분들이 주로 어떤 물건을 사시는지요?

이송재   주로 젊은 층들은 먹 거리 위주의 주전부리 전·튀김, 중·장년 층들은 실생활에 필요한 생필품인 야채, 건어물, 고기 같은 것을 주로 많이 사가시고.

이용빈   그럼 젊은 층들은 전통시장을 방문하는 것이 목적은 아니고, 다른 일 보러 왔다가 잠시 시장을 찾다가 가는 그런 식인 가요?

이송재   아니죠. 젊은 친구들은 집에서 식사를 해 먹지 않고 시장에서 해결하려는 경우가 많기 때문에 장날만 되는 시기를 기다리고 있어요. 과일 같은 경우도 장날에는 비교적 평소보다 저렴하고 하니까. 이것저것 구입하면서 주전부리도 하는 거죠. 오히려 젊은 친구들이 장날을 더 기다린다고 하더군요.

이용빈   그렇다면 젊은 층 주부들은 시간이 많이 있겠지만, 직장인들은 장이 열리는 낮 시간대에는 별로 없잖아요?

이송재   그래서 젊은 친구들, 특히 직장인들은 공휴일에 시장을 많이 찾아요. 평일에는 점심시간이나 오후에 시장 주위의 직장인들이 잠깐씩 왔다 가거나 퇴근 후에 들리는 경우도 있고요.

이용빈   하여튼 전반적으로 저희들이 볼 때 전통시장 상인들이 갈수록 곤란을 겪지 않나? 라고 생각들을 하잖아요. 실제로는 어떠세요?

이송재   저희들도 예전에 비해 장사가 잘 안 된다는 것을 피부로 느끼고 있죠. 늘상 위원장님께 말씀을 드렸지만 시대가 이렇게 급

송정매일시장 내 국밥집에서 만난 목포상회 이송재 대표와...
막걸리 한 잔에 환한 미소를 함께 담다

박하게 변해버리니까요. 과학이 발달하는 것이 꼭 사람들에게 좋은 것만은 아닌 것 같습니다. 그 옛날의 향수, 추억이라고 할까? 내 편리함만 추구하지 다 사라지니까 어떤 면에서도 아쉬운 점도 있고요. 위원장님 말씀대로 어쩔 수 없어요. 정말 피부로 느끼면서 시대변화에 맞춰 시장도 변화해야 한다는 것을 공감하죠. 옛날 사고방식은 절대 지금에는 통하지 않으니까요.

이용빈 저희가 어린 시절을 돌이켜 볼 때 시장이 가지고 있는 느낌, 시장의 역할들을 생각해 봤습니다. 시장에 가면 물건이 싸고, 제품군이 다양하고 먹을거리가 있고 주전부리를 할 수 있으며 볼거리와 재미가 있었죠. 또, 시장에 가면 예를 들어 엿장수라든지, 풍악이며, 이런 것들을 볼 수 있다는 기대를 가지고 멀어도 시장을 찾았죠. 지금은 편의점이 집 앞에 있고, 다양하고 많은 물건들을 백화점에 가면 구할 수 있다 보니 굳이 시장에 가지 않아도 사람들의 요구들이 충족이 되죠. 보고 노는 것은 집에서 TV나 게임기를 가지고 해결하고 있는 현실 속에서 시장이라고 하는 공간 자체가 시장만의 독특한 뭔가가 있어서 가보고 싶다는 욕구가 생겨야 하는데 그런 부분이 약하지 않나 생각됩니다. 현 이용섭 광주시장께서 전통시장을 '문화의 허브' 공간으로 바꿔가겠다고 제시를 하셨잖아요. 혹시 그러한 측면에서 기대하고 있는 게 있습니까?

이송재 물론, 위원장님과 시장님 말씀도 공감을 합니다. 그러나 100%는 공감은 못해요. 왜냐하면 시장이라는 것은 여러 계층의 사람들이 장사를 하기 때문에 각기 생각들이 달라요. 10대부터 중·장년층들이 함께 어우러져 생활을 하다 보니까, 어느 시장은 그 콘셉트가 맞는 것도 있는데 또 다른 시장은 그 부분이 맞지 않은 경우도 있는거죠. 이곳 송정 매일시장은 먹거리에 중점을 두고 생각을 해봐야 합니다. 우리 시장도 한 달에 한 번 장날에 예술 공연단이 와서 공연을 해요. 그때는 시장에 발 디딜 틈이 없어요. 무명 가수들이 나와서 공연도 펼치고 어르신들에게 선물도 드리고 그래요.

이용빈 그게 시장에 도움이 되나요?

이송재 많이 되지요.

이용빈 그런 날이 1주일에 한 번 정도, 자주 있으면 좋겠네요.

이송재 자주 있으면 왜 안 되느냐? 하면 시끄럽고 정신 사나우니까 시장 상인들이 손님맞이 하는데 지장이 있어요. 그런 공연도 장·단점이 있어요. 한 달에 한 번도 우리 시장 상인들에게는 큰 고마움이죠.

이용빈 문화적인 욕구도 충족시켜주면서.

이송재 우리가 대인시장에서 하는 것들을 여기 송정매일시장에 접목을 시킨다고 하면 전혀 안 맞죠. 그 시장만의 특색을 찾아 맞춰나가는 게 중요하죠.

이용빈 여기의 특색은 먹거리가 맞다 는 이야기죠?

이송재 네네.

이용빈 송정매일시장 전체를 먹을거리가 풍부한 다양한 먹거리 시장 콘셉트로 가면 좋겠네요. 그럼 지금 현재는 어때요?

이송재 지금은 우리 시장 주변인 '1913 송정역 시장'이 활성화되면서 먹거리 시장으로 바뀌었잖아요. 그런데 1차 산업인 야채나 생선을 취급했던 상인들은 피해가 많아요. 그래서 그분들이 자리를 접으니까, 이쪽은 반대로 그 분야(야채, 수산물)가 많이 발전이 된 거죠. 손님들이 대부분 송정매일시장 쪽으로 오고 있으니까. 저희들은 야채·생선 분야와 먹을거리 분야를 반 반 정도의 비율로 승부를 보려고 하는 거죠. 그래야 젊은 상인과 나이 든 상인들과의 상생이 이루어지는 거죠. 어느 한쪽이 세게 치고 나오면 다른 한쪽은 할 수 없이 물러나야 하기 때문에 그러한 균형 조절이 이곳 시장에서는 무엇보다 중요합니다.

이용빈 잘 알겠습니다. 송정매일시장이 앞으로 나아가야 할 기본적인 길을 제시해 주셨는데.

이송재   위원장님, 저희 시장의 숙원사업이 하나 있어요. 시장에 소방차가 진입할 수 있는 도로가 없어요. 아니, 전통시장에서 화재라도 나버리면 대책이 전무한 거예요. 시장 내에서 주기적으로 소방훈련을 하고 있지만 중요한 것은 화재 발생시 소방차가 바로 시장 입구까지 들어오지 못하니까 뺑뺑 돌아서 오면 5분~10분 정도 늦춰져 버리면 화재가 났을 때 말 그대로 발만 동동거리다 시장 전체가 전소되는 것은 시간문제가 아니겠어요.

이용빈   구청에서는 대책이 없나요?

이송재   시장상인 간담회에서도 구청장께도 피력을 하긴 했는데…

이용빈   강구 대책 발표는 없으셨어요?

이송재   올 12월에 간담회가 예정 중인데 지난번에 했던 내용으로 한 번 더 건의하려고 합니다. 지금 현재 가장 큰 숙원사업이 소방도로 확보 문제예요. 그런데 마음만 먹으면 할 수 있는데 왜 그런 부분을 안 해 주려고 하는지 잘 모르겠어요. 이런 부분은 구청장님께 드릴 말씀이지만, 구청장님 하고는 하도 말을 해서 편해서 좋아요.

이용빈   저도 전통시장을 생각하면 추억을 만들 수 있는 공간이 됐으면 좋겠어요. 젊은이들이 시장을 통해 즐길 수 있었으면 좋겠고, 전통적인 면을 살리면서 노후된 시설은 현대화되었으면 좋겠다는 생각, 더 붙여서 좀 전에 말씀하신 먹거리를 통한 즐거움도 중요한데 거기에 맞는 문화가 함께 했으면 좋겠다는 생각을 해봅니다. 이러한 두 가지를 함께 할 수 있는 방법이 있다면 무엇일까? 최근에 내가 TV에서 보았던 다큐 프로그램 중에서 외국의 전통시장 이야기를 우연찮게 시청했습니다. 골목을 먹거리로 가득 채우는데 관할 시에서 지원을 해주고 시장에 젊은 청년 쉐프들이 요리를 해서 시장 방문객들에게 판매를 하는 과정을 시가 개입해 도와주는 거예요. 전문가가 투입이 돼 품질관리와 마케팅을 해주고 시장이 북적북적하게 만들어 주는 거죠. 홍보 역시 시 홍보팀에서 해주더군요. 그런 복합적인 지원체계가 필요할 것 같아요.

이송재 그렇게 해주시면 좋은데 전국에 분포하고 있는 전통시장이 한 두 개야죠. 광산구에만 해도 몇 개가 있어요. 특히 광산구청은 공설시장이 세군데나 있어요. 그리고 이곳 송정매일시장과 1913 송정역 시장이 민간투자로 이뤄진 시장이고요. 앞으로 문화체육관광부에서 공모하는 먹거리 사업이 있어요. 그 사업에 대해 뭔가를 기대하고 있습니다.

이용빈 시장 주위에 숙박시설, 게스트하우스들이 있어 주면 KTX 타고 시장에서 즐기고 하룻밤 자고 다음날 KTX로 다른 지역으로 가는데 잠시나마 머물 수 있는 시설이 필요할 것 같아요. 그리고 볼거리 측면에서 문화적인 시설, 예를 들어 전시장이라든지, 역사를 탐방할 수 있다면 더더욱 좋을 것 같고요.

이송재 2021년까지 군 공항 빠져나가고 고도 제한 풀리면 위원장님 걱정 안 해 주서도 시장 활성화하는데 큰 문제 없이 청사진을 그릴 수가 있어요. 그래서 상인들끼리 2년만 버티자. 그리고

	있어요.
이용빈	끝으로 송정매일시장에서 풍요와 맛을 즐길 수 있는 공간으로 만들 수 있도록 노력하겠습니다.
이송재	감사합니다.

021 이용빈이 만난 사람들

지키기 위한 변화, 1913 송정역 시장

· · · · ·

박현덕
1913 송정역 시장 '서울장수국수' 대표

광주의 관문 KTX 송정역 인근에 자리하고 있는 1913 송정역 시장. 광주를 여행하거나 열차를 기다리며 둘러보기 좋은 장소로 안성맞춤인 이곳은 창조적 전통시장 육성지원 시범시장 사업의 일환으로 '지키기 위한 변화' 프로젝트를 실행하면서 재탄생했다.

기존 상인들과 젊은 창업자들이 공존하는 상생 시장으로 만들어 가고 있는 1913 송정역 시장의 밝은 내일을 이야기해 본다.

이용빈   예쁜 미소로 맞이해 주셔서 너무 고맙습니다. 제가 1913 송정역 시장을 찾아온 게 3~4년 전일까요? 지난 2016년 총선 끝나고 1913 송정역 시장이 생긴 것 같아요.

박현덕   맞아요. 2016년 7월경에 오픈된 것 같아요.

이용빈　그때 준비하시고 박원순 서울시장님도 오셨잖아요. 그때 사장님을 이곳에서 뵙고 국수를 맛있게 먹었던 좋은 기억이 납니다. 사장님 부부가 원래 북구에 사시다가 이쪽으로 옮겨왔고, 우리 민주당이 가장 어려울 때 지켜주셨던 당원이라고 알고 있습니다. 1913 송정역 시장의 특징은 '젊은 시장'을 표방하면서 젊은이들이 전통시장을 지키면서 시장의 새로운 변화의 모델을 만들어 관광객들이 외부에서 찾아올 수 있도록 하자 라는 모토로 출발했잖아요. 서울장수국수는 1913 송정역 시장의 맨 끝에 자리를 하고 있는데 지금 3년 가까이 시장에서 장사를 하셨는데 어때요?

박현덕　시장 맨 끝에 위치하다 보니 처음에는 입구 쪽에만 사람들이 많고 이쪽까지는 사람들이 별로 안 찾아왔었거든요. 평수를 조금 늘리고 국수 맛을 본 사람들이 다시 찾아오고 많이 알려지다 보니 지금은 시장의 맨 끝이어도 사람들의 발걸음이 잦은 편이에요.

이용빈　그러면 지금은 손님이 더 많아졌겠네요.

박현덕　네. 많아졌어요.

이용빈　어찌 보면 시장은 통행과 차량 접근성도 중요한데 이곳 1913은 사거리가 있잖아요. 반대로 생각하면 저쪽 입구에서 보면 멀지만 차량 통행 면에서는 접근성이 더 좋은 거죠. 먹거리가 대표적인 1913 시장의 주인공들인데 국수를 먹으러 손님들이 많이 찾아오나요?

1913 송정역 시장 서울장수국수 박현덕 사장님으로부터
전통시장의 풀뿌리 철학을 듣다

박현덕　요즘 많이 오는 편이에요. 처음에 막 오픈했을 때는 힘들었는데 2년이라는 시간이 흐르다 보니 손님들이 많이 찾아오는 것 같아요.

이용빈　소문이 많이 났어요?

박현덕　네.

이용빈　1913 가면 서울 장수국숫집 가서 먹어야 된다.

박현덕　저희가 취급하는 것은 옛날국수잖아요. 그래서 많이 오는 것 같아요.

이용빈　추억이 있어요. 어릴 적 동네 한쪽에 국숫집이 있었어요. 기계로 국수를 뽑아서 걸어놓고 말리고.

박현덕　그 옛날 국수의 추억 때문인지는 모르겠지만 40~50대 층들이 많이 찾는 것 같아요. 20대들은 면이 조금 두꺼우니까 조금 덜 찾는 것 같기도 하고요. 소면 같은 거 얇은 것을 좋아하더라고요.

이용빈　제 생각에는 어릴 적 출출할 때면 어머니께서 "용빈아! 국수 사와라" 했던 기억이 나요. 국수는 금방 해서 먹잖아요. 간장 비벼서 먹기도 하고… 국수에 대한 추억이 많았던 것 같습니다. 음식이라는 것은 그런 추억을 만들어 주는 거잖아요. 여행에서도 먹 거리가 빠질 수 없는거잖아요. 외지에서도 많이 국수집을 찾아오시나요?

박현덕　특히. 주말에 많이 오세요. KTX 타러 오셨다가 잠깐 들러서

잡수시고.

이용빈　한편으로는 1913 송정역 시장이 애초에 의도했던 것보다는 성공적이지 않았다는 평가도 있는데 어떤 점에서 그런 얘기가 나오는지, 이곳에서 3년 정도 장사해보니까 어떤가요?

박현덕　시장 오픈할 당시에는 사람들이 많이 찾았어요. 장사도 다들 젊은 상인들, 기존 상인들도 장사가 잘 되었는데 시간이 지날수록 손님들이 떨어지는 현상이 지속되었지요. 그래도 주말이나, 축제, 특히 이벤트가 있으면 사람들이 많이 찾는 편이에요.

이용빈　지난번에 맥주 축제할 때 손님들 꽤 많이 찾았던 걸로 기억하는데, 맞죠?

박현덕　엄청 많이 왔어요.

이용빈　그런 것을 상설화해서 일정한 시간대에 추진하자는 의견이 있었는데 그 후 진행되고 있는 게 있나요?

박현덕　상인회에서 그 부분에 대해서 다양하게 진행하고 있어요. 긍정적으로 검토해서 상설화시키려고 노력하고 있어요.

이용빈　대체로 시장이 성공하면 시장 인근 주변의 인프라가 같이 살아나면 좋은데, 지난번 맥주축제 같은 경우는 시장은 장사가 잘 되는데 인근에 있는 술집들은 장사가 안 되었다는 이야기가 나왔다고 하던데…

박현덕　시장에서 맥주축제를 하다 보니 그럴 수도 있었겠죠. 사람들이 모여서 어울리다 보니 쉽게 시장을 뜨지 못하죠. 그러나 맥주축제는 단 하루잖아요. 그래서 그 부분에 대해서 인근 술집에서는 이해를 하는 편이라고 생각해요.

이용빈 어찌 보면 '상생'한다는 게 중요한데, 인근 술집에 장사하시는 분들도 축제 기간에는 함께 할 수 있는 프로그램을 짰더라면 하는 세심한 배려가 조금 부족했던 것 같기도 하고요.

박현덕 앞으로 상설화 하게 된다면 그 부분도 건의해서 함께하는 방안이 되었으면 좋겠네요.

이용빈 분위기를 연장해서 좀 더 1913의 분위기가 송정 매일시장까지 이어질 수 있으면 좋겠네요.

박현덕 1913이 송정매일시장과 연계한 사업이 추진되고 있어서 머지않아 이어질 것이라고 생각해요.

이용빈 아무튼 전통시장들을 살려보려는 노력들은 많이 하고 있는 것 같은데 시장상인들이 경제적으로 큰 도움이 되었으면 합니다. 지난 번 결제하는 것, 제로 페이 홍보를 했었는데 전국적으로 우리 민주당이 홍보를 해서 어느 정도 결제총액도 많이 올라왔다고 하던데 사장님 국숫집은 어떤가요?

박현덕 제로 페이 오픈했는데 손님들이 어플을 많이 사용을 안 하고 있는 것 같아요. 아직까지는 미진한 것 같습니다.

이용빈 가맹점들이 많이 늘어나야 사용자들도 많이 늘어날 텐데.

박현덕 맞아요. 카드 아니면 안 되잖아요. 90% 이상이 카드라 봐야 되니까.

이용빈 카드시장에서 온라인 결제 시장으로 넘어가는 거잖아요.

박현덕　그런데 요즘 젊은 사람들이 현금 체크카드를 선호하는 경향이 많아서.

이용빈　사실은 제로 페이가 현금 결제하는 것과 똑같아요.

박현덕　그러니까요.

이용빈　외상 습관을 버릴 수가 있지요.

박현덕　약간의 변화가 있다고 뉴스에서 본 것 같은데.

이용빈　우리 장수국수의 대표 메뉴는 뭐예요?

박현덕　저희는 잔치국수도 하는데 비빔국수가 많이 나가요.

이용빈　여기 몇 번 왔을 때 열무국수만 먹었던 것 같아요.

박현덕　여름에는 시원하게 열무국수가 많이 나가는 편이에요.

이용빈　실례지만 자녀들은 어때요? 몇 살이에요?

박현덕　다 컸어요. 23살 하고 26살.

이용빈　든든하시겠네요.

박현덕　아들은 군대 갔다 와서 복학해서 공부하고 있고, 딸은 직장 다니고 있고요.

이용빈　이렇게 일하는 재미가 쏠쏠하시겠어요? 아이들이 한참 성장할 때는 여러 가지로 신경도 써야 하고 힘들잖아요.

박현덕　계속 밖에 나와 장사하느라 성장하는 과정에서 많이 챙겨주지 못해 아들·딸들에게 미안하지요.

이용빈　하여튼 우리 1913이 광주 광산의 명물이 되어서 사장님 사업하시는데 큰 도움이 되었으면 좋겠는데 한 가지 걱정이 되는 것은 국숫집 맞은편이 개발된다면서요. 그런 과정에서 한차례 곡절을 겪을 것 같아요?

박현덕   맞아요. 이쪽은 계속 장사를 하게 되는데 맞은편은 어떻게 될지 잘 모르겠어요.

이용빈   LH가 맡아서 재개발을 한다고 하죠? 재개발이 시장에서 장사하는 상인들에게 더 좋은 기회가 되었으면 좋겠는데.

박현덕   예전 TV 뉴스를 보면 서울 용산 재개발되면서 뒷골목은 상대적으로 장사가 안되던데 여기는 어떻게 될지 걱정이 돼요.

이용빈   재개발이 되면 어쩌면 시장은 위기일 수도 있잖아요. 시장 상인들이 모두가 지혜를 모아서 기회가 될 수 있는 과정이 되었으면 좋겠네요.

박현덕   옛날 것을 좋아하는 사람들도 있지만, 대체적으로 깨끗하고 새로운 것을 좋아하는 사람들도 있으니까, 두 가지를 다 만족하기에는 쉽지 않을 것 같아요.

이용빈   서울 인사동은 주말에 가면 사람들이 엄청나잖아요. 여기도 그런 여건을 만들 수 있는 충분한 잠재력이 있다고 봅니다. 중요한 것은 사람들의 관심을 끌 수 있는 게 문화잖아요. 뭔가 독특한 문화가 있으면 사람들은 자연스럽게 찾게 되고 이곳만의 볼거리, 먹을거리 등 문화코드를 담아내야 한다는 생각을 해봅니다. 1913만의 독특한 문화, 다른 곳에서는 볼 수 없는 것을 상인들이 함께 찾아내고 개발해 나갔으면 좋겠네요.

| 박현덕 | 사람들이 다니는 점포 앞 도로에 뭔가 상징성 있는 문화를 심었으면 좋겠다는 생각이 들긴 해요. |

| 이용빈 | 지난번 맥주축제처럼 테이블을 깔아 놓으니까 사람들이 모이는 것처럼. 지난번 오신 손님 중에 그런 이야기를 하시데요. 손님들은 백을 들고 있고, 손에 간판을 들고 있으니까 구경을 하는데 오랫동안 머물지를 못한다고 하더군요. 그런 불편함을 해결해 주면 좋겠다고 하더군요. 시장 입구 쪽에 보관함을 설치해서 홀가분하게 돌고 나갈 때 소지품을 찾아서 나갈 수 있게 해 주면 좋겠다는 생각이 들어요. |

| 박현덕 | 맞아요. 우리도 엊그제 부산 놀러 갔었는데 자동차 렌트하지 않고 도보로 걸어 다니면서 여행가방을 들고 다니면서 무거우니까 고생하면서 어디 보관함에 두고 몸만 다니면 참 좋겠다는 생각을 했었죠. |

| 이용빈 | 여행을 하면서 무엇을 들고 다니면 즐거움이 반감되는 것 같아요. 좋은 생각들을 모아서 반영해보게요. 오늘 또 이렇게 함께 해서 고맙고요. 송정이라고 하는 이름, 사실 아름답잖아요. 송정이라고 하는 이름 속에 담긴 역사와 문화가 광산이 가지고 있는 큰 자산이거든요. 이러한 것들을 함께 영위하면서 우리 삶이 윤택해지고 또한 이런 것을 잘 풀어내 가는 것이 정치인이 할 일이라고 봅니다. 앞으로 저도 잘할 테니까 사장님도 파이팅하시고요. 고맙습니다. |

| 박현덕 | 찾아주셔서 감사합니다. |

반가운 사람들

부록

찾아가는 경로당 건강지킴이 활동 중 생활 건강 스트레칭을 하는 모습

부록 · 327

2018년 12월 보람의 집, 땔감 봉사활동을 마친 후

부록 · 329

2019년 5·18묘역 신년 참배

2019년 1월 새해 아동복지시설 방문 후 아이들과 기념촬영을 하는 모습

332 · 용빈아 반갑다.

부록 · 333

2019년 4월 세월호 광주시민분양소 분향

5월 18일, 오전 광주 북구 망월동 5·18 구묘역에서
송영길, 송갑석 국회의원, '임을 위한 행진곡' 김종률 작곡가와
대학생 20여명과 함께 참배 후 기념촬영을 하는 모습

명절을 맞이하여
광주 5·18 민주화운동 묘역의 비석을 닦았다

2019년 5월 16일, 청와대 1기 참모진과 5·18묘역에서 참배

2019년 5월 3일, 5·18 유가족 '오월 어머니회'를 비롯, 광주시민사회단체 100여명과 함께 5·18역사왜곡 '자유한국당 해체' 집회 현장에서...

342 · 용빈아 반갑다

2019년 6월 10일 6월 민주항쟁 32주년
'일상의 민주주의, 모두를 위한 민주주의를 위하여' 기념식

경로당 건강지킴이 진료가 끝나고 한 할머니가
아들의 폐암 진단 소식을 알려와 슬픔을 함께 나누며 위로해드렸다

故 이희호 여사 별세에 설치된 분향소에서 일일상주를 맡아 빈소를 지키던 중 한 시민이 슬픔에 잠겨 애도를 표하는 모습을 보며 함께 영면을 위해 기도하였다

일본의 경제침략에 대항하기 위한 광주시민의병대를 조직하여 출범식을 가진 후 기념촬영을 하고 있다

부록 · 347

8·15광복절을 맞아 주한 일본대사관 거리 소녀상 앞에서

태풍 속에서도 매일 아침 진행된 No 아베

검찰개혁 촉구 캠페인 현장에서

포럼 광주의 빛 창립기념 토크콘서트 행사에서 박원순 서울시장, 박주민 최고위원과 함께...

이 시대의 청년들과 함께

청년들과 함께한 청년정책 개발 의견청취 현장... 호남대학교 정문에서

'한국의 평화를 기원합니다' 도라산역에서 2018년 4월 27일 판문점에서 열렸던
1차 남북정상회담 1주년을 기념하는 퍼포먼스를 펼치는 모습

더불어민주당 광산구(갑) 지역위원회의 청와대 방문 소식을 들은
김정숙 여사의 깜짝 등장으로 함께 웃으며 반가워하는 모습

수록사진 찾아보기

이용빈TV '광산은 이용빈입니다.'

'광산은 이용빈입니다.'는 광주 정신과 시대적 소명을 실천해 온 진짜 민주당원 이용빈을 이야기한다. 1964년 무등산 언저리의 소태 마을에서 태어나 광주에서 잔뼈가 굵은 이용빈은 학창시절에는 당시의 시대적 상황과 맞서 싸웠던 부끄럽지 않은 청년으로서 20대를 보냈고, 30대 후반부터 지금까지 동네 주치의로 20여년을 한결같이 가난과 외로움, 차별과 소외를 받았던 이웃을 살피면서 헌신해왔다. 2016년 2월, 민주당 풀뿌리 호남인재영입 1호로 정치에 입문해 문재인 대통령과 광주를 끝까지 지키며 시민이 꿈꾸는 시민주권정치를 실천해가는, 우리 곁의 믿음직스럽고 참신한 시민 정치인 '이용빈'을 집중 조명했다

P. 26
P. 35
P. 40
P. 43
P. 43
P. 50
P. 52
P. 58
P. 60
P. 63
P. 64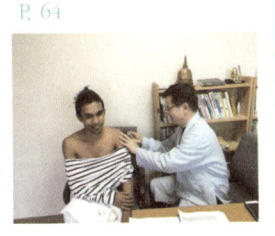
P. 65
P. 71
P. 72
P. 74

P. 79
P. 80
P. 88

P. 89
P. 91
P. 93

P. 95
P. 98
P. 103

P. 112
P. 123
P. 133

P. 142
P. 148
P. 159

P. 170
P. 178
P. 194
P. 211
P. 218
P. 237
P. 247
P. 258
P. 267
P. 274
P. 283
P. 293
P. 308
P. 317
P. 326

P. 328
P. 330
P. 332
P. 334
P. 336
P. 338
P. 339
P. 340
P. 342
P. 344
P. 345
P. 346
P. 348
P. 350
P. 351

366 • 용빈아 반갑다

P. 352

P. 354

P. 356

P. 358

P. 360

P. 361

이용빈 공식 팬밴드
https://band.us/band/76629091

용빈아! 반갑다

2019년 11월 4일 인쇄
2019년 11월 8일 발행

지은이 | 이 용 빈
펴낸이 | 강 경 호
편 집 | 강 한 솔
디자인 | 박 지 원
발행처 | 도서출판 시와사람
등 록 | 1994년 6월 10일 제 05-01-0155호
주 소 | 광주시 동구 양림로119번길 21-1(학동)
전 화 | (062)224-5319
E-mail | jcapoet@hanmail.net

ISBN 978-89-5665-548-2 03810

값 18,000원

·지은이와의 협의로 인지를 붙이지 않습니다.
·잘못된 책은 구입하신 서점에서 바꾸어 드립니다.

공급처 한국출판협동조합
경기도 파주시 탄현면 오금로 30
주문전화 (02)716-5616, 070-7119-1740

이 도서의 국립중앙도서관 출판예정도서목록(CIP)은 서지정보유통지원시스템 홈페이지(http://seoji.nl.go.kr)와 국가자료종합목록 구축시스템(http://kolis-net.nl.go.kr)에서 이용하실 수 있습니다. (CIP제어번호 : CIP2019043414)

© 이용빈, 2019
이 책의 저작권은 저자에게 있습니다.
저작권에 의해 보호를 받는 저작물이므로
저자의 허락없이 무단 전재와 복제를 금합니다.